生活中的经济学
The Economics of Life

Gary S. Becker　Guity Nashat Becker

〔美〕加里·贝克尔　著
　　　吉蒂·贝克尔

章爱民 徐佩文 译
张文锋 审校

机械工业出版社
CHINA MACHINE PRESS

Gary S. Becker, Guity Nashat Becker.

The Economics of Life.

ISBN: 978-0-07-006709-7

Original edition copyright ©1997 by McGraw-Hill Companies, Inc. All rights reserved.

All Rights reserved. No part of this publication may be reproduced or transmitted in any form or by any means, electronic or mechanical, including without limitation photocopying, recording, taping, or any database, information or retrieval system, without the prior written permission of the publisher.

This edition is authorized for sale in the Chinese mainland (excluding Hong Kong SAR, Macao SAR and Taiwan).

Simple Chinese translation edition copyright ©2013 by China Machine Press. All rights reserved.

版权所有。未经出版人事先书面许可，对本出版物的任何部分不得以任何方式或途径复制传播，包括但不限于复印、录制、录音，或通过任何数据库、信息或可检索的系统。

此中文简体翻译版本经授权仅限在中国大陆地区（不包括香港、澳门特别行政区和台湾地区）销售。

北京市版权局著作权合同登记　图字：01-2012-5222号。

图书在版编目（CIP）数据

生活中的经济学/（美）贝克尔（Becker, G.S.），（美）贝克尔（Becker, G.N.）著；章爱民，徐佩文译．—北京：机械工业出版社，2013.5（2024.1重印）

（华章经典·经济）

书名原文：The Economics of Life

ISBN 978-7-111-42200-6

Ⅰ．生⋯　Ⅱ．①贝⋯　②贝⋯　③章⋯　④徐⋯　Ⅲ．经济学-通俗读物　Ⅳ．F0-49

中国版本图书馆 CIP 数据核字（2013）第 078118 号

机械工业出版社（北京市百万庄大街22号　邮政编码100037）
策划编辑：顾　煦　　责任编辑：张　昕
责任印制：张　博
北京建宏印刷有限公司印刷
2024年1月第1版第24次印刷
170mm×242mm · 22印张
标准书号：ISBN 978-7-111-42200-6
定价：79.00元

电话服务　　　　　　　　　网络服务
客服电话：010-88361066　　机　工　官　网：www.cmpbook.com
　　　　　　　　　　　　　　机　工　官　博：weibo.com/cmp1952
　　　　　010-68326294　　金　　书　　网：www.golden-book.com
封底无防伪标均为盗版　　　机工教育服务网：www.cmpedu.com

谨以本书献给
我的好兄弟：
英年早逝的马文·贝克尔（Marvin Becker）和
埃米尔·纳沙特（Amir Nashat）

致谢
The Economics of Life

本书得以付梓，首先要感谢默纳·海克（Myrna Hieke）又一次做了大量、细致的准备工作。感谢杰米·约翰逊（Jamie Johnson）为本书编排了索引并提供了其他帮助。同时，我们的好朋友理查德·斯特恩（Richard Stern）对各部分导言的修改提出了很好的建议。

还要感谢出版商麦格劳–希尔公司（McGraw-Hill）的精诚合作，特别要感谢苏珊·巴里（Susan Barry）、帕蒂·阿莫罗索（Pattie Amoroso）及丹尼尔利·穆恩利（Danielle Munley）等人的支持与合作。

| 推荐序 |
The Economics of Life

这才是我们要的经济学

市场归市场，生活归生活，恐怕是世人对经济学最深的误会。他们以为，只要不涉及商品、价格和市场，那么人的行为和选择，就只与亲情、道德和文化相关，而不受任何经济规律的制约。所以不难想象，当本书作者加里·贝克尔教授最初提出"生儿育女"可以与"购买耐用消费品"相提并论时，别说经济学的门外汉，就连专业经济学家，绝大部分都坐不住了。

令人坐不住的论述，在本书里比比皆是：政府不应该管制油价、最好的产业政策就是不扶持任何产业、义务兵役制只会对军队造成危害、应该废除保障工人利益的劳动法、"同工同酬法"只会伤害妇女权益、资源将要耗尽的预言只是庸人自扰、政府不应该直接资助公立学校、毒品应该合法化……这些似乎都不是"经济"问题。

然而，经过半个世纪的洗礼，这些题材不仅都变成了经济学研究的典型领域，上述观点也逐渐构成了自洽和相联的体系。换言之，本部文集所讨论的种种话题，成了检验市场经济信念的试金石。一位读者，如果反对本书的绝大部分观点，那么他很可能是对经济学思维一无所知的；如果他赞成本书的绝大部分观点，那他很可能已经融会贯通了经济学分析方法；如果赞成和反对各半，那他很可能还需要加强举一反三的练习。

这是说，本书精彩纷呈的观点，背后有着一以贯之的逻辑：哪里有需求，哪里就有需求之间的取舍，哪里就适用于经济规律，哪里就自然是经济学研究的地盘。在这种逻辑的驱使下，经济学本身，还有法学、社会学和政治学，在过去半个世纪都经历了视角和方法的革命。这场跨学科的研究方法革命，被称为"经济学帝国主义"运动，而加里·贝克尔教授本人，正是这场运动的始作俑者之一。

在1955年，加里·贝克尔以论文《种族歧视经济学》取得博士学位。他认为歧视者必须付出代价，而市场竞争能减少种族歧视。作者深信，人们总是以稳定的偏好，根据各种各样的约束条件，在谋求利益最大化和损失最小化。有鉴于此，他继续把经济分析用到犯罪、毒瘾、执法、刑罚、家庭、离婚、生育和教育等领域，从而引发了经济学对社会学、法学和人类学研究方法的革新，而他的贡献也在1992年得到了诺贝尔奖的嘉许。

本书是加里·贝克尔教授（在其夫人吉蒂·贝克尔的协助下）在长达10年时间里对日常经济现象做深刻思考和浅白解释的结晶。它尤其适合三种读者：一是数学训练有余、世事所知甚少的经济学学生，他们在这里得到的不是乏味的维生素，而是香甜有肉的苹果、鲜橙和香蕉；二是道德感有余、分析力不足的时事评论员，他们在这里得到的不是心灵鸡汤，而是基于数据和逻辑的因果规律；三是对经济学怀有戒心的法学、社会学和政治学学者，他们在这里感受不到咄咄逼人的气势，有的只是极具启发意义的新范式。但不管是谁，看完本书都会说：这才是我们要的经济学。

薛兆丰

北京大学国家发展研究院研究员

2013年5月4日于北京大学朗润园

| 目录 |

The Economics of Life

致谢

推荐序　这才是我们要的经济学

引言　走出象牙塔　// 1

政府管制与**民营化**　// 13

政府与**税收**问题　// 37

利益集团和**政治**决策　// 85

股市与衰退　// 117

国际**贸易**与国际协议　// 127

反垄断与卡特尔　// 155

人力资本与学校**教育**　// 175

劳动力市场和**移民**问题　// 207

家庭问题　// 237

歧视问题　// 263

犯罪和上瘾问题　// 283

资本主义及其他**经济**制度　// 307

经济学家　// 327

目录
The Economics of Life

致谢

推荐序　这才是我们要的经济学

引言　走出象牙塔　// 1

政府管制与民营化　// 13

■ 管制　// 15

在自由市场，宗教也兴旺（1996）　// 15

解决过度捕捞的最佳方法，就是针对捕鱼量征税（1995）　// 17

国会，请给电信业松绑（1994）　// 19

残疾人法案将如何削弱企业（1992）　// 21

美国不应该插手国内油价（1990）　// 23

不必让所有人都买得起汽车保险（1990）　// 25

事实证明：政府过度干预会扼杀经济增长（1987）　// 27

燃油效率标准：一个过时的观念（1985）　// 29

■ 民营化　// 32

邮政系统沉疴难治，民营化是唯一的解决良方（1994）　// 32

为什么国营企业应该改为民营企业（1986） // 34

政府与税收问题 // 37

■ **政府** // 39

要遏制腐败，得先精简政府（1995） // 39
是缩减政府规模的时候了（1995） // 41
以不当的研究为依据，只会制定出不当的政策（1995） // 43
别管国会，真正的改革行动在各个州（1995） // 45
要根除贪腐，就得精简政府（1994） // 47
政府的支出规模实在不容易控制（1993） // 49
改革国会：为什么限制任期不能解决问题（1990） // 51
联邦工资改革的唯一标准：民间工资水平（1989） // 53
正确看待平衡财政预算的政策（1987） // 56
与流行观点相反，经济繁荣的确福泽底层（1988） // 58
实行短期补救措施，未来可能会有麻烦（1986） // 60

■ **税收** // 63

实行更扁平的税制就可以留住球队（1996） // 63
警告：调高香烟税不会增加税收反而会带来不少副作用（1994） // 65
税收在起作用，只是在起反作用（1990） // 67

■ **企业** // 70

不该强迫企业增加支出来解决紧迫的社会问题（1988） // 70
慈善成本加大，没有必要为之感到寝食不安（1986） // 72
应该调高的是酒的税率，而不是饮酒年龄限制（1985） // 74

■ **法院** // 77

最高法院的提名审查不应局限于法学修养（1991） // 77

法官终身制的理念已经过时了（1990）　// 79

法院不应该成为解雇行为的裁判（1989）　// 81

利益集团和政治决策　// 85

■ 利益集团　// 87

无家可归的游民"危机"被过分渲染（1994）　// 87

削减养老开支（1994）　// 89

新总统上任，政策不会改变（1993）　// 91

北美自由贸易协议：污染问题只是幌子（1993）　// 93

农业补贴等平权行动的效果如何（1992）　// 95

道路破损及警力不足等问题备受冷落，原因何在（1988）　// 98

■ 产业政策　// 101

给克林顿的备忘：日本的强大，并非源于产业政策（1993）　// 101

美国企业仍具国际竞争力，政府不必过度干预（1993）　// 103

产业政策的迷思（1992）　// 105

不制定产业政策，就是最好的产业政策（1985）　// 108

■ 军费问题　// 110

让义务兵役制回归历史的故纸堆（1991）　// 110

国防开支没有阻碍美国经济的正常发展（1991）　// 112

为什么义务兵役制只会对军队造成危害（1991）　// 114

股市与衰退　// 117

你认为日本股市受到操控了吗（1990）　// 118

股价涨跌通常和市场心理有关（1989）　// 120

为什么不可能出现萧条（1987）　// 122

下一次的经济衰退究竟会有多严重（1989） // 124

国际贸易与国际协议 // 127

■ 国际贸易 // 129

放弃货币联盟——加强欧洲各国货币的竞争（1995） // 129
竞争是独联体国家的必由之路（1992） // 131
用美元汇率贬值来解决贸易赤字（1988） // 133
所谓的"公平"贸易，就是为国内厂商谋利（1987） // 135
对于中国台湾地区和韩国，应该赞扬，而不是惩罚（1987） // 137

■ 小国问题 // 140

国际贸易的扩张推动了小国经济的蓬勃发展（1994） // 140
民族独立声浪高涨，但全球市场正走向整合（1991） // 142
小国也能发展得不错（1990） // 144

■ 环境问题 // 147

以市场经济制度来解决人口增长的难题（1994） // 147
处理全球变暖的问题需要冷静的头脑（1992） // 149
世界末日的种种预言总是不攻自破（1996） // 151

反垄断与卡特尔 // 155

棒球联盟：如何制定合适的政策（1994） // 156
问题不在于CEO的薪酬，而在于把他们撵走（1992） // 158
如果高校实行价格垄断，就该启用反垄断法（1989） // 160
是时候废除那些过时的劳动法了（1988） // 162
反垄断唯一合理的针对对象：串谋（1987） // 164
全美大学体育协会——披着羊皮的卡特尔（1987） // 166

低油价依然是一件好事（1986） // 168

大学生运动员理应得到应得的工资（1992） // 170

管理者为什么会在乎股东的利益（1985） // 173

人力资本与学校教育 // 175

■ 人力资本投资 // 176

收入差距未必是坏事（1995） // 176

第三世界要提高经济实力，更应关注基础教育（1994） // 178

克林顿的助学贷款计划应该得"不及格"（1993） // 180

有关人力资本的辩论：布什胜出（1992） // 182

高中辍学者，应该接受完整的职业训练（1989） // 184

为什么美国不能像亚洲国家那样重视教育（1988） // 186

为什么候选人在大学成本问题上不得要领呢（1988） // 188

用免税债券来解决学费问题是错误的（1988） // 190

上大学难道不是一项明智的投资吗（1986） // 193

■ 教育券与学校之间的竞争 // 195

教育经费改革：不要放弃教育券（1993） // 195

教育券：一张摆脱贫困区的通行证（1992） // 197

公共资金用于宗教学校，无可厚非（1991） // 199

竞争是学校教育健康发展的良药（1989） // 201

让所有家长在择校问题上有话语权（1986） // 203

劳动力市场和移民问题 // 207

■ 劳动力市场 // 209

道理很简单：提高最低工资，会减少就业（1995） // 209

欧洲社会福利制度的惨痛经验，美国应引以为戒（1993）／／211
让家庭购买医疗健康保险（1993）／／213
长期失业者需要得到长期救助（1991）／／215
员工持股制度不能做到一劳永逸（1989）／／217
劳动力市场也应该推动自由化政策（1986）／／220

■ 移民问题 ／／223

加利福尼亚187法案不错，但联邦移民法应该修改（1995）／／223
非法移民潮：如何扭转（1993）／／225
是野蛮人登门，还是经济的福音（1991）／／227
为技术新移民大开方便之门（1990）／／229
为什么不让移民为快速入境付款（1987）／／231
真正的移民改革错过了一次良机（1986）／／233

家庭问题 ／／237

■ 家庭行为 ／／239

为什么人们应该减少对政府补助的依赖（1995）／／239
让逃避责任的父亲承担起子女抚养义务（1994）／／241
挑错"无过错离婚"（1992）／／243
孩子的幸福应该是改革福利制度的出发点（1992）／／245
儿童抚养理当加大投入，但要理性为之（1989）／／248
通过婚姻契约来降低离婚率（1985）／／250

■ 老年问题 ／／253

如何保证社会保障的未来（1993）／／253
老年劳动力就业困难，原因何在（1990）／／255
只有贫困老人才有资格领取社会保障金（1989）／／257
破坏老年人就业市场的罪魁祸首（1986）／／259

歧视问题 // 263

■ 对黑人的歧视 // 264

平权行动计划应该取消（1995） // 264
证据对银行不利，但并不能证明银行有歧视（1993） // 266
改善生产率是最佳的平权行动计划（1987） // 268
南非在黑人经济斗争中的重要角色（1986） // 270
美国黑人终究会有更多的机会实现"美国梦"（1986） // 272

■ 女性问题 // 275

家务劳动：应该计入国内生产总值（1995） // 275
市场供求法则能真正保障职业女性的权益（1991） // 277
市场如何对女性实行平权行动（1985） // 279

犯罪和上瘾问题 // 283

■ 犯罪问题 // 285

加重惩罚，是震慑持枪犯罪者的最佳方法（1994） // 285
政府必须采取强制措施，才能打击犯罪（1993） // 287
根据对他人造成的伤害来惩罚企业犯罪（1989） // 289
根据实际情况惩罚白领犯罪（1985） // 292
打击犯罪的经济分析（1985） // 294

■ 上瘾问题 // 297

赌场经营应该合法化，但目的不在于增加政府收入（1993） // 297
提高"道德"税，是对穷人的无耻盘剥（1989） // 299
越来越多的人同意毒品合法化（1988） // 301
应该让毒品合法化吗（1987） // 304

资本主义及其他经济制度 // 307

■ **资本主义** // 308

民主是资本主义繁荣的最佳土壤(1991) // 308
亚当·斯密眼中的世界奇迹(1992) // 309

■ **经济制度** // 312

阿根廷转轨,受到世界欢迎(1993) // 312
过多的政府干预会对第三世界国家造成伤害(1988) // 314

■ **转轨乃大势所趋** // 317

实现转轨的头号法则:行动要快(1995) // 317
苏联最不需要的东西就是外国援助(1991) // 319
苏联的最佳选择是彻底转轨(1990) // 321
作为榜样,瑞典还不够格(1990) // 322
为什么团结工会必须在经济改革上发挥重要作用(1989) // 325

经济学家 // 327

来自诺贝尔奖委员会的叫醒电话(1992) // 329
反垄断的先驱者(1991) // 331
经济学家为什么不可或缺(1987) // 333

引言　走出象牙塔
The Economics of Life

这一切是如何开始的

加里很早就是公认的学术权威，但十多年前，他毅然走上了一条全新的道路：开始从业"记者"。1985年初，加里接到《商业周刊》（Business Week）编辑西莫·扎克（Seymour Zucker）的电话，扎克问他是否有兴趣为该周刊定期写稿。此前，加里从未给报刊或其他大众期刊写过只言片语，而且，他的著作和论文是专门写给专业人士的，充斥着数学术语，所以我俩对扎克的邀请感到非常吃惊。

《商业周刊》希望加里每隔三个星期为他们写一篇专栏稿，和另外三位已同意写稿计划的作者轮着写。他们是阿兰·布林德（Alan Blinder）、罗伯特·库特纳（Robert Kuttner）以及保罗·克雷格·罗伯茨（Paul Craig Roberts）。人们认为，这四个人当中，库特纳和罗伯茨的政治立场分别代表左派和右派，而布林德和加里则站在学术的中间立场，前者是中间偏左，后者是中间偏右。

对于这份邀请，加里知道很多经济学家会欣然应允，但他本能的反应是拒绝，因为他觉得为普通读者写稿可能会占用大量时间，何况他缺乏相关经验，而且这可能会分散他从事诸多研究项目的精力。

那个时候，几乎所有定期为报纸或杂志撰写经济评论的人都对宏观经济问题感兴趣。这些议题包括：经济将持续改善还是将进一步恶化而陷入衰退，失业率和利率在未来数月里会出现何种变动，如此等等。但这些问题并非加里研究的兴趣所在，其部分原因在于，他认为经济学在短期经济波动的预测方面所能发挥的作用并不大。

因为上述疑虑，加里起初并不愿意为《商业周刊》赐稿，他最大的担心是会失败。除此之外，专栏稿要求不长也不短，必须刚好一整页，这更容易导致他失败。不少优秀作家说过，写短文要比写长稿难得多。布莱士·帕斯卡（Blaise Pascal）曾在1656年道歉说："这封信写得比平常长了些，因为我没有办法把它写得短一点。"而从事学术写作的人又是最会滥用版面空间的，乔治·斯蒂格勒（George Stigler）曾说过，教授们写文章的时候，光是开场白就要用上5页的篇幅。加里对于学术界的这种传统已经烂熟于心，因此他自认为无法在一篇800多字的专栏稿中就把自己的思想表达清楚。

于是，加里征询了米尔顿·弗里德曼（Milton Friedman）、泰德·舒尔茨（Ted Schultz）和斯蒂格勒三个人的意见，他们与加里亦师亦友，均为诺贝尔经济学奖得主。加里认为，弗里德曼会鼓励他写稿，因为弗里德曼多年来一直在《新闻周刊》（Newsweek）上开专栏，极其成功；但令他感到意外的是，斯蒂格勒（他的密友之一）和舒尔茨两人也都认为他应该接受邀请，不过，斯蒂格勒提醒他说，两三年后可能就找不到好题目来写了。

当然，加里也征求了太太吉蒂（Guity）的意见，她是伊利诺伊大学芝加哥分校的历史学副教授，也是对加里的决策影响最大的人。她的想法是，为《商业周刊》写专栏既是影响政府政策的好方法，也是向更多的人传达思想的好途径。为了安抚加里畏惧失败的情绪，吉蒂答应帮他审阅初稿，并提供修改建议，让这些文章能产生更好的效果。

事实上，吉蒂对每篇专栏文章都数易其稿，她毫无保留地提出批评意见。在选题方面，尤其是与当前公共政策有关的题目方面，她提出了很多建议。因此，她被列为本书的合著者是名副其实的。虽然这些专栏稿是以加里的名字发表的，但如果没有吉蒂的鼓励、批评和建议，这些文章可能就写不出来了，就算写出来，效果也会逊色许多。

1985年5月，加里接受了扎克的提议，答应试试看。扎克表示，《商业周刊》也把这项计划当成实验，有可能中途搁浅。《商业周刊》主编斯蒂芬·谢帕德（Stephen Shepard）发来的合同规定，任何一方只要提前一个月通知对方，就可以终止这份合同。这样的规定俨然不同于保护大学教授的无限期终身教职，它犹如一记警钟，让人清醒面对现实世界。

我俩的学术背景

加里和吉蒂夫妇俩对公共政策发生兴趣的路径各不相同。加里就读于普林斯顿大学时，主修经济学和数学的原因是"想为社会做点事情"。大学期间，他对经济学产生了兴趣。毕业后，赴芝加哥大学读研究生，师从弗里德曼及其他知名经济学家。

芝加哥大学的经济学家将基础经济理论全面应用于当代重大实际问题，这种研究极具原创性。作为年轻的研究生，加里耳濡目染，逐渐相信经济学是解决经济及社会问题的良方。他的博士论文研究的就是有关黑人及其他少数族裔受到歧视的问题，而这是经济学家们一直忽略的主题。加里以这篇论文为基础写了一本书之后，继续把经济学的研究领域扩大到其他议题上，包括教育及其他人力资本的投资、家庭行为、犯罪行为等的决定因素以及利益集团对政治权力的争夺等。

加里的研究方向并没有得到太多经济学家的认同，他们认为，应该把这些议题留给社会学、政治学和其他领域里的专家去研究。直到加里在1992年获得诺贝尔经济学奖之后，这样的争议才算平息下来。诺贝尔奖评审委员会肯定了他在种族歧视、人力资本以及犯罪方面的研究。不过，该委员会也指出，他在家庭问题方面的研究仍然"具有争议性"。

面对外界多年来的批评，有时甚至是十分恶毒的攻击，加里能够坚持下来，离不开吉蒂和两所大学的同事的支持与鼓励。先是哥伦比亚大学，后是芝加哥大学，特别是芝加哥大学的同事，对他来说尤为重要，因为该校不少经济学家所做的原创性研究和校外学术界是格格不入的。芝加哥大学在经济学研究上的活力，正是该校在重新界定经济学研究领域上所能获得成功的原因，也是该校经济系在过去20年来获诺贝尔奖次数能超过其他院系的原因。

吉蒂出生于伊朗，但其家庭背景和文化背景则源自其他中东国家。她考入埃及美国大学（American University in Cairo）后就开始对政治及时事产生兴趣，于是选择了新闻专业。她在开罗的时间并不长，曾在伊朗当时最大的日报（Ettela'at）担任记者，同时也为埃及广播服务公司（Egyptian Broadcasting Service）主持波斯语节目。

大学三年级的时候，出于了解西方文化的目的，吉蒂转到巴纳德学院，主修英国文学。毕业后，到哥伦比亚大学新闻学院就读，延伸她在新闻方面的兴趣。后来她在伦敦待了五年，为英国广播公司等媒体的波斯语节目担任自由记者。

由于吉蒂不愿意回到伊朗，遂决定返回美国，并选修历史。中东的政治动荡使她相信：困扰该地区的诸多问题都是有其历史根源的。她在芝加哥大学获得博士学位后，到伊利诺伊大学芝加哥分校教授中东历史。在芝加哥大学念书期间，她认识了加里，两人共结连理。在学术研究方面，她认为要进一步了解当今社会面临的问题，包括各国妇女所受到的待遇等，必须先了解这些问题过去的演变过程才行。

架起经济学和公共政策之间的桥梁

显然，这些专栏应该以经济分析为基础，否则，表达的就只是个人意见而已。而且，经济市场和公共政策对行为产生影响的方式不计其数，连大多数经济学家都尚未充分认识到这一点，更不用说其他人了。

经济学分析的是市场、公共政策以及其他事件如何影响个人行为和组织行为的问题。不管是个人还是组织团体，都会尽其所能地想要改善所处的环境，具体途径就是在收入、工作机会、客户甚至地位及权力等方面展开竞争。个人和组织改善自身的欲望是无穷的，但能掌握的资源却相当有限，而市场及价格有助于他们在这两者之间取得平衡。

从这个角度看，行为是由动机决定的。例如，在商品价格或服务成本提高的时候，一般家庭就会减少开支；而在商品价格上涨的时候，厂商便会增加产出。动机对行为构成这种影响的事实，在多数情况下凭常识就能看出来。遗憾的是，当人们讨论公共政策的影响的时候，总是会将常识抛诸脑后。我们不是经常听说，罪恶不会因为坏人遭到逮捕并受到惩罚而受到震慑吗？不是也有人常说，政府通过医疗补助和医疗保险计划而对医院及医师所提供的补贴并不是造成医疗支出大幅度增长的主要原因吗？

所谓"市场"，通常指的是商品及资产进行交易并且确立显性价格的一种正式渠道，如普通股票及债券等金融市场，或是国际石油及小麦市场等。不过，我们也将市场视为一种资源分配的非正式方式。在这种非正式的市场里，资源的流向不是通过显性价格而是通过隐性价格来决定的。加里在为《商业周刊》撰写专栏之初，并未开宗明义，但事实上，每篇文章都强调动机和公共政策之间的这种关联性。经验告诉我们，虽然读者不会对每篇专栏文章形成长久的记忆，但如果连续有几篇文章讨论相同的主题，读者是可以体会到作者的良苦用心的。

加里的专业研究之所以与众不同，是因为其研究揭示了理性选择和市场机制不仅在经济领域里很重要，而且在社会及政治方面也有其重要性。我们希望这些专栏文章能反映出这种行为的宽泛视角。事实上，加里的第一篇专栏（刊登于1985年5月）分析的就是20世纪70年代末期以来经济及社会因素对美国妇女的就业和收入所造成的影响。本书还收录了讨论宗教之间的竞争对宗教信仰的影响的专栏。其他文章讨论的是结婚和离婚、生育率、对少数族裔的歧视、教育、酒驾、犯罪、最高法院法官的任命以及信仰自由、政治人物的任期以及利益集团在政治决策中所扮演的角色等问题。

我们是自由派，还是保守派

不少人在读过几期专栏后，怒气冲冲地写信指责加里是个保守反动派。我们相信行为动机和市场机制的重要性，但这就说明我们在经济、社会和政治等方面采取的是保守派立场吗？我们的确支持亚当·斯密及大卫·休谟等18、19世纪的思想家所创立的个人自由及私有企业经济观念。这些思想家青睐于建立一种容许个人有权对多数事情自行决策的制度。这种青睐并没有假设人们永远是理性且很少犯错的，而仅仅假设绝大多数人在提升自身权益的问题上，会比善意的政府官员更加理性，而且更少犯错。在当前，这样的看法比以前更具有针对性，这是因为，在20世纪，不管是税收、法令法规，还是政府的行政权力等，都已经大大扩增了。

因此，从古典或欧洲学派来看，我们是自由派，我们比较支持分散化的经济、政治及社会制度，只要个人不对他人构成明显的、重大的伤害时，个人就应该享有自由选择的权利。这样的自由派立场和传统意义上希望维护现状不变的保守派不同。虽然古典自由派认为，能生存下来的事物通常具有某种功能，而且对社会有利，但他们也知道，在法律、政治和经济等方面的某些长期延续下来的做法及传统，完全是因为势力庞大的利益集团为了想从公共政策里得到好处而施加压力的结果。因此，我们在专栏中积极倡导打破现状，以提高效率或增加穷人的机会。对某些读者来说，我们的建议有时候是过于激进，而不是过于保守了。

我们并不完全认同美国的任何政党，因为在个人与动机之间的关系以及个人是否比政客和官员更清楚自身利益之所在的问题上，没有哪个政党采取坚定不移的一贯立场。当然，对自己有利的时候，多数政治人物承认动机的重要性。不过，一旦这样的看法不能支持自己的观点，他们就会忽视这个因素。例如，某些保守派人士在反对国际自由贸易的时候，就忘了曾经鼓吹过自由竞争的好处。同样，不少自由派人士也不承认现代福利制度可以人为刺激人们移居到提供较好的社会保障、医疗保险及其他福利的富有国家。而保守派人士是因为宣称支持人们自由迁徙的原则，也故意不提人们因为能得到那些好处而移民的事实。

同样，自由派人士在鼓吹调高烟草税来抑制香烟消费，或减免公立大学学费来鼓励家境一般的孩子就学的时候，就会记起动机的重要性。但是，如果这个因素对自己的看法没有帮助，他们往往会变得比保守派人士更忽视动机的重要性，例如，社会福利是否会导致婚姻解体，并鼓励女性自我独立，以及所得税过高是否会降低就业、减少投资等。

虽然加里认为自己属于古典自由派，但他希望在专栏里所表达的看法是以研究结果为基础，避免在政策议题上采取某种立场。他在写头几篇文章的时候，的确尽量这么做，但他很快发现，读者希望专栏作家在评论时事的时候，能旗帜鲜明地亮明自己的立场。

斯蒂格勒的亲身经历证实了这个结论。加里为《商业周刊》写了几年专栏后，另一家财经杂志（《商业周刊》的竞争对手）也邀请斯蒂格勒为他们写稿。斯蒂格勒不仅是一位卓越的经济学家，也是优秀的经济评论家。他的专栏不仅机智诙谐，笔触敏锐，而且文笔极佳。不过，他的专栏以分析问题为主，在政策上并没有提出太多建议。一年之后，他就决定不再写了，因为他几乎没得到读者的反馈，这让他觉得文章只是写给自己看的。出现这种情况的原因，主要就是他在政策问题上没有采取鲜明的立场。

加里很快就决定要在专栏里为所谈的问题提供改进意见。不过，这些政策建议大致上还是以针对一系列行为的动机及选择为分析基础，然后自然地让政策建议在这种行为视角下自行浮现出来。

因此，本书所收集的专栏文章包含了他对有争议性且重要的议题的看法，他明确反对大政府和中央计划的政策模式。他也反对非法移民、对少数族裔实行就业机会配额和保留、工会豁免反垄断法、在公立大学对家境中上等的学生提供高额的就学补助、美国大学运动协会（NACC）对大学运动员的限薪、国会议员的任期限制、员工持股计划（ESOPs）、对公司雇员提供其他补贴、关税及进口配额，等等，即使其他国家实施这些措施，他也不赞成。

当然，加里的专栏不只是提出反对意见而已。他倡导以合法的方式将移民权利出售给符合资格的申请人，支持大规模的私有化计划，让某些毒品合法化⊖，以自给自足的原则来制定社会福利制度。另外，他也认为不能支付小孩教养费用的父亲应该受到惩罚，赞成强制执行婚姻契约，以修改宪法的方式让联邦法官不再是终身制，对重大犯罪实施重罚，特别是持枪抢劫罪。同时，他也认为社会福利的关注重点应该从母亲及社会工作者身上转移到对小孩的帮助上。

我们影响到公共政策的制定了吗

这些专栏文章所提出的理念及所做的分析有没有对公共政策的制定及读者的看法构成很大的影响呢？我们相信这些文章是有一定影响的，不过，往往是滞后

⊖ 吸毒在我国是禁止的行为，它触犯了我国的法律，因此，我们不能苟同作者的观点。——出版者注

的、迂回的影响。如果我们认为没有影响的话，就不会饶有兴趣地将当代问题付诸笔端，而且，也不会有兴趣在经济政策和社会政策等方面提出改革意见。

知识分子喜欢夸大理念的影响力，因为他们的声望是由理念的质量和独创性决定的。在一篇著名的文章中，凯恩斯声称"有些实际的人，虽然认为自己在思想上不会受到别人的影响，却往往会成为一些已故经济学家的奴隶……（对他们来说）不管是好是坏，真正危险的不是既得利益，而是那些理念和想法"。

有些知识分子甚至期待，政治家、选民以及读者会很快接受论述清楚而又具有说服力的立论分析。但在我们看来，在理念对政策及民意的影响方面，这是相当严重的错误认识。政治决策并非主要根据对观点和理论做出理性评估后来做出的，而是在相互竞争的特殊压力集团和一般压力集团之间，以务实的态度取得力量平衡之后的结果。当理念和实际利益发生冲突时，前者往往是英雄无用武之地。

国际贸易政策的制定很好地证明了利益对理念的胜利。两个世纪前，亚当·斯密和大卫·李嘉图对专业分工和国际间的比较优势进行了分析，经济学家从此便普遍宣扬自由贸易的理念。但是，为了不让进口产品和本国产品竞争，大多数国家实行高额关税和配额限制的政策。知识分子倡导自由贸易，但理念却无法抵挡国内产业因为害怕外国竞争而对政府所施加的政治压力。

虽然如此，理念在长时间里还是能对政策和民意造成很大的影响的，即使在短时间里，理念在利益面前不堪一击。如果利益集团认识到某些理念有利于增进其利益，就可能会接受这些理念。政治团体不可能公开承认：提倡某些政策的主要目的是在牺牲他人权益的基础上让自己得到好处。虽然美国劳工联合会（AFL）的强势领袖萨缪尔·高普斯（Samuel Gompers）可以直陈工会和资方私下谈判的目的不过是想获得更多好处而已，但对谋求政治利益的团体来说，如此坦白会对其野心构成致命打击。相反，他们的说辞必须让人相信：帮助他们就是在支持国家。

因此，国内各产业从来不会公开称，征收关税和实行配额是因为外国生产者更有效率；相反，他们会试图说服选民：外国生产者是以不公平的方式来竞争的，或者，进口外国商品会减少国内就业。还记得，佩罗（在1992年竞选时）所提出的"巨大的吸食声"(great sucking sound)论调曾打动了他的支持者,因为这些人害怕实施北美自由贸易协定(NAFTA)后,美国的就业机会流向墨西哥,而这种担心是全然错误的。

在政治权力的平衡过程中,有些团体实现了重大转变,开始具有影响力。它们也许会发现某个学者数年前随意提出的观点有利于获得公众的更多支持,于是就将这些观点重新包装,然后宣扬推行这些观点的时代已经来临。虽然这些观点或许能在获取民众支持上起到重要作用,但它们绝对不是权力平衡过程中发生转变的根本原因,就如同专家出庭作证并不是造成原告和被告之间打官司的原因一样。

本书所提出的建议有些是新的想法,而且经常被认为是"不切实际的"。但我们之所以把它们提出来,就是因为这些理念从长远来看还是会造成影响的。我们并不认为政策趋势会快速而轻易地得到急剧转向,就算有充分的理由,转向也不容易。但是,政治权力和思想潮流是会发生改变的,对当前政策做出大幅度改革的时机也终会到来。

对于本书提出的其他建议得到采纳的可能性,我们同样持长期的观点。我们不会幻想实现以下事情的时机已经成熟:毒品合法化;修改宪法来取消联邦法官终身制;根据反垄断法全面引入工会;大幅度精简政府规模;美国大学体育总会(NCAA)取消对大学运动员的限薪,等等。但我们相信,在将来,当现行政策的负面效果越来越明显的时候,本书所提出的建议还是会被接受的。

洞察过去的专栏文章

报纸和杂志的专栏所谈论的是当代问题,这些问题通常很快就会被遗忘。之所以同意将本书所收集的专栏文章重新付梓,是因为我们认为这些文章比较有保存的价值,即使是在讨论那些人们已经忘却的问题时,也是如此。这些文章所做的分析将有助于学生、企业主管、企业家及其他读者更深入地了解任何时候在经济、社会以及政治等方面出现的问题。

经济学教科书在说明经济原理如何应用于真实世界的时候,往往举不出足够多的例子,因而让学生遇到诸多不必要的困难。当然,要理解经济学原理,绝对有必要研究其实际应用的问题。教科书展开的是基本分析，本书则提供了很多从经济学角度来思考问题的例子，诸如，体育场应该公有还是私有，政府的助学贷款应该采用固定利率还是视学生的未来收入多寡来决定，这些都是对教科书的有益补充。

有关公共政策和商业实践的讨论会影响公司的业绩和行为，因此，公司主管及其他商界人士更能从中受益。我们谈论的主题包括："黄金降落伞"对企业高管的激励效应、提高最低工资标准对就业水平和企业利润的影响、美国残疾人法案（ADA）及其他法律法规强加给企业的成本，等等。

我们相信，读者如果想更好地了解经济及社会状况发生变化的根源，也会对这些文章感兴趣。例如，我们谈到，已婚妇女就业率与离婚率逐年"双高"以及缺乏经济自由度的国家经济表现差劲等问题。这些文章应该也能帮助读者分析目前具有争议性的公共政策的问题，例如，宗教是应该受到国家的保护还是应该与私募基金及成员展开竞争，某项"产业政策"是否合理可取，美国及其他发达国家是否应该减缓移民入境等问题。

我们的预判有多准确

为了帮助读者判断这些文章提供了多少通过经济分析来理解行为模式的"真知灼见"，我们要考察一下这些文章对公共政策及经济和社会变动所做过的分析是否经得起时间的考验。早期刊登的一篇文章（1985）预测美国的男女收入差距会进一步缩小；另一篇文章（1990）指出，日本股市并没有受到"操纵"；还有其他文章认为，"产业政策"是件可怕的事（1985、1992、1993）；最高法院的法官应设置任期限制（1990）；美国黑人的经济情况已得到大幅度改善（1986）；志愿兵役制非常成功（1988）；以及国会议员的任期限制不是件好事（1990）等。

在国际问题方面，我们认为：瑞典正面临严重的经济困境，因此转轨中的东欧国家不应该照搬瑞典的政策（1990）；南非实施种族隔离政策，并不是资本主义的错，而是白人主导的工会及其他组织害怕黑人劳工的竞争而发挥政治影响力所导致的结果（1990）；原油价格下降对西方世界是有利的（1986）；所谓"温室效应"可能带来的负面影响被明显夸大（1991、1992）；南斯拉夫和捷克等多民族国家可能会分裂解体，因为规模较小的国家现在已经可以在世界经济中立足（1990、1994）等。

虽然有些结论和分析目前还得不出真假的定论，但以我们自己的判断标准来说，正确的几率是很高的。美国妇女的收入水平在持续上升；日本政府虽然付出很多努力，但一直无法以操纵股市的方式来刺激经济复苏；南非曼德拉政府一直在采取偏向于资本主义的政策；与杞人忧天者所担心的情况相反，世界人口自50年代以来已经翻了一番，而且全球人均收入还有所增加；另外，没有几个国家把所谓的产业发展政策真当回事。

当然，并不是每项预测都那么准确。虽然黑人女性的经济地位提高了，但黑人男性的表现却稍逊一筹，因为技术水平较低者的工资收入在80年代出现了大幅度下降。另外，日本经济复苏的速度没有我们原先预测的那么快，可能是因为我们没有预测到日本央行会采取那么强硬的货币紧缩政策。在温室效应方面，虽然现有的证据还不完备，但对这问题的关注在持续升温。我们坚持认为，《美国残疾人法案》大大增加了企业和消费者的成本，但这一点很难做到有稽可查。

我们相信这些专栏对问题分析的准确度很高，但这并不表示我们有能力预见未来。不过，这些文章可以证明，经济学的思维方式的确能让人更深入地理解经济、社会和政治等方面的问题，因为这种思维方式认识到，人们做出何种选择，是与不同行动的成本和效益密切相关的，而仅仅从政治、社会或心理等角度来看问题的人，是看不见这个层面的。

为了方便读者查找到具体的主题，这些专栏文章被分成了若干大项，其中包括：政府管制、人力资本投资、国际贸易、移民问题、教育问题、妇女问题、犯罪问题、环境保护、毒品及其他上瘾药品管制、劳动力市场、家庭行为、政治与政府、股市与管理以及老人与社会保障问题等。

撰写专栏带给我们的收获

《商业周刊》邀请加里定期撰写专栏文章，我们对此深感荣幸；加里接受了这项差事，我们也很高兴。在过去10年里，总共有130多篇专栏文章刊发出来，而且我们在写稿过程中也获得了极大的乐趣。不过，当交稿日期已到而加里却人在国外的时候，或是有了题材却无法完成的时候，我们的感觉就不好受了。但我们并没有放缓脚步，因为世界形势风云变幻，不断有令人激动的新鲜题材涌现出来，让我们有米下锅。

撰写这些专栏文章，可以和读者互动，这是我们未曾预料到的乐趣。互动的形式通常是读者来函，有时是赞成，但更多时候是批评我们的某个见解。有些读者的脾气不好、态度恶劣，但大多数的态度是客气的。有时我们希望在稿子写好之前就有读者表达意见，这样就能在文章里把他的看法也体现出来。加里试图做到来函必复，因为他们既然花时间写信过来，出于礼貌也应该得到回复。而且，有时候在我们回信以后，读者会回复更好的意见和看法，良好的互动关系就此形成。

加里经常会碰到读过他的文章而且表现出喜欢这些文章的人，这令我们感到惊喜。有些人甚至说就是因为想读他的文章才去订阅《商业周刊》。我们觉得加里的笔墨心思并没有白费，因为读者在看完一篇专栏后，会盼望读到下一期。这种和学术圈外的人所形成的互动关系，是大多数学者没有经历过的，我们很幸运能拥有这种经验。

从一开始，加里就从《商业周刊》的编辑部及其他编辑和特约撰稿人那里得到很大的帮助。头几年由杰克·帕特森（Jack Patterson）来负责处理这些专栏稿，后来由杰克·普鲁恩柯（Jack Pluenneke）接手，偶尔其他人也会进来帮忙。他俩及其他人给了我们宝贵的建议，也让加里知道在为大众读者写稿时，怎样才能达到更好的效果。最近改由布鲁斯·努斯鲍姆（Bruce Nussbaum）来处理我们的稿子。非常感谢各位的帮助以及对我们的一贯礼遇。

还要感谢《商业周刊》的斯蒂芬主编。他不断地给我们鼓励，《商业周刊》也提供了很好的政策，让加里可以按照自己的兴趣自由写作；即使加里的看法和该刊的社论或其他评论文章的立场截然不同，也从来不会对加里的文章或意见持任何成见。能够在卓越的《商业周刊》上获得一个小小的空间，幸甚。

政府管制与民营化
The Economics of Life

政府的管制措施会对企业、消费者以及员工所受到的激励造成扭曲的效果，本部分所考察的就是这些管制措施的相关影响。我们所讨论的实例包括：由政府经营的邮政系统普遍存在效率低下的问题；由于政府的多方限制，保险公司无法让那些容易出事故的司机多付保险费费用，结果导致车祸数量增加。

另一篇文章则呼吁政府对电信业采取完全自由化的政策，其理由是，互联网及光纤电缆等科技的迅速发展，大大增加了该产业应对竞争及继续创新的潜力。有些电信公司认为，政府的管制措施制约了它们针对这些根本性的科技变革做出反应的能力；如果政府放宽管制，它们会表现得更好。这些公司支持对电信业实行自由化的政策，而这种来自业界的压力使得政府放松管制成为一种全球趋势，产业竞争也因此加剧。在此潮流之下，美国必须通过立法来放宽对电信业的管制。

我们强烈批评美国新英格兰地区的做法：当地政府为了防止人们在科德角外海附近过度捕捞鲈鱼及其他鱼类，对每年的捕鱼总量设定了上限。该措施本意是要减少鲈鱼捕捞量，却无意中鼓励人们提前在初夏之时，就赶在别人之前先行大肆捕捞。其结果是，刚到夏天捕鱼旺季，就已经达到全年的捕捞上限。我们对这个问题有切身的感受，因为我们每年都会到科德角去避暑，希望每天都有鱼可吃。为了让消费者在想吃鱼的时候有鱼可吃，同时改善渔民的经济状况，我们提议：对个体捕鱼者的捕捞量进行征税，以此来取代当前设置上限的措施。

我们的建议引起了读者的兴趣，不少人写信给我们，特别是政府官员和新闻记者，还有冰岛的经济学家。渔业是冰岛最重要的产业，该国当时刚好在热烈且颇为尖锐地讨论，究竟应该对每艘渔船设定渔获上限，还是以征税的方式来管制滥捕的现象。尽管赞成设定渔获上限的人在信里提出了不错的见解，但我们仍然认为征税是更好的办法，尤其是，有了这些额外的税收，政府还可以想办法降低其他方面的税率。

管　制
The Economics of Life

■ 在自由市场，宗教也兴旺（1996）

要求宗教权的呼声日益高涨，这让很多人感到不安。但我认为，只要各个宗教在争取信徒方面是自由竞争的，而且没有哪个宗教得到政府的特殊关照，那么这一现象就不值得担心。

在竞争的环境中，福音派基督教、正统犹太教、伊斯兰教等宗教组织要想吸引新教徒入教的话，它们只有在满足精神需求和道德需求方面比主流教派做得更好才行。大多数人认为，个人有权利决定自己的生活方式，即使他们是在困难的环境下长大的，也是如此。他们希望通过宗教的布道来重申他们需要对自己的行为负责。由于主流教派没有强调人们需要发挥自我约束力和责任感，这些主流教派正在流失信徒，而这些信徒正在流向那些宣扬更多传统教义的宗教激进主义团体。宗教激进主义者也一直战斗在攻击那些分裂家庭、色情和藐视权威等行为的前线。

美国等一些国家形成了开放的宗教"市场"。不同的教派和宗派通过精神引导和其他诱惑来为争夺新信徒而展开竞争。竞争对宗教是有益的，就像对普通商品有益一样，因为在竞争压力下，宗教团体不得不学会比在他们处于垄断地位时更好地满足信徒的需求。

保持竞争的态势

早在200年前，亚当·斯密就在他的《国富论》中提到了竞争对宗教组织行为的重要性，只是大家没有注意到这一章。他列举的大量证据表明，英国国教在英国政府赐予的特权地位的庇护下，已经开始对英国民众的宗教需求变得漠不关心了。斯密言之凿凿地声称，结束教会领袖的懒惰和冷漠的唯一途径就是解除他们的特权，让英国国教和其他新教派之间展开竞争。

托马斯·杰斐逊等美国开国元勋明白，建国后的教会和政府应该分离。美国宪法第一修正案规定："国会既不能立法支持宗教的建立，也不能禁止宗教的自由活动。"政府和宗教之所以要分离，一个原因就是要强迫各个宗教在和竞争者争夺信徒的过程中保持竞争的态势。

圣塔克拉拉大学的劳伦斯（Lawrence）利用欧洲和北美的一些新教国家中的宗教虔诚度作为证据，检验了斯密-杰斐逊原则。他以定期去做礼拜的人数和宗教信仰的忠诚度作为衡量标准，结果发现，与单宗教国家的情况相比，在拥有多个宗教且宗教之间相互竞争的国家，宗教对人们的重要性更大。比如，在斯堪的纳维亚半岛诸国中，只有很少一部分人对宗教感兴趣，主要是由于当地的路德教会拥有特权地位，且大部分资金由政府提供（当然，宗教和政府在瑞士已经开始分离）。相反，在美国，不同宗派和教派之间为了争夺信徒而展开激烈的竞争，宗教在那里也很繁荣兴盛。

受到压制的宗教组织

在南美，天主教逐渐失去其强大的垄断地位，而宗教激进主义新教正取而代之，发展迅速，原因就在于太多牧师在一门心思追求政治目标的同时，忽视了人的精神需求。而在第二次世界大战以前，日本政府补贴神道教（日本宗教教派的起源），并歧视其他教派。战争结束后，神道教的保护地位被废除，现在有成百上千个新教组织在日本兴盛起来。这些宗教团体满足了神道教明显未能满足的精神需求。

在当代，可以用来证明宗教需要竞争的最好例子来自东欧国家和苏联。然而，自从苏联解体以后，宗教开始兴盛起来。接受采访的俄罗斯人中，超过22%的人承认自己以前是无神论者，但现在信"上帝"了。俄罗斯的6 000多所东正教教堂和修道院重新开放，而且许多其他宗教已经开始吸收信徒。

这些例子表明，当宗教团体不得不在公平竞争的环境中争夺信徒时，不论是自由的还是严格的宗教团体都会更加有活力。健康的竞争要求宗教市场保持开放，在这个市场中没有哪个宗教团体享受政府给予的特权或特殊保护。

■ 解决过度捕捞的最佳方法，就是针对捕鱼量征税（1995）

每年我都会到马萨诸塞州的科德角海滨去消夏，因此我知道，对当地民众来说，捕鱼这件事，不仅是食物的重要来源，也是当地居民维持生计及休闲娱乐的重要途径。不过，该地区正为应该如何控制滥捕鲈鱼而伤脑筋。鲈鱼是一种味道鲜美的白鱼，长期以来深受当地食客喜爱。从这一实例，可以看出政府要做出智慧的管制，总是存在磕磕绊绊。

20世纪70年代，从缅因州到马里兰州外海一带的鲈鱼数量严重枯竭，原因是多方面的，包括气候干旱、繁殖海域的环境受到污染、过度捕捞等。针对这种状况，马萨诸塞州及该地区其他各州决定对商业性捕鱼和休闲性捕鱼设定严格的配额。过度捕捞未必是鱼类供应逐渐减少的主因，但环保主义者鼓吹，只要对捕鱼量设定配额限制，就能恢复鱼类的数量。

马萨诸塞州对鲈鱼的商业性捕获量设置了上限。遗憾的是，以此来控制捕获量是个很糟糕的方法：它鼓励每艘渔船在捕鱼季节开始之初，就抢在其他渔船之前先行大肆捞捕，以免当年的配额先被用完。

"无鲈鱼可售"

1994年就发生了这样的状况——马萨诸塞州政府为商业性捕获设定的上限是20万磅，但这个配额在7月底以前就用完了，往年渔季通常要到9月才会结束。人们提前大量捕捞鲈鱼的结果是，在配额用完之前，渔民手上有大量鲈鱼待售，鲈鱼批发价格大幅度滑落；但在配额用完之后，市场上没有足够的鲈鱼可售，价格自然急剧上扬。这种对捕鱼量设定上限的做法提供了不当的激励，给当地渔民的生计增加了困难。

近年来，该地区外海的鲈鱼数量快速增加，可能是因为捕捞受到限制后，鱼类的繁殖率上升了。因此，马萨诸塞州在1995年决定将商业性捕获的上限提高到75万磅，几乎是1994年的4倍。虽然配额的上限提高了，但预期还是很快就会用完，所以，该州规定在市场上无鱼可售的那段时期，禁止商业性捕捞，希望能以这种方式让渔民把捕捞行动平均分散到整个渔季。但这样一来，鲈鱼价格在这几个星期里变得特别昂贵，而且还不容易买得到。

既想对鲈鱼捕捞加以管制，又不想让市场上出现无鱼可售的状况，有一个比设定配额更好的方法，这个方法理应受到消费者、渔民、休闲钓客以及纳税人的欢迎，即由各州根据捕获量的多少来对捕鱼者征税，其税率可以根据鱼的重量及大小加以调整。如果捕到过小或还没有长大的鱼，则应给予严厉的处罚。目前的规定是，如果捕到过小的鱼，则必须把它们放回海里去。

每天捕一条

税收额度将控制捕获总量，这是因为，在税率较高的时候，鲈鱼的捕捞数量越多，所付税额也越高，为了降低税费，捕捞量就会减少。如果采用这种方法，渔民就不会再像以前那样趁早出海，急于大肆捕捞，因为他们是根据捕捞量来缴税的，没有理由抢在别人之前下手。相应地，渔民会在整个渔季分散捕捞，会在鲈鱼价格上扬时争取多捕捞一些。

休闲型渔民捕捞的鲈鱼数量也许超过总捕获量的一半，因此应该把他们也纳入管制范围。马萨诸塞州目前允许每人每天捕捞一条鲈鱼。休闲型渔民和商业型渔民一样，在所征税率上应该是一视同仁，因为对海里的鲈鱼来说，不管捞捕者属于哪种类型，其结果都是相同的。

目前是通过对捕获总量设定上限来监控捕捞行为，但从执行方面来看，对两种鲈鱼捕捞方式都进行征税的制度不会比前者更困难。征税制度还有增加政府税收的好处，可以把这些额外的税收用来研究造成鲈鱼数量变动那么大的原因，也可以把税收用来改善当地的海洋生态。

对鱼类捕捞进行管制是很有必要的，但就连鲈鱼捕捞这样的小规模产业，政府都不容易制定出合理的管制措施来。很难想象，如果政府要对更广泛的政治领域实行管制，而且管制的好处尚且存疑的话，会出现何种状况，特别是对那些深受媒体关注的全国性大产业，管制起来难度会更大。最近政府为了民众的健康及安全而在环保方面所制定的各种规定，也引起了社会争议。这是科德角鲈鱼事件带给我们的主要教训。

■ 国会，请给电信业松绑（1994）

经过漫长的法律诉讼后，美国电话电报公司（AT&T）于1982年同意让该集团旗下的22家地方电话网络公司自立门户。该案的主审法官哈罗德 H. 格林（Harold H. Greene）裁定，剩下的7家地方电话公司在各自归属地拥有垄断权。AT&T的业务则主要限制在长途电话方面，另外作为给该公司的一点甜头，允许它进入电脑业。

但此后，随着电信业的快速发展，相关这些限制已经变得不合时宜了。电话公司曾提议更改业务上的限制，可惜遭到了格林法官的否决，但它们是可以提起上诉的。格林只是法官，不是生意人，不了解电信业的迅猛发展，这并不令人感到意外；但他的判决却阻碍了电信业的重新整合。

格林法官1982年做出该项判决，是基于这样一种认识：由单独一家电话公司在城里架线，接通电话线路，是比较经济的做法，因而，区域性电话公司本身属于"自然垄断"。事实上，该诉讼案之所以被提出来，就是因为AT&T被控利用这种垄断权来阻碍长途电话业务的竞争。法官决定对地方电话业务设限，就是要防止它们利用这项垄断权在其他市场上进行不公平的竞争。

除了其他限制以外，格林法官还禁止电话公司在本地以外的地区销售电话服务及其他相关产品。事实上，虽然地区性电话公司在当地滥用垄断权是有可能的，但如果它们到其他地区扩展业务，则不大可能滥用垄断权，因为那是别人的地盘，它们必须和当地的电话公司竞争才行。

神奇电缆

当AT&T的部门由集团分裂出来的时候，滥用垄断权的可能是存在的，因而政府对话费标准施加一定的控制是有道理的。然而，大多数其他方面的限制是没道理的。自电信业出现革命性的变革以后，现在连话费控制都已经站不住脚了。

这是因为，有线电视系统以及移动电话的出现已经打破了地方性电话公司享有的垄断地位。大约90%的美国家庭都安装了有线电视系统，而电视的缆线可以用来进行双向的电话通信。不过，现行的法令规定，有线电视公司不得经营电话业务，而电话公司也不能提供有线电视的服务。如果这些公司能将技术整合在一起，市场的竞争一定会更加白热化，并且能够同时提供长短途电话以及有线电视的服务。

境外竞争

几个月前，格林法官终于同意了AT&T和美国最大的移动电话公司麦考（McCaw Cellular）合并的计划。固定电话公司、移动电话公司和有线电视公司之间的其他合并也在快速进行，因为它们都想在未来新增广播频道许可证的拍卖中占得先机，以便同时提供移动电话、传呼、电子邮件及诸多其他服务。

在长途电话及有线电视方面，美国的竞争一向都很激烈，但在其他服务方面，则落后于英国和新西兰。目前，英国允许有线电视公司兼营电话业务，在争夺当地客户方面与电话业务的龙头老大——英国电信（British Telecom PLC）展开竞争。同时，美国的有线电视公司及地方电话公司（Baby Bells）也参与到竞争中，它们在国外可以同时提供有线电视和电话服务，但在美国国内却做不到，真令人匪夷所思。

纽约、加州以及其他几个州，已经开始允许其地区性的电话公司及有线电视公司将经营范围扩大到其他各州。不过，在联邦法令对电信业务的限制方面，则因为两党所提的法案相互冲突，以致目前未能做出较大的改动。在国会会期即将结束之时，共和党籍国会议员鲍勃·杜尔（Bob Dole）首先在参议院呼吁大幅度放宽对电信业的规制。因此，有理由相信：在共和党取得新国会的主导权以后，国会应该会很快取消原来在价格及经营范围（固定电话、移动电话、视频、有线电视）上的限制，消费者也终将全面享受到因新科技的开发所带来的好处。

电信业发展那么快，没有哪一位法官能够预见这种快速发展的产业的未来，监管者或经济学家也做不到。因此，应该由市场竞争而不应该由官员或行政官僚来决定电信业的发展前景。

■ 残疾人法案将如何削弱企业（1992）

近些年最具深远影响力的一部劳动法案从7月下旬开始生效。但遗憾的是，这部《美国残疾人法案》（American with Disabilities Act，ADA）与其说是帮助残疾人的法律措施，不如说是帮助律师就业的计划。

该法案中所定义的残疾人，不仅包括那些在听力、视力和行动上有残障的人群，而且还包括那些患有精神疾病、阅读障碍、艾滋病以及有吸毒史的人或酗酒成性者。正因为此，一些支持者声称该项立法将帮助4 000万美国人。但是，该法案覆盖了美国约40%的劳动力，这未免扭曲了"残疾"的本义。

对于200多万家员工数量不低于25人的企业来说，向求职者或推荐人询问其残疾情况的做法已不再合法。广义而言，残疾情况可通过过往病史、过去因病旷工时间和酗酒治疗史等情况来判断。雇主们必须做出"合理的"努力来安置残障人士。此外，若医学检查发现雇员残疾，雇主不能撤销工作邀约，除非这种做法实属工作需要。

新法案对残疾的定义如此模糊，以至于我们经常很难有把握地判断出一个没能得到工作的人是否受到了不公正的对待。难道仅仅因为残疾人不能在有压力的条件下工作，或者他们反感任何针对他们工作的批评（这些批评也许意味着他们会重新酗酒或吸毒），残疾人就应受到不公平对待吗？新法案实施后，可能会出现很多围绕这些问题的法律诉讼，以及很多奇怪的立场。民权立法漏洞百出，但对其覆盖人群界定不清的问题并不算在内。基于种族、性别或信仰等这类通常易于识别的特征上的歧视是被禁止的。

突击立法

依据1991年修订的民权法案，残疾人有权提起诉讼，要求获得补偿性的和惩罚性的损失赔偿。因此，残疾人法案的附加条款有望成为诉讼的福音。美国司法系统堆积了大量诉讼案件，数量多得惊人，再出台这样一部覆盖范围极广的糟糕草案，实在是没有道理。

对于那些有轻微听力障碍、精神障碍或是有酗酒或毒品滥用前科的人，国会议员等人只要是真心想帮助残疾人且认为美国商界没有能力确定他们的就业资格问题，就可能会支持这种突击立法的做法。但是，这种看法在当前环境下是不太可能的，现在的公司在国际、国内的双重竞争压力下都物尽其用，人尽其才。那种认为陪审团和法官比来自市场的竞争压力更有资格确定一个人是否适合一个职位的想法是十分荒唐可笑的。

美国当然有足够实力来帮助那些先天或后天身患严重残疾的人；而有偿工作有助于培养人们的自尊，因而，要提供帮助，就应当帮助残疾人找到有用的、令他们满意的工作。国会针对残疾人采取各种行动的成本本该由纳税人承担，但国会通过的这部新法律却把这种成本强加给了企业，这是近来一种令人不安的倾向。显然，这使得国会可以把合规成本（costs of compliance）隐藏起来，而不会增加财政赤字。

自私卑鄙

美国商界面临着全球竞争，这使得它很难在不丢失市场份额、不削减就业的情况下，还能做好充分准备来承受更高的成本。绝大多数的成本会转嫁给工人、消费者，最终由残疾人自身来承担。自幼失明的沃尔特 Y. 奥伊（Walter Y. Oi）是罗切斯特大学的知名经济学家，他认为许多企业会寻找漏洞来避免雇用有残障应聘者，因为他们害怕昂贵的诉讼。谁要是质疑这项旨在帮助残疾人的立法，谁就可能会被贴上自私卑鄙的标签，或者，被认为太吝啬以至于不愿花费分文去帮助那些不幸的人。这就是新法案在国会上得到总统的全力支持并顺利通过的原因。虽然该法案获得通过，但它仍然是一部极有可能弊大于利的糟糕法案，正因如此，我们需要一个与众不同的解决方案。

就如残障的客观定义所概括的那样，我认为残疾人的人数应限定在三四百万人左右，这些人在视觉、听力或行动方面患有严重残疾。国会不应该把责任转嫁给企业和法院，而应该给雇用残疾工人的雇主一份可观的补贴，补贴金额与雇员残障的严重程度成正比。这个方案会把重担直接加在纳税人身上，也会把帮助集中在那些真正残障的人身上。

该计划的总成本将是可控的。举例来说，有300万残疾工人，每人年均工作1 200小时，平均每人每小时3美元的补贴（这个数额也许远远超过实际需要），加起来总共是每年110亿美元。对于政府支出来说，这笔支出简直微不足道，但它却远远低于当前这部模糊法案可能需要的总成本。

■ 美国不应该插手国内油价（1990）

在石油价格一路攀升，接近40美元/桶之际，美国及其他工业化国家正面临着巨大的压力：必须赶紧采取一切可能的行动来稳住油价。但是，政府所执行的方案是有害而不是有利于经济。下面是在制定石油政策时需要考虑的注意事项。

最重要的措施是，要避免对石油及其他能源市场进行干预，因为这样才能根据市场供求来决定价格。如果预期石油价格会因供给减少而维持在相当高的水平，那么企业和家庭就会担心预算支出而想方设法去减少能源的使用，例如开更小的车、增加对核能发电的依赖，以及增加房屋隔热设备等。毕竟，从20世纪70年代初期到1980年间，石油价格跳升了三倍，这导致在所有工业化国家里，生产相同一美元的国民生产总值（GNP）的石油消耗量已经下降了。

自1970年以来，日本的石油消耗量几乎没有发生变化，然而工业产出却大大增加。日本的石油完全要依赖进口，但在发生第一次国际石油危机的时候，日本比美国调整得更快，部分原因就是日本政府允许国内油价扬升到国际市场的水准；而美国政府则以油价管制及实施配额制度等方式，试图缓和油价骤涨所带来的冲击。

痛苦的回忆

各国政府都应该抑制对石油及天然气采取限额配给措施的冲动。油价从20世纪70年代开始上扬以后，美国有不少应对政策都错了，而其中最明显的错误就是采取了石油限额配给制。选民都还记得当时排长队加油的痛苦经历，美国政府应该避免再犯同样的错误。

同样，控制石油的特定用途，如提高汽车燃油经济性标准，也非明智之举。实际上，我坚持认为，国会应该彻底废除公司平均燃油经济性标准（即CAFE标准）。该标准规定，每个生产商所生产的新车，平均每加仑行驶里程至少要达到27.5英里。油价很高的时候，车主们可以在省油的小型车和安全性较高、跑起来平稳、内部空间较大但却比较耗油的大型车之间进行选择。

对汽油的使用征收联邦税是另一种控制石油特定用途的方法。这对降低联邦预算赤字来说，也许是个好主意，但就降低石油需求而言，却是个差劲的办法，因为它人为地降低了某种特定用途的用油量，却未必降低了所有用途的用油量。所以，这种做法扭曲了把石油分配到汽油及其他石油产品之间的比例。

另外，对进口石油征税，会让市场需求转向国产石油，这不是什么好事，原因在于这会更快地耗尽美国的石油储藏量，长期来说，会增加（而非降低）美国对进口石油的依赖。比较明智的做法是区别对待，对来自中东地区的进口石油征税。这种选择性征税的做法会使进口需求转移至委内瑞拉、墨西哥或印尼等更加安全的供油来源。如此征税还有一个好处，就是可以从中东各国筹集到资金，以帮助美国支付在这些国家的防务开销，应付在当前及其他时刻的海湾危机。

布什的错误

政府不应该以所谓"道德劝服"的方式，要求石油公司将汽油及其他油品价格压低到市场出清的价格水平以下。人为压低价格，会让市场出现供给不足的问题。这会刺激过度需求，也会打消炼油厂增加供给或寻找新油田的动机。

当然，美国也不应该再对石油公司的"超额"利润征税，这会降低公司在开发新油田或增加现有油井产量上进行投资的意愿。石油公司在石油供给稀缺、油价高企时所获得的高利润，有助于弥补它们在供给充裕、油价低迷时期所蒙受的损失。

布什⊖总统屈服于压力而决定把作为战略性石油储备（Strategic Petroleum Reserve）

⊖ 乔治·赫伯特·沃克·布什（George Herbert Walker Bush），美国第41任总统。由于历史上存在过两位布什总统，因此又被称为老布什，以便与其同样担任过美国总统的长子乔治·沃克·布什做区别。因为本书作者所写文章为1995年之前的事情，故本书布什均指老布什。——译者注

的油卖出去，虽然只是少量卖出，但也是个错误的决策。美国和别国政府都不应该试图稳定石油价格，就像没必要稳定经常大幅度波动的铜、白金或塑胶等的价格一样。民营企业是以利润为导向的，因而它们比联邦政府官员更清楚如何根据对油价波动的预期来调整石油库存量。不过，民营企业在对库存量的调整做理性判断前，必须先确定政府会怎么处理其石油储备。只有在发生战争、禁运或其他导致石油供给严重短缺的时候，政府才能动用战略性石油储备。

东欧的新兴市场经济国家可能会经历一段比较困难的时期，因为当苏联不再以补贴的价格把石油卖给它们时，国际油价已经大幅度攀升。不过，即使油价达到40美元/桶，只要不实行在70年代发生石油危机时所采用过的那些愚蠢的政策，石油也不会对大多数其他国家的经济造成毁灭性的影响。如果各国政府能抵抗强大的政治压力，不对石油及其他能源价格进行干预，那么全球经济有可能只是受到轻微的伤害，安然度过目前的危机。

■ 不必让所有人都买得起汽车保险（1990）

在过去几年里，人们对车险费率居高不下叫苦不迭，导致政府出台了更加严格的监管法规。实施这些法规后，有很多州屈从于政治压力，利用价格及其他监管措施对某些团体提供补贴。

在1966年以前，除加利福尼亚以外的所有州都对车险费率实行了监管，但70年代有15个州取消了监管。到了1988年，加利福尼亚州（简称加州）选民态度发生急转，轻松就通过了一项监管决议。该决议规定，加州不再让市场自由决定车险费率，并要求保险公司削减诸多费率。在加州，一些公司已经决定不再承保汽车险，近日最高法院也驳回了加州保险局长的提案并认为保险公司可以放弃这个州，而不必事先找到其他保险公司来接管它们的客户。

20世纪80年代初，新泽西州为那些不能在自愿保险市场以调控后的保险费买到保险的司机建立了一个"最后关头可仰仗的保险公司"（insurer of last resort）。纽约政府则根据性别、婚姻状况等特征来确定保险费率。其他很多州要么恢复、要么加强了对汽车保险的监管。

竞争受限

尽管人们抱怨未受监管的车险费率过高，但对大多数车主来说，监管并没有降低车险费率。经济学家理查德 A. 伊波利托（Richard A. Ippolito）现供职于美国联邦退休金保障公司，他在10年前所做的研究对于今天仍有很大的参考价值。他研究发现，不管是否实行了监管，各州在平均保险费率方面并不存在显著差异。

相反，理查德还发现，监管阻碍了保险公司之间的竞争，提高了行车记录良好的司机的保险成本，而降低了有不良记录的司机的保险费率，同时还增加了享受补贴的汽车的数量，这些补贴本来针对的是那些不能在自愿保险市场上购买到保险的司机。例如，在20世纪70年代初期，新泽西州有12%高风险驾驶的司机被要求买各种保险。但自从该州在1983年重新"改革"了对汽车保险的监管并加强了对汽车保险费率的控制后，该州400多万辆汽车中，将近一半的汽车得到了政府的补贴。

因此，"最后关头可仰仗的保险公司"面临超过30亿美元的巨额赤字是不足为奇的——尽管在这个花园之州里，没有得到补贴的汽车车主所承担的保险费率算是全美最高的。州长詹姆斯 J. 弗罗里奥（James J. Florio）最近提出，要取缔这类投保公司，降低自愿保险市场上的保险费率，并要求其他汽车保险公司帮忙弥补赤字。他说："无论新泽西州做出何种决定，我认为，如果新泽西州不对大多数高风险司机放开保险费率，那些安全驾驶的司机的保险费率是不可能降下来的。"

在无监管的市场里，那些更容易发生汽车事故的司机必须支付高出平均水平的保险费率来弥补对他人和财产造成的更大的预期损失。他们可能会不给汽车投保，从而绕开那些刚性的保险成本，但是越来越多的州开始实行强制性的汽车保险，可能会避免这种情况发生。

越高的保险费率会使那些越容易发生事故的人打消买车和开车的念头，这样也会减少汽车事故的数量。人为拉低车险费率的话，会导致更多高风险的司机上路开车，进而对他人的生命和财产安全造成严重的危害，这就会带来很高的社会成本。

对无管制的保险费率的常见批评是，那些行车记录良好的司机之所以不得不支付高额保费，只是因为他们被划分到一个含有大量不良记录司机的评估团体中了。在无管制的市场里，即使是在旧城区小心驾驶的司机通常也要支付很高的保险费用，因为在那些地方，车祸和偷车的现象到处都是。

安全存放

但是，保险公司之间的自由竞争也确实给有着良好记录的司机提供了一些保护，以免他们承担高车险费率。因为如果保险公司能够分辨出哪些人群发生交通事故的概率较低，并且只对他们收取较低的保费的话，保险公司会得到更多的利润。正因如此，与年轻的未婚男士相比，女士、已婚男士以及那些已经修完驾校课程的司机的保险费率经常会更低。我住在芝加哥，这里汽车被盗的现象司空见惯，但我把车停在车库里，因此享受到一定的车险费折扣。然而，由于保险公司缺少具有相关特征的司机的信息，一些开车小心的司机被划分在高风险团体中，所以他们要支付高额的保险费。

即使做出让高风险司机获得帮助的政治决策，所需的补贴也应该来自于税收收入，而不应该通过对驾驶谨慎的司机和那些居住在事故发生率与盗车率都很低的地区的车主提高车险费率的方式来获得。目前保险费率的管制办法是，对低风险司机提高保险费率，而对高风险司机降低保险费率，这显示了一种越来越明显的倾向：要求增加个人支出，以此来节约公共支出——在这种情况下，个人支出来自于某些车主群体。

现在有人提议恢复联邦政府对航空及其他工业的全面监管，对这些提案来说，汽车保险的监管经验具有重要的警示意义。正如监管降低了汽车保险市场的效率，监管同样会降低其他产业的效率。

■ 事实证明：政府过度干预会扼杀经济增长（1987）

为什么有些国家的经济增长率远高于平均水准，而有些则相反？虽然经济增长的原因还不是十分清楚，但显然，民营企业和开放竞争有助于刺激经济增长。相反，当利益集团发挥其影响力来捞取各种好处时，例如，政府对出口给予巨额补贴，或者，对竞争性的进口实施高配额和高关税等，增长的速度就会慢下来。一旦政府管制过度，经济增长的发动机就会完全停止运转。

在第二次世界大战后独立的非洲国家就是不错的例子。那些国家的领袖以干预主义者的心态来治国。结果，这些国家的经济发展不理想。宾夕法尼亚大学教授罗伯特·萨默斯（Robert Summers）和阿兰 W. 海斯顿（Alan W. Heston）曾为世界银行做过一项研究，他俩将70多个国家在1950～1980年间的人均国民收入状况，拿来和1950年的水准做比较，结果发现这些非洲国家的平均年增长率不到1.5%，远低于其他国家的平均值。对比之下，奉行自由市场的亚洲"四小龙"（中国香港、韩国、新加坡、中国台湾）以及日本等国家或地区，则出现了很高的增长率。他们的研究显示，在1950～1980年间，日本的人均国民收入年增长率达7%，而中国台湾的则为5.5%。

经济表现平庸的国家

诚然，萨默斯和海斯顿在研究所选取的样本中，以中央计划经济体系为主的社会主义国家在经济增长方面的表现要优于平均水准。不过，他俩没有将这些国家的所得估计值往下调整，以反映不实的商品消费和经济中的其他扭曲状况。另外，阿尔巴尼亚以及古巴等国的经济表现很是平庸，而且因为无法获得令人满意的资料，而没有包括在研究里。

中国已经在占经济比重很大的农业方面实现了私营化，目前正在工业生产方面推行私营化措施。苏联在戈尔巴乔夫的领导下，也想学习中国的模式，希望能让停滞的经济活跃起来。这些例子显示，社会主义国家的经济要继续增长，就必须大力削减中央计划经济的比重，并扩大私营化生产的范围。

经常有人称，日本及其他新兴工业国家过去几年的经济发展，之所以比美国和欧洲国家快，是因为西方国家的历史过长而且太过富裕，从而无法和这些急于表现的小老弟竞争。以人的年龄来进行类比很新鲜，只可惜，与事实并不相符。

美国的建国时间长，且国力雄厚，但经济增长并没有因此而慢下来。罗切斯特大学的教授保罗·罗默（Paul Romer）等人的研究显示，美国的历史越久，累积的财富越多，经济增长就越快，而不是越慢。例如，美国在1950～1970年间的人均国民收入增长速度，就比19世纪大多数时期以及20世纪初要快。美国在1973～1983年间的增长速度的确慢了下来，但如果还记得30年代的痛苦经验的话，就知道这10

年的缓慢增长并没有什么不寻常之处。

黄金岁月

除此之外,也没有证据显示富裕国家的经济增长速度就一定比贫穷国家的要慢。即使是国民收入水准差不多的国家,经济增长率也有极大的差异。在萨默斯和海斯顿所研究的国家里,自1950年到1980年的平均年增长率约为2.8%。对大多数国家来说,这个数值比过去的增长率都高出很多。根据他俩的研究数据,最容易得出的结论是:国家财力雄厚并不会成为经济增长的绊脚石。在1950年,贫穷国家与富裕国家在增长速度方面是不相上下的。

从人均国民收入来看,1950年时最富裕的国家是美国,而在1950~1980年间,美国的年均增长率为2%,这与过去的增长速度相同,但却比各国的平均增长率低。这似乎表明:富裕国家不像贫困国家那么容易增长,但最富的其他10个国家的年均增长率超过2.3%,与所有国家的平均值并没有相差太多。

由此可以清楚地看出,某个国家不会因为现在是富国,就意味着未来的经济表现一定平庸。同样,现在贫穷的国家,并不能肯定其未来就一定会走向繁荣。穷国如果想迎头赶上,的确有其优势,例如会比先进国家更容易获得资金及技术等。而先进国家如想继续保持经济增长,当然也有占便宜的地方。事实上,富裕国家的好处和坏处都有很多,尤其重要的是,富裕国家通常拥有丰富的熟练劳动力资源。在开发新产品或者降低生产成本方面,熟练工人是必要的因素。

如果富裕的国家表现不好,应该怪罪的是政府政策和人民的行为,而不是国家的历史和财富。如果这些国家不志得意满,而且不试图过度干预经济生活的话,那么它们的增长速度是不会减缓下来的。

■ 燃油效率标准:一个过时的观念(1985)

400年前,米歇尔·德·蒙田(Michel de Montaigne)说:"一个人的获利即为另一个人的损失。"到今天,人们仍然相信这种说法,认为在当今社会,企业及其顾客处于零和博弈当中。零和博弈的观念显然也说明了为什么对于通用和福特两家汽车公司成功说服交通部长放宽公司平均燃料经济性标准（CAFE）一事，会有人持反对意见。然而，放宽这些标准不仅符合那些汽车公司的利益，而且符合国家的利益。其实，如果彻底废除这些标准的话，国家的确会受益。

1975年的能源危机引起了公众的高度关注，国会要求汽车制造商必须满足规定的燃料经济性标准，并且标准不断提高，一直到1985年。当年每个汽车制造商生产出的每台新车的平均燃料消耗至少为27.5英里/加仑（1美制加仑约为–0.0038立方米）。在那个时代，这些标准可能是合理的，因为价格管制扭曲了汽车购买者的选择。

在1973～1981年间，汽油的实际价格几乎翻了一番，在其中某些年份，消费者购买汽油还有限额。从经济效益的角度考虑，汽车购买者们转向了更加节能的汽车，尤其是体型较小的日系车型。到1982年，美国的汽车制造商基本都达到了CAFE标准，原因是他们不得不增加小型车和节能车的产量以满足消费者的需求。

安全性和排场

自1981年之后，由于世界石油价格下降和价格管制的废除，用于生产汽油的实际石油价格下跌超过30%。这增加了对车型更大、油耗更高的汽车的需求，因为消费者发现这样的汽车更加舒适，更加安全，也更有排场。为了提高自家汽车在1983～1985年间的平均燃料效率，通用公司和福特公司通过相对提高大型车的价格和为购买小型车提供其他优惠等手段，来抑制对大型车的需求。但在此期间，这两家公司还是没有达到CAFE标准，因为它们以大型车为生产导向。显然，通过减少了高油耗汽车的可获性，CAFE标准现在影响到了消费者的选择。

在不受燃料经济性标准约束的条件下，我们不应该满足消费者对此类汽车的需求吗？有一些人会说不，因为消费者没有充分考虑到高能耗汽车会造成更严重的污染和其他环境危害。但是燃料经济性标准忽视了由老款车型造成的破坏，并且没有区分哪些人开得多，哪些人开得少。开车会对环境造成污染，要让司机承担赔偿责任，最好的方法就是征收汽油税来抵消社会成本。目前，联邦汽油税是9美分/加仑，州汽油税平均约为12美分/加仑。也许应该提高联邦汽油税和州汽油税，但是，作为对环境污染及其他驾车危害的补偿，21美分/加仑的汽油税并不算少。

供给危机

《纽约时报》以社论形式支持CAFE标准，旨在减少石油需求并降低"供给危机的风险"。但是，在过去10年里，世界石油市场的一体化程度不断加深，集中度也下降了，所以，石油输出国组织（OPEC）或者任何其他少数几个国家越来越难以压缩石油的供给，由此引发石油危机了。欧佩克石油产量在世界石油产量中所占的比重几乎减半，从1973年的60%下降到1984年的30%。如果欧佩克再次向美国实行石油禁运，美国就会从其他生产者手中购买石油。除此之外，由于美国的汽油消耗量占世界汽油消耗量的20%不到，所以，美国提高燃料经济性并不能大幅度降低世界石油价格。进一步讲，燃料经济性标准是一个糟糕的应对"危机"的方式。政府和民间的石油和汽油储备才是更有效的应对方式。

1979年，享有盛名的美国国家科学院发布了题为"变革中的能源：1985～2010年"的报告，报告称消费者"更多地受到初始成本的影响，而没有考虑到未来的运行成本"，因而他们支持对燃料及其他能源的利用制定效率标准。特别值得一提的是，该报告称汽车购买者没有充分考虑高能耗汽车具有更高的燃油运行成本，不过，现有证据并不支持这种说法。例如，由哈佛大学教授兹维·格里利克斯（Zvi Griliches）和日本筑波大学教授太田真琴（Makoto Ohta）合作的一项研究表明，在20世纪70年代汽油价格上涨后，二手车购买者减少了对燃油能耗较高的汽车的需求，这说明消费者充分考虑到了未来的运营成本。

1973年后出现的能源恐慌，催生了很多不明智的能源政策：CAFE标准、石油价格管制、石油配给、各种税收优惠以及对石油公司征收暴利税等。这些政策有的已经被撤销，其他的有很多也应该被废除。如果废除CAFE标准，美国将会更好，因为燃料经济性标准限制了消费者的选择，而这个限制是没有道理的。哪怕是把标准放宽，通用和福特两家公司也会从中受益，这就证明了对企业有利的事情也总是对国家有利。

民营化
The Economics of Life

■ 邮政系统沉疴难治，民营化是唯一的解决良方（1994）

与废除那些已经执行了一段时间的公共政策相比，制定出糟糕的政策要容易得多。人们把这条古老的但经常遭到忽视的政治学规律称为"现状的暴政"（the tyranny of the status quo），它有助于解释这种现象：有些政策明明是错误的，却能长期执行下去，有时甚至还能扩大执行。

某些团体可以从某些特定的政策中得到巨大利益，它们当然要竭力把现状维持下去，不管对他人造成什么影响，因此，对这些团体来说，维持政治现状是十分重要的事。与此同时，反对力量通常是弱小而又分散的，这是因为这些政策带给他们的高税收或劣质服务等形式的危害，会分摊到很多小团体身上，从而没有哪个单独的团体会特别想要奋起反抗。有的时候，某个政策所造成的伤害，要到政策改变以后才明显呈现出来。例如，在推动民营化以后，才知道国营企业以前的效率有多低；在大幅度降低进口关税和进口配额后，进口商才会加大外国好商品的进口力度。

政府在邮政服务上享有垄断权，这就是既得利益者运用特权来维持现状的例子。过去，大部分国家由公营机构来垄断送信业务。美国宪法并未规定政府在这方面享有垄断权，但的确授权国会"设立邮局以及邮政路线"。

无效信件

不过，经过过去50年的发展实践，几乎没有人会赞成让政府继续垄断收发信件的业务。有些国家的邮政服务质量还算差强人意，有些则糟糕得骇人听闻。在加拿大、意大利、以色列、阿根廷以及大多数第三世界国家，没有人指望邮件能在规定的时间内送达对方。美国的邮政系统要超出平均水准，但还是有很多人感到不满意。在我的家乡芝加哥，最近就发生了一件丑闻，邮局有一大堆信件不是被烧毁，就是被丢弃，要不就是堆了好几年根本没有送出去。

邮政系统因为享有垄断权，因而变得死气沉沉，缺乏创新能力。虽然邮件及小包裹实现了隔夜送达，但这项服务是由联邦快递（Federal Express）克服重重障碍率先推出的。另外，联合包裹服务公司（UPS）及其他公司因为能提供更快速、更可靠、更方便，有时收费更低廉的服务，而抢走了大宗包裹的市场。在传真、电子邮件和互动式电视等业务的开发方面，邮政系统完全没有参与其中。如果管制没那么严，它们理应尝试着把业务扩展到这些领域里的。

但是，除了少数几个国家以外，针对邮政垄断的改革都只是做做表面文章。对收送信件等实行民营化改革，会在政治上遇到各种顽强的阻力。邮政系统员工会反对，因为他们担心他们当中很多人会因此而失业，这种担心不无道理。美国邮政系统的领导通常都是政府任命的，因而政治已深入到邮政系统的骨髓里。领导们担心，一旦经营效率更高的民营邮政公司进入，他们的饭碗就会保不住，因而也反对大幅度改革。同样，政府监管机构也担心，一旦市场竞争取代了政府规制，其权力就会削弱。另外，政府目前对偏远地区的期刊类杂志和报纸等第三类邮件的投递提供补贴，享受这些邮件补贴的企业和家庭担心改革会提高邮件服务的成本，所以，他们也反对改革。

民营化浪潮

幸好，一旦维持现状所造成的坏处变得足够大、足够明显，现状的根基就开始动摇了。某些作风强悍的政治领袖（例如，英国首相撒切尔夫人），在当权后推动大规模的民营化政策，并削减政府制定的政策和管制措施。另一些政治人物〔例如，阿根廷总统卡洛斯·梅内姆（Carlos Menem）〕，在当政一段时间后，会改变自己的观点，因为他们发现不好的政府政策会对民众权益造成影响，如果能改善现状，对自己的政权会有好处。

过去15年来，对经营不善的国营企业实行民营化已成为全球性的趋势。不少国家已经把国营的电话公司、炼油厂以及航空公司等企业出售，连国有的邮政服务也受到这股民营化浪潮的影响。荷兰政府4月份宣布，很快便会将其邮政和电话等垄断公司中的大部分股份售出。另外，虽然英国的邮政服务是比较有效率的，但最近也提议把大部分股权通过公开上市的方式让公众持有。瑞典也同意让民营公司在首都斯德哥尔摩经营信件收送的业务，以便和国营邮局展开竞争。我相信会有其他国家效仿瑞典的做法，让民营企业和国营邮局相互竞争。

如果人们普遍把现状的暴政视为一条可靠的政治学规律，那么，即使那些现有的糟糕政策是临时性的，而且规模也不大，但反对的声浪还是会越来越强。这时，要废除那些明显弊大于利的政策，也就会容易一些。

■ 为什么国营企业应该改为民营企业（1986）

我当年念大学的时候，人们普遍认为田纳西河流域管理局（Tennessee valley Authority）在电力生产及分配方面，是个最佳典范。因而，最近听说出于提高该局的效率，打算把它卖给民营机构的时候，实在感到吃惊。联合铁路公司（Conrail）可以卖，而包括联邦政府经营的铁路客运公司（Amtrak）、邮局、公共房屋乃至大部分公共土地等，面临的压力已越来越大，必须走向民营化。

有些人认为，出售国营企业，只不过是为了削减政府预算赤字而情急之下想出来的招数。不过，目前要求政府精简规模的压力实在很大，因此这样的说法很难解释得通。举例来说，里根总统和撒切尔夫人都强烈支持民营化政策，但在他们主政期间，政府总支出还是出现了明显的成长。

事实上，民营化已经成了世界趋势。英国的情况最为人所知，撒切尔政府把成千上万间公共房屋卖给民间，也将原来由政府经营的航天、汽车以及电子通信等大企业转归民营。另外，英国政府还打算把英国航空、劳斯莱斯汽车及英国天然气等诸多国营企业出售出去。

社会主义国家及第三世界国家也声称要跟上民营化的潮流。西班牙社会党政府在1982年开始当权后，立即将一家大型民营公司收回，由国家经营。不过，之后，社会党政府又把这家公司的大部分经营权退归民营，并且还将数家其他国营企业改为民营。法国密特朗总统领导下的社会党政府，在1981年当政以后，也是先将好几家银行及企业收归国营，但现在法国也出现了声势浩大的民营化和自由化浪潮。除此以外，墨西哥、巴西、印度及其他第三世界国家，也已经将部分企业转归民营，并打算把其他的国营企业出售给民营企业。

大胆的转型

中国在民营化方面也进行了大刀阔斧的改革。自20世纪50年代，中国对广大的农民实行了人民公社等形式的集体生产制。但是，由于在1955~1977年间的人均粮食产量没有增加，之后政府做出了解散人们公社、推行家庭联产承包责任制的大胆决策。中国目前正在对部分服务业和制造业实行民营化，因而普遍降低了中央对国民经济的控制。

普遍认为，国营企业发展迟缓且效率低下。也许最有说服力的证据是，中国在农业方面推行生产承包责任制以后，粮食生产开始快速增长，而同期，苏联的集体农业生产却仍然停滞不前。由于很少有人认真比较民营企业和国营企业的经营绩效，因此大部分证据要具体情况具体分析。不过，我依然相信，政治因素干预到经济决策，会严重妨碍国营企业的正常运转。

以英国为例，在撒切尔夫人推动民营化政策6年以后，政府在1984~1985年间对国营钢铁、煤炭和铁路运输等产业的补贴金额，仍然高达50多亿美元；而在1979~1980年间，政府补贴的额度还不到30亿美元。美国邮政总局在1958年亏损了2.5亿美元，而前4年的累积亏损则超过了20亿美元。很明显，有时候民营企业也会亏钱。近几年来，美国的钢厂都不赚钱。不过，民营企业如果一直处于亏损状态，通常就会宣告破产，要不就会被其他公司兼并，还有些不赚钱的公司则以出售资产的方式来解脱困境。

易受压力影响

国营企业在政治上会有各种考虑，这会对其雇用政策和定价策略等产生很大的影响。例如，国营企业主管的工资所得，通常都远低于民营企业的水准，因为如果他们领取的工资过高，可能会被指责享受"天价薪酬"而承受到政治压力。举例来说，邮政部长的年薪大约为8.6万美元，而多数规模差不多的民营企业主管，每年除了固定工资外，还有奖金和股权可拿。相比之下，邮政部长的薪水只能算是他们的零头而已。有能力的企业主管既然能在民营企业拿那么多钱，又有多少会选择到国营企业发展呢？

与此同时，国营企业不能轻易辞退员工。国营企业往往屈服于工会的压力，给予员工大幅度的加薪；而且迫于消费者的压力，将产品售价调低。难怪这些企业的工会及那些得到好处的消费者，都强烈反对民营化及自由化的措施。

政府可以进一步推动民营化，也应该做得到。国营企业与民营企业相比，显然更加缺乏效率，也更加缺乏弹性，因为他们无法将政治因素排除在经济决策之外。在接下来的章节，我将通过考察教育民营化来阐述国营企业民营化的一般过程。

政府与税收问题
The Economics of Life

在现代生活里，政府应该对人们的基本需求负起主要的责任。例如，政府应该保护民众，防止犯罪行为和外来侵略；对某些因外在因素而陷入困境的家庭，政府也应该适时提供帮助。然而，目前政府在这些方面并没有很好地尽到责任，因为政府的责任范围扩张得实在太大了：不仅要支持农产品价格，为老年人提供生活补助，还得规范劳动力市场。额外的责任这么多，政府反而没有足够的财力和时间去履行其主要职责了。

政府的权力扩大以后，政治人物和官员更有可能会滥用权力，从而损害公众对政府的信任。很多国家爆发的腐败丑闻就证明了这一点。由于政府官员所做的决策往往会对企业或个人利益造成很大的影响，因此有些人会对官员们大肆行贿。官员并不是圣人，有些人抵制不住诱惑而收受贿赂，利用职务之便来为他人谋取不义之财。

有人认为，政治人物的任期应该受到限制，这样，一方面可以减少贪污，另一方面也可以让民意代表更了解老百姓的需求。不过，我们认为，限制任期的做法可能会适得其反，因为任期一旦受到限制，政治人物更可能认为"有权不用，过期作废"，进而更大胆地以权谋私。而且，如果把代表们的任期限制在很短的时间内，他们就会觉得没有必要储备相关的知识来争取在国防、税务以及环境保护等复杂的政府问题上做出明智的决策。

政府规模扩大后，也大幅度增加了法官的权限，因为有一大堆模糊不清的法律必须由他们来解释。如果最高法院及其他联邦法院主要解决的是宪法层面的基本问题，那么，为了让法官能独立行使司法权而规定法官实行终身制的做法就是个不错的构想。但目前，法官是在按照自己的见解来解释法律，这等于是在制定法律。在这种情况下，终身制的规定就没有那么吸引人了。因此，我们建议把联邦法官的任期改为固定任期制，使任期可以定得长一点，而且可以续任。这样的话，法官就会更注意选民和立法者的反应而不至于屈服于他们的压力。

政 府

The Economics of Life

■ 要遏制腐败，得先精简政府（1995）

目前，几乎在全球每一个角落，都有杰出政治家和一流企业涉嫌腐败的新证据浮现出来。回扣、行贿受贿等丑闻似乎层出不穷，在韩国、日本、墨西哥和尼日利亚等国正在上演，几乎没有哪个国家能得以幸免。不存在能彻底解决腐败问题的方法；然而，规模更小、决策更民主、像企业那样注重效率的政府会大有作为。

人们总是认为自己国家里的贿赂是特有的——他们的政治人物、官员和商人都是特别贪赃枉法的。但其实，任何地方的官员腐败从根源上讲都是一样的：政府规模大，政府有权向不同群体派发好处。

任何一项规则、法律和政府计划，不管是政府合同还是出口补贴，都能被操纵来照顾某一个利益集团。企业试图通过合法游说、为获取政府帮助而进行情况申诉等方式来影响政府的决策，但也有一些企业受到诱惑，以巨额资金贿赂或其他的非法手段来影响政策制定的结果。

在政治经济学文献中，为获得政府的好处而竞争的过程被称为"寻租"（rent-seeking）。寻租由来已久，只要政府影响到企业的命运，寻租就是不可避免的。由于公共支出和政府管制现在已经变得极为广泛，寻租现象也大大增加了。政治人物和官僚也许与其他群体一样，都不是唯利是图的，但他们却受到"以权谋私、钱权交易"的极大诱惑。一些企业很乐意提供这样的诱惑，它们也许认为，其他企业也在这么做，因而自己这么做也就无可厚非了。

监管须严格

腐败让经济无法正常运转，因为腐败导致政府官员不为公众利益做事。腐败甚至会打击诚实经营的企业家，并大幅度地、任意地提高企业成本，从而阻碍经济增长。

独裁政权看似不存在腐败，但这只是一种幻觉，是对异议和媒体进行压制的结果。在阿根廷、巴西、韩国和墨西哥，当反对党形成气候且媒体获得自由后，广泛的贿赂证据浮出水面也并非偶然。通常来说，民主体制比封闭体制里的腐败要少得多：反对党有动机和能力来曝光执政党的不良行为。

然而，由于寻租的巨大收益，民主国家也存在着一定程度的腐败。包括日本和意大利在内的许多民主国家，已经大面积出现了政府官员收受钱财来为商界朋友谋利的腐败事件。尽管大幅度削减政府规模是减少腐败的不二法门，但是，即使是倡导精简政府的美国共和党领导人也很少提及这一点。强调腐败的不良影响，会让精简政府得到更多支持，甚至得到那些认为庞大的公共部门将使世界更完美的人的支持。比如，日本的腐败丑闻就增加过政府放松管制的压力。

拍卖宜推广

当然，如果不对政府实行大幅度的精简，一些改革可能会更加平稳。在竞争性的银行体系下，对大企业或小企业提供补贴性贷款是不必要的，而且这种补贴等于在引诱官员腐败。很明显，从政府控制的银行体系中可以得到低成本的贷款是韩国丑闻迭出的主要原因。

无论何时，当重要资产从公共部门转移至私营部门时，都应该要求进行公开拍卖。特别地，通过广播电台进行广播的权利以及利用公共土地进行石油开采和木材生产的权利都应该归出价最高的竞拍者，他们只需遵守环境保护及其他安全生产规定即可。生产配额也应该全部进行公开销售，而并不是赠送给那些有政治影响力的团体，比如，捕鱼量（《商业周刊》，9月18日）、环境污染、进口或者农作物等方面的生产配额。

遗憾的是，所有国家在处理有价值的公共财产时，继续采用的是赠送而不是公开出售的方式。我认为其原因就在于，政治人物和官僚们充分意识到这种方式增强了他们控制企业的权力,同时,选民也尚未要求企业必须以竞拍的方式去获得配额及其他特权。

政府民主化的全球性趋势有助于让政府腐败更快得到曝光;但是,只要政府继续拥有控制企业财富的权力,腐败就会继续维持在触目惊心的高水平上。

■ 是缩减政府规模的时候了(1995)

共和党在1994年11月的选举中获得了压倒性胜利后,权威人士表示:实际情况不会因为选举结果而得到什么改善;政治人物总是说得好听,却不能落实到行动上;政治形势差不多还是老样子。不过,他们这次弄错了。

美国参众两院已经同意了一项未来几年内推行减税的计划,并建议大幅度削减政府在医疗保险及社会福利等方面的支出。同时,很多两院议员呼吁,政府要么实行更扁平的所得税率制,要么干脆以消费税来取代所得税。采取这些立场的国会议员为数不少,真是出人意料。除此以外,国会也正要求政府对重要的联邦法令进行系统的成本评估。而国会显然也能够顺利地推动电信和银行业的自由化政策并对民事诉讼案件的惩罚性赔偿金额定出上限。

共和党在这些方面正起到带头作用,但不少民主党人士也意识到选民的确希望政策能有所转变。有些民主党籍的国会议员支持共和党的提案,而克林顿总统打算在未来10年里削减联邦税收和支出的提议也和国会的构想差不多。

不过,虽然选民强烈要求改变现状,但我怀疑这种愿望能否战胜既得利益者的抵抗力量。毕竟,目前复杂费解而又漏洞百出的税法以及政府对各种利益集团的补助计划,包括政府对老年人和海运业的补助等,都是过去数十年来各方利益激烈斗争所产生的结果。这种通过长期复杂的政治过程演变而来的局面,怎么可能因为一次选举就完全扭转过来?

轻松当选

有人认为,美国之所以出现目前的情况,是因为宗教权力不断扩大,并要求政府在社会和经济方面采取保守政策所造成的。也有人说，美国之所以不再信任政治人物及他们所创立的大政府，是因为政界不断发生丑闻而导致的。还有人认为，从罗斯福总统推行新政，到约翰逊总统提出创建大社会，美国的中产阶级和男性白人终于背弃了这种社会试验。

不过，这些说法以宗教权力及美国社会独有的发展现实为基础，它们都不能解释在其他国家里，大政府理念相继受挫的原因。加拿大安大略省一向是自由主义思潮的温床，但在这次的选举里，虽然进步保守党被执政党新自由民主党取笑为共和党的翻版，但前者还是在这次选举中大获全胜。属于法国保守党的希拉克也轻松登上了总统宝座，使得社会党执政14年后让贤。在巴西，前社会主义者卡都索也利用以市场为主要导向的执政理念，一举击溃了左派推出的候选人而当选总统。而阿根廷总统梅内姆在位6年中，推动经济自由化政策并严格控制通货膨胀及货币发行，因而轻松获得连任。

惨痛的教训

南非总统曼德拉推行的合理政策或许最能体现民众对大政府机制的反应。虽然曼德拉曾被极端歧视黑人的南非白人政府监禁长达27年之久，但令人惊讶的是，曼德拉当选总统后一直推行的政策却是对工商界有利的。他显然明白，当初政府实施歧视政策，并不是因为实行了资本主义，而是由各种法律所造成的；政府出台这些法律，是为了保护白人员工在工作方面不受黑人劳工的竞争威胁。

全球各国的选民在经历过去半个世纪以来的社会和经济制度以后，或许发现了这样一个事实：过度的政府支出和政府管制会严重阻碍经济发展，并破坏社会的价值观和道德观。但花了半个世纪的时间才学到这个教训，似乎令人有点意外。不过，在这期间，不少学者、官员以及媒体不断凭借各种说辞，要么嘲笑那些反对大政府的人缺乏同情心，要么就说他们是企业争夺利益的工具而已。在这些似是而非的说法下，普通民众慢慢才能看清楚大政府所带来的坏处。

在现代经济中，政府的作用应该会大幅度降低。我不认为这种看法是错误的。过去半个世纪以来，人们依靠大政府来解决经济问题和社会问题的趋势会在美国走向终结，不仅如此，在很多其他国家也会走向终结。如果原来的趋势继续转向，我很乐于看到这个结果的出现。

■ 以不当的研究为依据，只会制定出不当的政策（1995）

经济学家没办法拟定研究计划，来一锤定音地解决重要的政策问题。对于政府政策等事件所造成的效果，他们能掌握的信息并不多，但却必须依赖这些资料来进行研究。然而，有些政治人物却迫不及待地把这些研究的初步结果用作政府制定法令法规或实行其他干预的理由。而这些政府措施有时候是会对经济造成破坏的。

有个例子可以很好地说明这个问题。波士顿联邦储备银行在1992年针对抵押贷款申请人所受歧视的问题进行了研究。该报告由当时担任该银行研究部主任的经济学家艾利西亚·穆内尔（Alicia Munell）执笔。他最近被克林顿总统提名担任美联储理事会的理事。这项研究针对1990年波士顿地区的大约4 500位贷款申请人所遇到的情况进行了比较，结论称：有证据表明，黑人和拉丁美洲裔在申请贷款时普遍受到了歧视。

这项研究结果被报道后，货币监理署曾密切监视各家银行，看看在放款时是否真的存在歧视，而且司法部及马萨诸塞州检察总长也针对各家银行展开了调查。在这种严密监视和政治压力之下，部分银行遭到了起诉。其中有个案子是马里兰州某银行1995年8月被控在市区故意"拒绝提供"贷款，法院下达了同意判决书。另一个案子是芝加哥的北方信托公司控告某银行为争取获得抵押贷款资质的白人申请人提供了更多的资助，也得到了法院的判决。

如果波士顿联邦储备银行能提出有力的证据证明银行的确存在歧视行为，那么这些政治行动才有道理。不过，尽管有人称赞该项研究得出了定论，但事实上研究本身却存在诸多纰漏和数据上的错误。一位联邦存款保险公司旗下的经济学家，仔细比较了这份研究所用的实际放款纪录，结果发现数据相当不准确（部分原因是影印时出现了错误），因此根本没办法判断银行到底有没有歧视黑人及拉丁美洲裔人。另外还有一项分析发现，波士顿联邦储备银行的研究结论是以两家银行的数据为主要参考依据的,而这两家银行对少数族裔的贷款申请的拒绝比例相对较高,只是因为这两家银行本来就是专门向那些勉强符合借款条件的少数族裔申请人提供贷款的。

波士顿联邦储备银行找到的部分证据和该报告的结论是相互矛盾的。比如,这项研究显示,黑人及拉丁美洲裔人口较多的地区所发生的银行呆账率和以白人为主的地区差不多。但假如银行真的歧视少数族裔的贷款申请人,那么他们的呆账率应该比白人低才对,因为只有过去信用及就业纪录相当好的人才能申请到贷款。如果银行歧视少数族裔,那么,勉强符合申请条件的黑人及拉美裔人应该会被拒绝,而同样条件的白人则应该被接受。我在获得诺贝尔经济学奖的论文《人类行为的经济分析》里,就谈到了歧视理论对银行呆账率等因素所造成的影响。这篇论文已经在1993年发表。

对最低工资的错误认识

我并不是说,其他所有人的研究都表明银行并没有歧视申请人,也不是说,这些研究"证明"银行普遍没有歧视行为。我想说的是,有些分析的结论是根据不完整的数据以偏概全后得到的,实在不应该拿来对有争议性的问题形成政策建议。

最近,有人针对最低工资对就业水平的影响加以讨论,更可以看出这个问题的严重性。根据经济学的基本原理,当劳动力、资本及其他投入因素的成本上升时,其需求就会降低。世界上成千上万家企业的经历都证实这条规律是正确的。不过,劳工部部长罗伯特B.瑞奇最近却引用了一份很具争议的研究报告,该报告宣称,在提高最低工资水平后,有时候不仅不会降低,反而还可能会提高低技能员工的就业。针对这些说法所存在的相关问题,我在1995年3月6日的《商业周刊》里进行了讨论。

不论是银行歧视少数族裔,还是提高最低工资不会降低就业水平,这两种说法都引起了强烈的反响。经济学者可以把这个现象当成一个教训:不能根据不完整的数据而提出重要的政策建议。因为政治人物有时候为了吸引选民和利益集团的支持,会毫不犹豫地把实际上没什么事实根据的说法拿来大肆宣扬。

■ 别管国会，真正的改革行动在各个州（1995）

美国众议院共和党正在轰轰烈烈地履行"美利坚契约"（Contract with America），各州、各市提出的革命性建议则相形见绌，但其影响也许比国会最终发生的事情来得更大。

有30个州正在计划减税，而新泽西、密歇根及其他几个州已经开始减税了。在过去30年里，加州、纽约和马萨诸塞州率先扩大政府支出并加强政府监管。但是现在，这些州都由共和党人领导——加州州长是皮特·威尔逊，纽约州州长是乔治·帕塔基，马萨诸塞州州长是威廉姆·维尔德，他们大力支持减税、减少官僚作风。

我曾是加州州长智囊团税收改革与减免工作组的成员，是1994年由威尔逊州长任命的。威尔逊赞同我们提出的建议：在未来三年内，分阶段将加州的个人所得税、银行及公司所得税全面削减15%。纽约的税收多年来一直在增长，最近也看到了减税的希望：新当选市长的帕塔基承诺，在其四年任期内把州所得税削减25%。马萨诸塞州的维尔德州长也对削减所得税的提案进行了修改，该提案有望以州立法的形式得到通过。民主党的各位州长也倾听了选民的心声，有些正在提倡削减税收和政府支出。

必须工作

从总额上讲，州政府和市政府的税收与联邦政府的税收已经不相上下，而且自20世纪70年代以来，增长速度也难分伯仲。但是，各州的政府支出出现增长，其中一部分是由联邦政府推行医疗救助等计划所导致的。正因如此，来自两党的州长都在敦促国会不要对他们施加增税的压力。

地方政府正限制当地的税收改革。马萨诸塞、弗吉尼亚、加利福尼亚、威斯康星、新泽西及其他州正在推进福利制度的大变革。弗吉尼亚州的立法部门近来效仿马萨诸塞州通过了一部法律，这部在马萨诸塞州已经得到实施的法律规定：受助人必须参加工作；福利领取期限达到两年的父母不得再享受福利；对于已经领取救济款的母亲，其孩子不再享受救助。

在削减法规并大幅改革侵权制度（tort system）方面，有一些州已经走在国会的前面。威尔逊州长的想法是，把侵权案件中对原告遭受的直接损失的赔偿上限提高到三倍，并鼓励当事人采取私人仲裁而不是法院诉讼的方式。威尔逊同时也希望，制止一些针对被告随意提出的起诉，这些被告一是很有钱，二是宁可接受调停也不愿走花费不菲的诉讼道路。

加州正计划在保护环境方面削减政府的监管负担。加州将提出宪法修正案，要求立法机关必须得到2/3的支持率，方可通过法律来征收新的遵从成本。同时，加州还要求对所有的环保监管提议进行成本收益方面的经济分析。

煽风点火

纽约面临着高额的预算赤字，该市的共和党市长鲁道夫·朱利安尼正在削减城市支出，他打算对几个市立医院实行民营化，并削减医疗补助支出及其他社会服务。

有些政治家和在国会煽风点火的联邦政府引起了一些选民的不满，这些州和城市的减税和减支计划是对这些选民做出的部分回应。不过，地方政府也有自己的特殊动机：各地之间招商引资、人才引进方面的竞争在不断加剧。计算机、电子产品、生物技术、保险、工程、科研及其他制造业和服务行业的自由度很大，在选址时不需要考虑原料产地、港口和交通设施等因素，主要考虑的是税收和管理大环境等因素。

加州工作组之所以提出减税建议，部分原因在于，犹他州、俄勒冈州及其他西部各州拥有更好的商业环境，这对加州形成了竞争压力。如果加州不降低个人和企业的所得税并减少监管的话，这些州的招商引资步伐可能会加速前进。其他州也在重新审视本州的税收与监管制度是否有利于与相邻和较远的各州展开商业竞争。

联邦政府体制中的分权财政支出形成了对人才和企业的竞争，在这种竞争压力下，地方政府推出的计划必须要比国家计划更能满足人民的愿望和需要才行。

■ 要根除贪腐，就得精简政府（1994）

我去年访问过的几个国家近来都发生了重大丑闻，并且大部分和高层官员及企业领袖被指控贪污有关。我所到之处，当地人都说他们的商界大佬都唯利是图，而他们的政治制度也特别容易引发贪腐。但其实，只要政府规模很大，而且对经济的影响无孔不入的话，那么贪腐就会形成常态。

在现代经济中，企业的赢利状况与其说是由传统的管理水平和企业家的经营能力来决定的，不如说是由政府的补贴、税收和法令法规等多种因素共同决定的。公司能否赚大钱，主要取决于企业能否赢得政府合约、政府是否调高关税和配额、企业能否得到政府补贴、外在竞争是否受到压制以及企业是否设法让政府放松监管以降低运营成本等。

由于政府所扮演的角色如此重要，企业界就会想尽办法来影响政府的决策。通常情况下，对政府官员进行游说就能达到效果。不过，企业界有时候也会利用人性的弱点，以贿赂官员的方式来得到政府的照顾和实质性的利益。

利益集团通过各种方式来影响政府决策、为自己谋得好处的做法，就是经济学家所谓的"寻租"。依靠政府救济或谋求得到政府其他照顾（好处）的任何团体，都算作寻租。不过，吊诡的是，寻租行为可以起到一定的社会作用。寻租过程有时候可以避免一些可能产生重大社会危害的政策，有时候则会鼓励政府制定出一些提高经济效益的政策。比如，如果美国各大城市的建筑法规都必须不折不扣地得到遵守，那么整个建筑业的发展可能都会停滞下来，因为合规成本实在太高。

道路崎岖

不过，贿赂等非法的寻租方式通常会带来很严重的危害，因为企业界总是要把大量的时间和资源转移到能量巨大的游说者身上，而不是用来生产有用的商品和服务。同时，通过这种手段制定出来的政策，通常会扭曲经济的效率。

犯罪集团往往以贿赂和恐吓等手段，让他们所操纵的商品和服务获得垄断价格。如果官员在为道路修建计划做决策的时候，受到了建筑商和土地所有者的影响，那么为了让这些商人有所回报，这些道路的质量一定很糟，要不然就会故意绕道。另外，国营银行和政府机构发放的贷款通常都会流向有政治影响力的企业，而不是投资回报率最高的地方。巴西、意大利、日本以及韩国等国家近来所发生的丑闻，都是政府官员利用这些方式来贪污的例子。

在过去一年里，好几个国家的官员和政党因为被查到贪污的证据而下台。意大利民众对这些案件的反应相当强烈，连该国最大的政党——基督教民主党都受到重创。

日本的情况也一样。从20世纪50年代就一直在位的执政党，也因为类似的事件而分裂成几个相互对立的团体。巴西30年来第一位民选总统费尔南多·科洛尔·德·梅洛（Fernando Collor de Mello），也因为政府里面普遍发生贪污事件而遭到国会的弹劾。

切断联系

如果让贪腐官员在选举中被赶下台，而且那些以非法方式影响政策的企业人士也遭到处罚，那么，贪腐问题将受到一定的遏制。改革力量上台之后，会在一段时间内信守当初做出的整顿吏治、消除腐败的承诺。在此期间，企业界等试图影响政府决策的寻租者，只得利用选举捐款等合法方式来达到目的。

不过，只要政府有权影响企业的经营环境，贪污问题就会再度出现。原先推动改革力量上台的动力会逐渐削弱，而政治人物、政府官员和企业人士等又会再度冒着曝光的风险，开始收受贿赂及其他不法行为。

要减少企业对政府决策的不当影响，只有一个长期适用的办法，那就是削弱政治与商业之间的联系。要这么做，就必须把很多规范企业行为的相关法令加以简化、标准化，或干脆取消。可以肯定，这正是日本和韩国最近新上台的政府发誓推动自由化政策的原因；而意大利也围绕推动民营化进程并增加市场竞争等民意诉求组成了新的政府。

如果大面积的贪腐行为促使政府大幅度减少对经济领域的控制，那反倒会因祸得福。但是，如果宣扬自己会比前任更干净、更勤政的新政府仅仅因为民众对贪腐问题深恶痛绝而上台，但后来并没有减少对经济活动的控制，那么，由过去的经验来看，贪腐行为很快就会再度抬头。

■ 政府的支出规模实在不容易控制（1993）

克林顿总统最近提议要增税，民众虽然感到不安，但大致上还是支持这个构想，因为克林顿让民众相信，增税将大幅度削减预算赤字。不过，由过去12年的经验来看，当政府税收增加的时候，联邦支出可能会扩大。

在卡特总统任期结束时的1980年，联邦支出为5 910亿美元，而税收收入为5 170亿美元，因此预算赤字是740亿美元。国会通过了1986年《税收改革法案》，照理讲，如果联邦支出不出现更大幅度的增加，该法案应该会产生较大的政府预算盈余的。哪曾想，在里根总统第二个任期结束时的1988年，政府税收增加到9 090亿美元，但预算赤字也上升到了1 500亿美元。

过去四年来的趋势更令人感到触目惊心。卡特总统启动的军备重建计划在里根任期内得到了加速推进，但过去四年里，国防支出已经减少了。然而，虽然国会和布什总统1990年达成的预算协议让布什违背了当初不加税的誓言，但预算赤字还是大幅度上升到3 000亿美元。其原因在于，政府支出的增长比税收的增长更快。

在这段时期内，在政府支出出现大幅度增长的同时，政府还把大量的支出负担推给了企业：政府规定，企业必须增加环境保护方面的支出，必须对残障员工给予补贴，还必须提供老年劳工更多的福利以及分担医疗保险支出等。

压力重重

克林顿总统表示，他将在增税的同时减少政府支出。不过，他的提案所强调的重点是增税，而不是减支。政府支出的净减少额仅达到1 000亿美元多一点。而且，这还必须把克林顿和国会之间的交换条件算在里面：如果国会同意在就业培训以及道路建设等方面增加投入，那么克林顿就同意削减550亿美元的政府支出。根据克林顿政府的估计，如果按照计划提高能源税和所得税，未来5年内将为政府带来大约2 500亿美元的额外税收收入。而在未来2年里，克林顿政府根本不打算减少政府支出，因为虽然1992年第4季度的国内生产总值强劲增长了4.8%，该年的经济增长率也在2%以上，但政府还是打算额外增加300亿美元的支出来刺激经济增长。

克林顿总统的预算计划特别依赖于增税措施，而预算赤字在过去12年不减反增，这些状况的出现绝非偶然，也不只是反映了两党在立场上的冲突。为了照顾利益集团的利益，政府必须推动成千上万个计划，这让国会和克林顿政府都背负着沉重的压力。在这些计划里，医疗保健和退休福利计划是支出最大的。除此之外，还包括青少年的教育和培训计划、猪肉业者的补助、道路维护、公交系统、机场维修、环境保护、对残障者和少数族裔及贫穷家庭的补助、改善都市生活、打击毒品走私等犯罪活动、支持重要的科技发展和大学研究计划以及协助产业开发有商用价值的科技成果等。若列出全部清单，恐怕要占掉好几页的篇幅。

希望渺茫

克林顿总统为了减少反对的声音，让更多的人支持他的增税计划，因而把所得税调高的对象限定在所谓的有钱人身上。克林顿说，这些人所负担的税赋比例并不公平。不过，白宫明显夸大了对这部分人增税会对政府税收造成的影响：如果把提高医疗保险税率及限制某些减税项目等因素都算进去的话，从31%税率到40%以上的有效税率，已经算得上是大幅度调整了。高收入家庭会使更多的收入逃避税收，而那些配偶收入很高的员工则可能会退出劳动力市场。

不管提高所得税和能源税究竟能为政府增加多少税收，但这么做一定会在国会以及总统的政策顾问之间引发如下论战：面对势力强大、想要到更多政府补助的利益集团，是去满足它们的要求，还是去享受削减预算赤字所带来的政治上的好处。过去12年来，赞成政府增加支出的一方始终占上风。

我并不是说，在民主政治制度下，政府支出一定要比税收增长得更快；我的意思是，的确有很强大的力量把政府的决策往那个方向推。举个例子来说，克林顿政府曾经组织一个研究小组对目前政府推行的计划加以评估。结果在高达1.5万亿美元的预算计划里，他们认为只有11项计划的执行状况不佳，或没有必要继续实行下去。由此足以看出，推动政府增加支出的力量有多大。除此以外，克林顿政府的增税计划故意夸大了国防支出可能削减的额度，也把某些增税措施故意弄得像是削减支出的样子。同时，他们还试图刺激共和党提出会被大幅度削减的支出计划，以这种方式来把削减政府支出的责任转移到共和党身上。

看起来，国会已经对上次选举释放出的民意趋向有所了解，因此下定决心要大力削减支出，而且削减的额度要大大超过克林顿的计划。我当然希望如此，但考虑到美国及其他民主国家对政府支出无比热衷的事实，我实在不敢对此抱太大的希望。

■ 改革国会：为什么限制任期不能解决问题（1990）

不管是左派还是右派的评论家都认同一件事，那就是国会目前的运作是有问题的。国会议员去年投票通过为自己加薪且加薪总额高达1 200万美元的议案，引起了公愤。在非总统选举年的国会改选中，投票率会大幅度降低。以上两个方面反映了民众对国会的不满情绪。

经常有人认为，国会之所以问题丛生，主要是因为现任者在竞选的时候拥有优势。民意调查显示，多数民众希望通过修改宪法的方式，来限制国会议员的任期——参议员任期应限制在一届或两届，而众议员的任期则限制在3～6届。我赞同国会的确需要改革（《商业周刊》，4月16日），但是，限制国会议员的任期不但不能解决问题，还可能会产生相反的效果。

在过去50年里，现任者获得连任的几率大幅度升高：众议员连任几率高达90%以上，而参议员则超过70%。当然，这些数据过分夸大了现任者的优势，因为现任者认为胜算不大的话，通常就不会再参选。1986年，在即将到任的33位参议员中，就有6位不再参选，而众议员决定不继续参选的人数则超过50位。

掌握窍门

话说回来，现任者显然还是拥有诸多优势的：他们有了一定的知名度，有机会在电视上抛头露面或参加广播节目，有更多的渠道接触上流社会，也可以利用职权来拉拢选民及利益集团。除此之外，现任者也比首次参选的人更容易获得选举资金。

在美国等现代化国家，员工在同一家公司长期供职已成为普遍趋势，国会议员的任期也体现了这种趋势。拥有技术的员工在工作几年以后很少换工作，这是因为他们需要很多的训练和知识才能把工作做好；经常换工作的话，可能会大大降低他们的生产率。

国会议员也一样，他们需要好几年的经验才能掌握窍门。例如，要通盘了解国防议题以便和戎马倥偬的高级将领对答时应付自如，这就需要长时间投入才做得到。另外，国会议员在面对环保主义者或化学工业的发言人时，也需要足够的知识背景才能分辨这些人究竟是为公众利益讲话，还是只为自己争取利益。因此，就算现任者和其他候选人比起来没有其他优势，选民或许还是会让现任者连任下去。

批评人士也承认，担任国会议员的时间越长，议事能力就会越强。他们认为，对现任者来说，比起这些真实存在的优势，更重要的是为竞选筹款的政治行动委员会及其他利益集团的有害影响。限制国会议员任期的做法，反而可能会增加这些团体的政治影响力，因为没办法靠各种在任优势获得连任的国会议员为了选票和选举经费，可能更需要对这些利益集团做出政治承诺，以换取他们的支持。

除此以外，国会议员如果不能指望长期干下去，那么为了替自己找到后路，就会看哪些团体在他们任期结束后可以提供职位或顾问费用等，从而在任内利用职权为这些团体谋利。有些原来担任公职的律师和官员在离开政府部门后，会受聘于任期内打过交道的团体。假如两院议员在短暂的任期结束后就必须退职，同样的情况也可能发生。

政治利益

限制任期的支持者也说，如果国会议员不必担心竞选连任的事，就会把更多的精力投入到有关社会公众利益的事情上，而不会在政党立场上大做文章。但是，那些不能指望长期留任的国会议员，不是更有可能对待工作马马虎虎，拿出更多的时间来为自己安排后路吗？只有没有正确认识人性且不懂得个人行为会受到诱惑影响的人才会认为：剥夺留任原职的权利会改善工作绩效。

国会运转存在严重的问题，并不是因为现任者拥有明显的竞选优势，而是因为有太多的团体想从联邦政府那里得到政治利益。在其他民主国家里，两院立法机构的代表也面临着各种利益集团的强大压力，但其他国家的候选人通常更多地受到政党的约束，而且也不必像美国这样依靠利益集团来提供竞选经费。

与其他国家的民意代表相比，美国国会议员在国会的言行举止也许显得愚蠢、可笑得多。不过，最重要的问题是，美国在进口关税和配额方面的规定以及农业政策等法律规范上是否比其他国家糟糕？我不认为如此：至少美国并没有征很高的所得税，也没有普遍实施国有化计划等，而这些都是欧洲民主国家所制定出来的坏政策。

要有效地改革国会问题，就必须减少利益集团的政治影响力。这样的话，国会才能把精力集中在各州及民间无法恰当处理的议题上。我认为，没有任何方法可以轻易解决这个问题。不过，很明显，减少现任者的竞选优势并不能大幅度改善国会的运作，而且很可能会让情况变得更糟。

■ 联邦工资改革的唯一标准：民间工资水平（1989）

联邦工资结构需要进行全面改革。联邦工资不应该由预算赤字的规模来决定，而应该看是否能够吸引合格的人才。四年一度委员会（Quadrennial Commission）建议提高政府高层主管的工资水平，这个建议大体上是很靠谱的，但从长期来看，如果能根据民间企业的工资水平来调整联邦工资结构，将降低政府的支出。

其原因在于，比起在地方工作，大多数联邦雇员的收入更高。普林斯顿大学教授阿兰·克鲁格最近所做的研究显示，联邦雇员的薪水大概比同等教育和培训水平的地方员工要多出5%~10%。另外，政府官员的离职率低，而且很多人等着进入联邦政府工作，也都显示出政府的工作有优于民间的地方。不过，联邦雇员不会因为享有这些优势而更努力工作，因为他们几乎不会被解聘，也不会遭到降职。

我认为，大多数联邦雇员之所以工资较高，是因为他们在实质上已经形成了一种利益集团。他们操纵国会法案和总统行政命令的执行，因而能够拥有政治影响力，这并不令人意外。

不过，联邦政府高层主管的工资则比民间企业主管的要差得多。没有哪个政府主管的年薪超过10万美元，但根据《商业周刊》（5月2日）的统计，民间企业高层主管的工资加上红利平均为96.561 7万美元。就算是民间非营利性机构的主管收入也比同等职位的政府主管高出很多。

诱惑

很多政府高层主管的职务很难招聘到合适的人才，而且这些位置的流动率也很高。司法部就留不住那些雄心勃勃且经验丰富的律师，因为他们的收入还赶不上很多刚从学校毕业而在律师事务所工作的年轻人。在民间工作有更好的赚钱机会，因此，就连最富有奉献精神的政府主管也不免会心动。

有些保守派人士担心官员手中的权力太大，因而认为政府官员应该接受低工资及高流动率。官员滥用权力的问题的确值得担心，不过，让官员得到合理的工资才能改善其工作绩效。官员的收入太低的话，他们就可能会利用职权，对其权责范围的某些企业给予特别照顾，希望能获得金钱等方面的好处，包括卸任后的工作机会等。

比起大牌律师的收入，地方及联邦上诉法官的10万美元年薪的确相形见绌，但这并不表示法官的收入过低。法官们能够拿到大笔退休金，享受到大量特权，而且，随着联邦法院的重要性与日俱增，法官们的职权（也包括工作量）也会越来越大。因此，虽然法官的薪水相对较低，但在过去10年里，联邦法官的素质应该说还是提高了。这是因为政府任命了不少优秀的上诉法官，他们也都在职位上留了下来，其中包括斯蒂芬 G. 布雷耶（Stephen G. Breyer）、弗兰克 H. 伊斯特布鲁克（Frank H. Easterbrook）、理查德 A. 波斯纳（Richard A. Posner），等等。

该委员会建议应该大幅度调高联邦法官工资的理由是，在1974～1988年间，法官的离职人数是前15年的10倍之多。不过，那段时间大批法官离职，可能是法官总人数大量增加所致；另外，在那段时间里，年轻人担任法官的比例也比较高，他们换工作的频率本来就比资深法官的要高。

权力

该委员会所提的理由虽然没有说服力，但对法官大幅加薪似乎是有必要的。原因是，联邦法院的权限变大，因此必须把法官的工资调高才能吸引能力好而又精力充沛的律师来担任这个职务。

有些人对委员会的建议提出批评，主要是因为委员会提议把国会议员的年薪调高46 000美元。不过，委员会也建议禁止国会议员接受任何来自民间的酬谢金；如果这条禁令能够落实，那么国会议员的实际收入增幅就不大了。当然，有些为了得到政府好处的利益集团让国会议员有额外的收入来源，这是不允许的，这就好比，没有哪家恪守伦理道德的企业会容许公司职员接受供货商或顾客的礼物。

目前国会议员的薪水是89 000美元，这样的水平能不能吸引合适的人来竞选国会议员呢？有才华的人在民间可以赚到很高的薪水，而在国会任职必须付出很大的代价，从这一点上看，该委员会认为国会议员工资过低的说法或许是对的。不过，就算维持当前的工资水平，国会议员的位置仍炙手可热。最近举行国会选举之前，在535位现任者里面，自愿放弃参选的人不到20位，而获选连任的比例则高达95%。

国会目前正想尽办法要削减预算赤字，但该委员会的提案则可能会增加联邦支出。如果依照我的建议来全面改革联邦工资结构，政府支出会得到削减。如果能根据民间的薪资标准来调整目前工资过高的官员的工资水平，那么，从长期来讲，这不仅能够削减政府预算赤字，还能够提高政府官员的素质。

■ 正确看待平衡财政预算的政策（1987）

（1987年）10月19日股市崩盘后，美国民众纷纷呼吁削减预算赤字。削减赤字是个不错的理由，但是我担心的是，过分要求平衡预算，所滋生的问题可能比所解决的问题还要多。尽管没有丁点儿证据表明崩盘与赤字之间有什么关联，但是经济学家、商界人士和媒体要求削减预算赤字的呼声却不绝于耳。

美国的赤字在1986年熊市的时候也绝不比1987年的小。1929年股市崩溃时的预算还略有盈余。在预算赤字小于美国的其他国家（如英国），股市跌幅更大。就连熟悉上述事实的人也认为，只要是为了削减赤字，蹩脚的观点也可以拿来作为理由。

赤字不是由不称职的政治人物引起的，而是那些特殊利益集团造成的：它们从政府那里得到了较多的好处，却没有缴更高的税。如果《格拉姆-拉德曼法案》等限制赤字的措施能有效控制政府支出的话，立法者将通过对私营部门实行管制和征收隐性税的方式来尽量满足权势群体的要求。

在过去几年里，国会已经对压力做出了这种回应：国会强制企业提高享有宽松的医疗保险的职工人数，从而增加了医疗支出。老年退休员工的政治权力不断扩大，导致老年职工受到歧视的说法受到了过分的强调，而且加大了私人养老金计划规模方面的立法力度。同时，为平息为儿童护理提供补贴的呼声，联邦立法者努力起草法案，要求公司为怀孕妇女和新生儿父母提供休假。

在提交给国会的议案中，这些休假不是带薪的，但是当提议者举出瑞典和德国这类休假都是带薪的例子后，此类休假在美国成为带薪假期也就只是个时间问题了。如果法律规定护理儿童的假期属于带薪假期的话，各家公司将不太愿意雇用或者提供要职给年轻的已婚女士，因为一旦她们怀孕，公司就不得不提供带薪假期。

潜在的伤害

如果预算缩减导致军队的待遇相对下降的话，将导致自愿参军的人数不足，这将让一些人认为志愿兵役制无法运转，从而引发新一轮的恢复义务兵役制的呼呼。义务兵役制强迫一些年轻人参军，而这些人如果从事民间工作的话，会有更高的生产率。军队待遇差，使得实行义务兵役制成为必要，而且打击了那些本来有可能成为好军人自愿参军的积极性。

为了让财政预算平衡看起来更平衡，卖掉政府资产是一个很有诱惑力的方法。因为在政府账户上，政府资产的价值并不从未偿付债务中扣除，所以，出售政府资产会在不改变政府负债的情况下，提高政府收入。不过，这算得上是政府会计制度的缺陷，不应该以此作为对很多政府资产和政府活动实行民营化的理由，因为这种民营化的理由实在有很多，而且很充分。

我赞成对很多政府活动实行民营化，也赞同邮政系统等政府机构向公众收取足够的费用来弥补成本。但是，我强烈反对通过管制和向私人公司及个人实行管制与征收隐性税的方式来达到削减政府支出的目的。

假象

上述政策通常会大大降低私营部门的生产效率并且让无辜的百姓遭殃。比如说，国会强制性地要求私营企业加大医疗保险和养老金计划的支出力度与覆盖面，这也许能够提高部分老年员工的福利，但同时，这些政策也使得一些年龄稍长的失业者更难找到工作。企业不想雇用那些在养老和医疗方面有高额间接支出的员工。

通过管制和隐性税的方式而实现的政府支出削减，造成了一种政府干预经济的程度有所下降的假象，而且还扭曲了人们对联邦支出在不同类别间分配的看法，因为只有特定类别的支出容易转移给私营部门。比起武器装备或对未婚先孕的年轻女性的援助等方面的支出，医疗保障、养老金、儿童护理和平权行动等方面的支出更容易转移出去。其结果是，在其他不容易转移给私营部门的支出类别上，政府支出的相对重要性增加了。

有些经济学家反对削减财政赤字，对此我不敢苟同。赤字是一种由未来几代人承担的税，而这几代人对税收的承受能力或许还不如当前这一代人。遗憾的是，任何削减财政赤字的计划都不能真正控制利益集团在政治上的影响力。利益集团总是在呼吁得到政府救助并享受低税率，如果追求更加平衡的预算赤字并非出于更强烈地抵制这些利益集团的目的，那么平衡预算的政策可能比财政赤字本身的危害还要大。

■ 与流行观点相反，经济繁荣的确福泽底层（1988）

人们普遍认为，里根当上总统后，受益的是中产阶级和富人，而不是穷人。这种看法大概反映了大卫·斯托克曼（David Stockman）发表在《大西洋月刊》杂志上的著名指控——供给学派经济学应该视作为富人减税的特洛伊木马，该学派认为，这种减税的效果会向下渗透，从而惠及贫困阶层。

但劳工统计局和普查部门提供的有关就业和黑人、青少年及女性在1976年（福特总统任期的最后一年）、1980年（卡特总统任期的最后一年）和1987年的就业和收入方面的数据显示，对过去八年里的经济表现的这些印象基本上都是错误的。

与年长的、有技术背景的白人员工相比，年轻的、非熟练的员工和少数族裔更容易失业。然而，不仅仅总体失业率在下降：卡特总统任期的最后一年是7%，1988年7月则下降到5.4%，而且黑人和青年人的失业率也比当时低了很多。例如，黑人的失业率虽然仍然很高，但是已经从14.3%降到了1980年的11.4%。

快速增长

黑人员工的收入增长趋势一直不太乐观。经过20世纪70年代的快速增长后，黑人男性在20世纪80年代初的工资水平与白人相比有所下降。但是，在过去三年里，黑人男性的收入一直增长得更快，而且失业率也出现了急剧下降。

就业困难挫伤了部分失业者的求职积极性，有的人退出了劳动力市场，因此，失业率可能会有所下降。

但相关记录显示出相反的结果：失业率下降了，而就业率上升了。从1980年到1988年7月，1 500万人找到了工作，黑人的就业率上升了4.5个百分点，超过了所有员工就业率的增幅（3.1个百分点）。

失业率的下降和就业率的上升是因为这一时期实际工资出现下降，从而促使雇主雇用更廉价劳动力所致吗？在1980~1987年间，实际时薪并没有任何上涨。在任何情况下，实际收入下降和失业率下降之间的关系很难得到证明。在1976~1980年间，虽然实际收入水平下降幅度超过5%，但是失业率一直居高不下。

里根政府一直遭到许多妇女团体的批评，部分原因是里根政府反对《平等权利修正案》和可比价值法律。矛盾的是，女性员工过去八年里表现得非常好。黑人女性和白人女性的失业率都有所下降，而且，全职的男性和女性员工的中间收入差距从1980年的39个百分点下降到1987年的32个百分点。

由此可以愈发清楚地看出，女性的地位得到了明显改善。要知道，从20世纪50年代末到70年代末，工资的性别差距一直维持在40个百分点左右，而且，许多人认为，这种收入差距的缩小，离不开政府提供的广泛帮助。

但是，对一个反对平权行动的政府来说，政府的帮助作用其实没那么大。充分就业的环境、向服务经济的转变、培训的增加和劳动参与率的提高等因素都促进了女性经济地位的提高。

批评里根政府的一些人承认，工作机会大大增加也是一个因素，但他们辩称，新增加的工作一般不需要什么劳动技能，工资水平也很低。在他们看来，美国正在成为一个烤汉堡包的国家。

然而，在《公共利益》冬季那一期的一篇文章中，美国企业研究所的马文·科斯特斯（Marvin Kosters）仔细考察了近年来的就业机会创造问题，研究发现，在20世纪80年代，工作在高、中和低收入水平之间的分布情况和上一个10年的情况一样，大体上没有变化。

争议颇多

事实上，在里根任期内，经济增长的受益者是受过良好教育的熟练员工，而不是那些受教育程度较低的非熟练工人。当前的人口普查数据表明，近年来上大学的收入回报比20世纪70年代增加了不少。

芝加哥大学的墨菲教授和加州大学洛杉矶分校的韦尔奇教授研究发现，30年来，现在接受大学教育的回报是最高的。

这些研究表明，在很大程度上可以说，黑人、女性、青少年及其他弱势群体都充分参与到过去六年的经济繁荣中了。这个结论是有事实依据的，而且和下面这个颇有争议且充满政治意味的问题没有关系：经济繁荣是不是减税、预算赤字、美元贬值等因素所致。或者，墨菲和韦尔奇所做的如下估计是否正确：在20世纪80年代，美国进出口的结构及其在经济中的重要性发生了变化，这种变化对妇女、黑人、大学毕业生和年轻人的工资构成了极大的影响。

■ 实行短期补救措施，未来可能会有麻烦（1986）

有些公共政策和私人行动在执行之初会起到一定作用，但随后常常会引起糟糕的后果。政府特别容易在诱人的短期利益面前屈服，但政府制定出来的政策能够大大改变个人和企业的长期行为。

新移民法就是一个例子。新移民法对1982年以后到美国的非法移民实行大赦。该法律将提高这些移民的福利，但代价是，其他非法移民会因此而受到鼓励，寄希望于未来再度出台特赦法令。另一个例子是20世纪70年代出现的通货膨胀，这次通货膨胀削减了政府公债的真实价值，也减轻了政府以往的财政赤字负担。长期贷款的利率上升，是我们为当时的通货膨胀所付出的代价。贷款人现在要求提高利率，因为他们预计，未来政府会利用通货膨胀来减轻过去几年里的财政赤字负担。

政府为保护借款人所做的努力也是一个例子。许多家庭因为高估未来的收入或低估他们的支出而积累了高额债务，超出了他们的偿还能力。我们很容易同情这些处于财务困境的家庭，并希望化解它们的困境。在这方面，破产法就特别吸引人，因为它为人们提供了摆脱因过去失误而积累起来的债务负担并东山再起的机会。

感恩节礼物

1978对破产法做出的重大修订大大提高了通过破产可得到豁免的个人债务的

价值。更进一步,为了缓解农民的困境,在感恩节生效的破产法案的附加条款大幅提高了农民可以通过破产来一笔勾销的债务的额度。最近几年,农业经营者的收入很低,但他们却背负着20世纪70年代那个繁荣时期积累起来的沉重的债务负担。因此,申请破产的农民人数显著增加。

如果实施更加宽松的破产条款,似乎会进一步减少因过去的失误而造成的阴影。有证据表明,更宽松的破产法加大了债务人选择破产来解决问题的可能性。亚利桑那州立大学的两位教授威廉 J. 博伊斯(William J. Boyes)和罗格 L. 菲斯(Roger L. Faith)在1986年4月期的《法律经济学杂志》上指出,1978年个人破产的数量有所上升,在1978～1985年间尤为明显。最新修订的破产法必然会增加申请破产的农民的人数。

但是,宽松的破产法虽然让借款人短期受益,但总会带来很高的长期成本。为了保护自己的利益,银行和其他贷款人正在修改高风险贷款和有固定资产但收入较低的借款人的借款准入条款。他们提高利率,缩短贷款期限,而且,与1978年放宽限制之前相比,贷款申请遭到拒绝的现象更加频繁。因此,长期来看,这些宽松的破产法或许正好对那些在短期获利最多的人带来了伤害——这些边缘借款者更有可能遭遇财务困境。他们获得贷款的难度会加大,并且获得贷款的条件也会将更加苛刻。

贷款减少

博伊斯和非斯的研究发现,在破产法1978年修改通过后,破产者的抵押担保债务与无担保债务的比率下降了。对其貌似可信的解释是,新规定降低了对高收入者及其他高信誉度的借款人的抵押要求,而加大了对高风险贷款人的抵押要求,从而降低了高风险贷款的比例。

对于西方债权国的高额债务,很多第三世界国家最近成功地实现了部分拒付,类似的长期后果将随之而来。这次拒付虽然在目前帮助了这些国家,但这将减少西方国家对这些贫穷国家的贷款额度,还会导致未来贷款的利率上升、期限缩短。

已经有人提议,为了让破产的罪犯获得重新开始的机会,应该允许通过破产法来撤销那些罪犯必须缴付的赔偿款项。美国联邦上诉法院第二巡回区在1985的一次判决中支持了这一观点。幸运的是，最高法院11月重申了以下原则：罪犯承担的赔偿和罚款不得通过申请破产来豁免。如果不这样的话，经济处罚对罪犯就构不成什么威慑，而且法院将不得不更加依赖监禁来惩处罪犯。

特赦计划、通货膨胀以及宽松的破产法会带来短期收益，在这些巨大的诱惑面前，政治家们往往把持不住。不幸的是，由于私人行为会对公共政策做出反应，这些短期收益都会带来长期成本。因此，应该鼓励政策制定者抵制这些诱惑。更为明智的做法是，从长期的角度来考虑政治决策，以避免最初的短期收益和最终的长期痛楚。

税 收
The Economics of Life

■ 实行更扁平的税制就可以留住球队（1996）

克利夫兰布朗队是一支在伊利湖畔经营了数十年的职业橄榄球队，该球队因打算近期搬到巴尔的摩而引起了轩然大波。这揭示出，城市为争夺职业大联盟球队而展开的竞争非常激烈。这方面的竞争不仅仅关系到争办城市的居民，因为全国各地的纳税人都要为此买单。

由于新建体育场、公路及配套设施的部分资金来源于免缴联邦个人所得税的政府债券，因此争办城市的纳税人可以获得一定的好处。我在芝加哥大学的同事凯西·莫里根（Casey Mulligan）做出一项计算，这项计算得出了芝加哥与附近的印第安纳州加里市争夺芝加哥熊队这支久负盛名的职业球队的预期成本。尽管熊队不太可能迁至加里市，但这种威胁还是迫使芝加哥市长理查德 M. 戴利（Richard M. Daley）承诺斥资近两亿美元扩建熊队的主场——所有权归该市的军人球场（Soldier Field）。而加里市方面则提出，要投入更多资金来新建一座体育场，并修建公路及配套设施。

两个城市都打算通过免税的政府债券来筹措资金。当前，长期、优质的免税政府债券的利率远低于6%。如果熊队不得不自行筹资来新建或扩建体育场的话，他们所负担的利率要高得多。由于对球队体育场拥有所有权的是地方政府，而不是熊队，因此，争夺战中胜出的城市每年将节省数百万美元的利息。

多种所有权

戴利市长声称,军人球场的扩建不会花纳税人一分钱。他表示,熊队缴付的体育场租金以及拉动公共消费效应所带来的财政收入增长可以弥补增发城市债券的额外利息。此类预想往往过于乐观,而无论他最终正确与否,政府取代熊队进行硬件设施更新,就意味着美国财政部的所得税收入会因发行了政府债券而减少。

布鲁克林道奇棒球队1958年迁至洛杉矶,拉开了各地政府争夺职业球队的白刃战的序幕。当时大联盟球队使用的体育场几乎均为私有。通常,橄榄球队和棒球队会共用一个球场,比如,芝加哥熊队当时使用的瑞格利球场就是芝加哥小熊队(棒球)的主场,该球场至今仍为私有。如今,几乎所有的大联盟橄榄球队和棒球队,以及绝大多数的篮球队和冰球队,使用的都是公立球场。

为争取球队入驻本市,各地政府陷入白热化的鹬蚌之争,从而使得国家美式橄榄球大联盟(NFL)和美国职业棒球大联盟(MLB)坐享渔人之利:要求使用公共资金为球队兴建专用的体育场。然而,这些豪华体育中心通常是不划算的财政投资。他们太过庞大、太过奢华,而且几乎总是处于闲置状态。即便是大联盟的棒球队,也仅有81场主场比赛。像芝加哥联合中心球馆之类私立的室内体育馆,则通过接纳多支球队的方法来分摊成本,而最受欢迎的就是大联盟的冰球队和篮球队。

本土忠诚度

拥有专用体育场及其他专门配套设施的职业球队迁往另一城市的倾向较小。这是因为,如果没有大联盟球队常驻使用,专用体育设施将会变得一文不值。体育场国有化的发展是与垃圾回收及其他政府服务项目的私有化趋势背道而驰的。即使是私有化程度遥遥领先于其他城市的印第安纳波利斯,也开始将印第安纳波利斯小马橄榄球队的主场——穹顶球场(RCA Dome)收归国有。

低利率政府债券,尤其是免税政府债券的市场不断扩张,致使城市为争夺职业球队而不惜兴建并不经济实用的市属体育场成为可能。免税政府债券与同类的应税债券之间的税率差额，取决于税负水平和个人所得税制结构中的累进度这两个因素。应税级别高的人最愿意持有免税债券，他们拉低了免税政府债券的利率，从而在收益上比应税债券更为可观。

如果国会和克林顿总统能够就税改方案达成一致，实行更扁平的所得税制，那么免税资产市场将会萎缩。这样就会削减地方政府为争夺职业球队而兴建新体育场的动机，也会使体育场重归私有，还其本来面目。

■ 警告：调高香烟税不会增加税收反而会带来不少副作用（1994）

有些国会议员赞成大幅度调高香烟的联邦税率，认为这样有助于为政府推行的医疗保险计划提供财政支持。医学界及其他反烟团体也支持这种做法，但他们的目的不在于增加政府税收，而是希望借此来降低吸烟的人数。近期有研究显示，大幅度提高香烟税并不会为政府增加多少税收，但的确会明显减少吸烟的人数。

这项研究成果发表于1994年6月期的《美国经济评论》，相关文章由迈克尔·格罗斯曼教授（Michael Grossman）、凯文·墨菲教授和我共同撰写。我们在文章中针对香烟的零售价格和收入水平等因素会对美国的吸烟人数造成何种影响进行了估计。根据这份研究，可以比较准确地计算出联邦提高香烟税后，到底能够增加多少政府税收。

我们假设，每包香烟的联邦税上调25美分，而零售价格也提高那么多（事实上，研究显示，零售价格的涨幅应该会稍微高于税率的增幅）。香烟的零售价格上升以后，抽烟的人数会减少，主要是有些人会因为价格上涨而不想学抽烟，有些则会提前戒烟。当然，继续抽烟的人每天也会少抽几包。其中，烟价的变动对吸烟的青少年影响最大。

刚开始的时候，抽烟人数不会因为烟价调高而大幅度减少，因为很多烟枪并不能很快地戒掉抽烟这个习惯。但时间越久，影响的效果会越大，抽烟人数会加速减少。我们在文章里估计,如果烟价调高10%,那么1年后,抽烟人数会减少4%左右,但3年以后,吸烟人数减少的幅度会增加到8%左右。

面对香烟税,政治人物欲罢不能

目前每包香烟的联邦税是24美分,每年大约可以为联邦政府带来60亿美元的税收。根据我们的估计,要实现长期税收收入的最大化,每包香烟的联邦税应该是95美分,这样每年将增加60亿美元的税收。应该注意的是,由于吸烟的人要花好几年的时间才能完全适应新的烟价,因此在这段时间,政府是逐渐增加税收的。

我们对税收收入做出的上述估计要远远低于国会预算办公室所做的估计,其原因是,后者认为,如果每包香烟的价格调高10%,那么吸烟人数减少的幅度会一直维持在4%左右,而我们认为减少的幅度是8%。

有些国会议员甚至提议增加增税幅度,对每包香烟的联邦税增加1美元,使每包烟的总税额达到1.24美元。但从长期来看,政府这样每年能征税90亿美元,只比现在多出30亿美元,但吸烟人数则会减少70%左右。根据我们的估计,如果每包香烟的联邦税提高到95美分,那么政府税收会增加,而吸烟人数会减少。但如果税额超过95美分,则吸烟人数和政府税收都会减少。

政府税收和吸烟人数之间的消长状况或许会对政府的烟草政策构成很大的影响。假如联邦决策者对香烟税的财政贡献欲罢不能的话,那么国会可能就不会对吸烟行为制定严格的限制法令了。从各州政府发行彩券的情况就可以清楚地看到这个效果。尽管目前还有很多人从道德的角度等方面来反对赌博,而且中奖的比例事实上也相当低,但不少州政府仍然大张旗鼓地鼓励穷人多买彩券。

调高香烟税会刺激走私

另外,调高联邦税以后,从邻近国家走私香烟到美国的现象一定会增加,这会减少联邦政府的税收。加拿大最近被迫将香烟的税率由原来的每包2.69美元调低到1.82美元，原因就是来自美国的香烟走私太猖獗了。如果美国大幅增税的话，将会刺激埃西哥等拉丁美洲国家走私香烟进来，而且原来打算用于出口的美国香烟也会被非法卖到国内市场。

此外，烟瘾最大的人大多是收入最低且教育程度最差的人，因此香烟税主要是由穷人来承担的。假如每包香烟的联邦税增加1美元，使得零售价格从1.80美元上涨到2.80美元，那么很多原来不会吸烟的人就不会想学吸烟。但对无法戒掉烟瘾的人来说，假定每天要抽一包半，那么一年所缴的香烟税是1 533美元。这对依赖社会福利过活或那些收入不高的人来说，算是一笔不小的数目。克林顿总统提出的医疗保险计划加大了财政压力，想通过香烟税来缓解，香烟税主要落在那些吸烟最多的人头上，但他们是收入最低且教育程度最低的，也正是医疗保险计划最应该帮助的人。这样的做法实在没什么道理。

鉴于税收的累退性质，大幅度调高香烟税的理由很难站得住脚：一方面增加的税收有限，另一方面又会鼓励跨境走私，而且联邦政府又很可能为了增加税收而鼓励民众吸烟。

■ 税收在起作用，只是在起反作用（1990）

在最近的选举中，参议员比尔·布拉德利（Bill Bradley，新泽西州民主党）及许多其他现任者以令人惊讶的微弱优势胜出，这戏剧性地显示出纳税人和以往一样，对政治已经厌倦了。有些政治家逐渐成为利益集团的代言人，美国选民已经对他们失去了信任。

在20世纪六七十年代，人们很容易得到政府的补助金。联邦政府、州政府和地方政府的支出占国民生产总值的比重从1960年的27%上升到了1982年的37%。非军费支出增长得更快，但受益最大的还是社会保障、医疗保险、食品券、社会福利及其他权利计划，这些方面的支出不断增加，几乎占到了联邦政府支出的一半，但国防开支在联邦预算中所占的比例在1960年尚占40%，但到了1982年，却下降到了稍高于25%的水平。

愤怒的爆发

大多选民或许没有意识到，在他们的劳动时间中，将近40%是在为政府工作。但他们已经认识到，不论劳动量的大小，相对于他们承受的负担而言，他们并没有得到足够的回报。问题在于，成千上万的利益集团在争取政府援助时不需要考虑成本，因为负担被强加到别人头上了。因此，政府支出的社会效益往往赶不上帮助政府实现支付的那些税收和法规的社会成本。

同样令人不安的是，为了迎合如此众多的利益集团的要求，政府的注意力和支出发生了分散或偏离，政府本该做的是私营部门不能有效应对的那些事情，其中包括：为修建道路、机场、学校及基础设施融资；为那些不能自食其力的人提供保障制度；预防犯罪、外敌入侵；负责管理政府预算以达到收支平衡等。

很难判断国防开支的效果如何，但美国的政府部门在其他各方面的表现都很失败。道路崎岖不平，机场拥挤不堪，桥梁总是岌岌可危。对犯罪的恐惧占生活主导地位的城市远远超过20世纪60年代初。尽管教育支出大幅度增加，但大部分学生的受教育程度低，在大城市的少数族裔更是如此。即使在穷人身上的投入巨大，但社会保障的缺口并没有越来越小，反倒在拉大。20世纪80年代的联邦预算赤字，以及包括费城、纽约、马萨诸塞州和新泽西州等地的财政问题，都清楚地表明，各级政府未发挥出应有的职能。

税收占国民生产总值的份额如此之大，但国会和媒体把预算"危机"归咎于税收不足，这让人感到匪夷所思。其实，政府财政分配是不合理的：在糟糕的计划方面投入太多，对基本的社会计划却重视不够。政府实施农产品价格补贴等支持计划，并调查石油产业的价格"欺骗"，这些做法使得改善大量穷人的生活和维修破败不堪的努力变成了政府的"副业"。政府在做它该做的事情上效率如此低下，而同时做了许多其他的事情，这不令人惊讶吗？

在试图削减赤字的过程中，国会和总统本该集中精力去减少支出，并做到理性支出，而不是去对富人和其他人增税。总统候选人提出的削减计划包括对农场和市民的补贴与国防、对各行业的扶持以及让中层和上层阶级受益等方面。布什总统背弃了他不增税的诺言，既是犯下了严重的政策错误，又是重大的政治错误。

人民获得权力

不过，美国开始大力控制政府支出，这算是一道微弱的希望之光。纳税人得到了更好的组织，有了更大的抵制力量。这始于第13号提案和70年代末期加利福尼亚州的叛乱。此后，纳税人的反抗开始蔓延到其他州、其他城市以及出台了1986年《税收改革法案》和《格拉姆-拉德曼法案》的联邦政府。虽然在上周，一些限制政府支出的提案未获通过，但发行新债券的各项动议几乎都遭到了否决。

在20世纪80年代持续存在的预算赤字也标志着纳税人获得了更大的政治权力。在此期间，利益集团要求增加支出的压力和过去的几十年一样大，但纳税人的反对则意味着，通过增税来增加支出没有以前那么容易了。

纳税人的反抗也可能迫使政府支出增加的速度慢下来。事实上，自1982年以来，在政府计划（包括社会保障和其他转移支付）方面的支出占国民生产总值的比重，一直没怎么增长。现在相信政府支出已经得到了永久性的遏制还为时尚早。但只要真正做到了这一点，我们完全有理由期待：预算增加，学校和基础设施得到大幅改善，在消除贫困和打击犯罪方面取得重大进展，政府在主要领域里的表现得到全面提升。

企 业
The Economics of Life

■ 不该强迫企业增加支出来解决紧迫的社会问题（1988）

为了强迫企业在某些方面增加支出，联邦政府、州政府和市政府制定的法令越来越多。举例来说，《清洁空气法》规定，电力公司和其他使用燃煤的工厂都必须安装过滤设备以减少二氧化硫的排放。另外，不少城市规定，有线电视公司如想获得营业许可，就得对贫民区的设备安装给予补助。国会也正在审查一项法案，该法案规定企业在员工生育或领养孩子后，必须让他们请假在家照顾小孩。除此以外，在马萨诸塞州州长杜凯吉斯的推动下，该州最近也通过了一项法令，要求企业每年必须为每位员工缴纳1 680美元给州政府成立的基金，以给员工的健康保险提供补助。

在发生民众抗税事件后，政治人物都不愿意公开呼吁增税。有些自由派的政策研究机构正在为下一任民主党政府准备政策纲领，就连他们也不敢公开要求大幅度增税。不过，这些机构在提出政府支持计划的时候，建议政府要求民间企业增加社会计划方面的支出，以此来掩人耳目。

然而，天下没有免费的午餐。为了保证政府的支出，到头来还是得提高税率。只不过政府有时候会把收税的时间往后延，或征收隐性税，有时候则会改头换面来达到征税的目的。比如，近几年来出现了高额的预算赤字，政府将来就不得不提高税率。另外，政府规定民间企业增加支出的做法，等于在征收隐性税，因为企业运营的成本必须增加，这和显性税没什么两样。

需求下降

经常有人提议,企业应该在工作场所安置育儿设施,以方便妈妈照顾幼儿。有些公司并未主动安置这些设备,因为这种规定会增加雇用这些妇女的成本。还有些法令规定,企业必须依据女性劳工家中的幼儿人数来缴税,然后政府再用这部分税收替公司安置育儿设施并加以维护。

有了这些规定之后,企业如果雇用家里有小孩的女性员工,就会增加运营成本。因此,虽然法律规定民间企业在用人的时候不得歧视妇女,但公司还是会尽量不雇用她们。一段时间之后,这些妇女在就业市场里的需求会降低,因而被迫接受较低的工资。这些妇女最后还得自己负担部分安置育儿设备的成本。妇女运动团体对于这些提议持模棱两可的态度,原因就在此。

如果法令规定公司必须提供育儿设施,那么导致年轻妇女必须接受较低的工资,这算恰当的做法吗?或许政府应该从一般税收里拿出钱来补助这些设施?或者父母应该想办法自行解决这个问题?回答这些问题之前,必须先弄清楚一件事:在工作场所设置育儿设施,主要对谁有好处。是对家里有小孩的父母,还是因孩子的身心健康得到改善,从而对社会整体都有好处?

直接提供

马萨诸塞州为了提供健康保险而设立州政府基金的计划,也可以用同样的方法来分析。该州规定,既然公司本身已经为员工提供健康保险,这笔支出就能从缴付给基金的数额里扣除,那么,对某些原来就制订了很好的员工保险计划的大公司来讲,这项法令不会产生什么直接效果。但对没有制订员工保险计划或规模不大的小公司来说,这项规定会增加其运营成本。从某个角度来看,这就相当于在对小公司征税,然后把税收拿来为公司员工投保。其结果是,小公司在市场上与大公司竞争的能力降低了。这正是大公司普遍支持而小公司一致反对这项法令的原因。

如果该州是想为本州居民提供健康保险,为什么不直接提供,而要通过公司把钱缴给政府基金的方式来达到目的呢?直接提供保险的话,受惠的是每位居民,而不仅仅是公司员工。而且,直接提供保险的话,就不会让人产生目前的这种感觉了:政府是在以牺牲小公司为代价来偏袒大公司。

根据目前的《清洁空气法》，就算企业使用的是二氧化硫排放量很低的煤，还是得安装减排设备。因此，虽然这种煤排放的硫气本来就很低，电力公司及其他工厂还是得花这笔费用。更为合理的法令应该是，把是否安装减少硫气排放量的设备的决定权交给企业，而政府根据二氧化硫的排放量来直接征税。不少位于东北部的企业平常使用的是硫气排放量很高的煤，这些公司就比较喜欢目前的法令，因为对于硫气排放量较低的企业来说，添置减排设备需要承担额外的成本，因而原本享有的市场优势不复存在。

对政治人物来说，以法令的形式要求企业增加开销是求之不得的事。但这些措施会对劳动力和产品市场构成很复杂的影响，任何人都很难弄清影响到底有多大。因此，这种做法是令人不安的，而且也是危险的，因为要求企业增加支出等于是在征收隐性税，同时，也让政府借机避开了幼儿护理、健康保险和环境污染等严重的社会难题。

■ 慈善成本加大，没有必要为之感到寝食不安（1986）

通过税收制度来鼓励慈善行为的国家为数不多，美国是其中之一。国会会议委员会正在协调参众两院的税收改革法案，二者均坚持不对慈善捐款征税。最终的税务改革法案可能会保留这种税收减免的规定。不过，一旦新税法生效，慈善捐款的数额一定会下降。我的看法是，这不应该引起过分的关注。

预期捐献金额会下降的主要原因是，新税法将大大降低高收入纳税人的边际税率。高税级大大降低了慈善成本（cost of giving）。例如，在现行税制中，50%的最高税率意味着，逐项扣税后，富裕的纳税人每捐献出100美元的善款，他只需支付50美元。事实上，其他纳税人贡献了余下的50美元。参议院法案中的最高税率由50%降至27%，这样一来，每捐献100美元，将需要支付73美元。从50美元增加到73美元，使高收入纳税人的慈善成本增加了40%多。

教堂与政府

一些研究估计了慈善成本的变化对慈善捐款的影响。越来越多的共识是，税率的变化对捐款有很大的影响。杜克大学教授查尔斯 T. 克洛特菲尔特最近出版了《联邦税收政策与慈善捐赠》一书，该书做了一些证据调查。个体纳税人的慈善成本每增加10％，其捐款金额也明显降低10％左右。由于在慈善组织收到的私人捐款总额中，个人捐款占到80％左右，因此，如果按照参议院法案的规定，捐款总额可能大幅度减少。在慈善捐款中，遗赠约占18％，企业捐款仅占5％，余下的是各种基金会的捐款。

慈善捐款大幅度减少，这是坏事吗？如果捐款主要流向了需要得到救助的人，那么答案就是不言而喻的，因为他们应该得到纳税人的财政支持。但事实上，这些所谓的慈善捐款几乎没有提供给穷人。虽然美国传统上是不赞同政府支持宗教的，但在所有捐款中，仍有将近50％给了基督教堂、犹太教堂及其他宗教机构，这就相当于政府是在通过税收制度来补贴宗教。另有15％的捐款给了高等教育。鼓励纳税人向高等教育捐款的做法是值得商榷的，因为大学毕业生和教师的收入大多远远高于平均水平。还有10％的捐款给了博物馆、交响乐团及其他艺术和民间团体，主要的受益者却是那些有钱人。资助这些组织的人几乎不需要政府做出任何慈善行为。事实上，一般纳税人没有理由去补贴这些团体。

纳税人支持向慈善组织捐款，还有一个不同的、更有可信度的理由。纳税人之所以支持捐款，并不是捐款接受者有实际需要，而是捐款的私人动机不足。很多人希望某些大学、教堂、博物馆和医院获得蓬勃发展，但他们可能没有提供帮助，因为他们希望由别人来承受这个负担。这将造成这样一种倾向：每个相关的人都试图"搭便车"，由别人来捐款。降低慈善成本的税制将有效地抵消这种趋势。

不过，虽然搭便车的说法有其可取之处，但现行法律规定的50％的税率可能会过度激励富人进行慈善捐赠。当前对慈善捐款的减免税额很高，也许最有说服力的论据是，它们迫使所有的纳税人向天主教会大学、纽约大都会艺术博物馆及其他非营利性组织捐款，其中也包括我的母校芝加哥大学和普林斯顿大学。显然，大多数纳税人根本就不关心这些机构的福利水平。

竞争

当然，美国的这种通过税收制度来提供间接扶持的制度比欧洲模式要好。在欧洲，由政府来开办大学和医院，同时对私人艺术机构和慈善组织提供补助。美国的做法有利于私人慈善机构之间的竞争。这也实现了慈善的分散化，因为慈善捐款是许许多多的个人和企业决策的结果。在慈善领域，竞争和分散的优势与商品和服务的市场一样具有吸引力。

通过税收措施来鼓励私人捐款，虽然美国的这种制度比政府直接补贴要好，但高边际税率的确会激励富人过度捐献。而且，也可能促进捐款错误地流向一些富人们光顾的非营利性组织。税制改革可能导致慈善捐款大幅度减少，但基于以上原因，我实在看不出有什么值得担惊受怕的。

■ 应该调高的是酒的税率，而不是饮酒年龄限制（1985）

1984年，国会通过了一项法案，规定各州必须在1986年以前将最低饮酒年龄限制提高到21岁，否则就会削减拨付给该州的联邦公路经费。很多州已经贯彻落实，其他各州也打算跟进。不过，这项法案提出了一个事关公平的重要问题：这些年轻人已经达到投票年龄，而且多数已经开始浅酌几杯了，现在不准他们以合法的方式买酒，这种做法合适吗？

支持该法案的人指出，很多严重的车祸和年轻人酒后驾车有关。不过，在因喝酒而引发的工伤事故中，年轻人所占的比例却很小。几乎所有的公交车司机、飞行员、航空调度员等都可能因为喝酒而导致无辜者受到严重伤害，而从事这些工作的大多是年纪较长的人。这些人掌握着很多人的生命安全，但国会并没有制定法律来禁止这些人喝酒。

酒后驾车和工作的时候喝酒是严重的违法行为，应该加以制止，这是无可否认的；不过，要减少这些状况的发生，没有必要以立法形式来限制年轻人或成年人的行为。要达到这个目的，第一步是在取消1984年有关喝酒年龄限制的法案的同时，提高酒类的联邦税；第二步则是逮捕并严惩那些因喝酒而导致严重车祸或工伤事故的人。

烈性酒的税率在10月份有小幅调升，但除此以外，联邦政府对烈酒、啤酒以及葡萄酒等所征收的消费税自1951年以来就没有调整过。在过去15年里，通货膨胀的因素大幅度降低了这些消费税的实际税率，这使得酒类价格相对于其他的消费品来讲也下降了。如果酒类的消费税加倍，那么实际价格也只能提高到1951年的一半而已。但这么做的话，政府对每瓶烈酒所征的税会由2.50美元提高到5美元，而啤酒和葡萄酒的税收也会大幅度提高。

酒的消费会下降

大量证据显示，调高酒类价格会降低其消费。国家经济研究局（NBER）的迈克尔·格罗斯曼教授及其同事所做的研究表明，酒类价格上扬对年轻人饮酒的抑制效果最为明显。由此看来，调高酒类的税率所达成的效果和提高饮酒年龄是一样的，都能减少酒的消费。每罐啤酒的价格如果增加10美分，就相当于把饮酒年龄的限制提高1岁。

调高税率的做法不仅能减少正常饮酒行为，而且能减少过量饮酒行为，而过量饮酒是造成事故的主要原因。格罗斯曼教授等人的研究显示，提高啤酒等酒类的价格，会减少青少年和年轻人大量饮酒的状况。杜克大学教授菲利普·库克和乔治·陶臣的研究也显示，酒类税率提高可以降低因肝硬化而导致死亡的比例，而肝硬化主要是由过量饮酒引起的。他们在研究报告里指出，假设烈性酒的税率调高1美元，那么因肝硬化而导致死亡的比例就会减少5％以上。原因是，过量饮酒者会因为酒价调高而减少饮酒量，而且原来酒量不大者也不会让自己成为酒鬼。

当然，提高消费税还会增加税收收入。目前联邦政府每年征收的酒类消费税大约是60亿美元。如果把消费税提高一倍的话，虽然会减少酒类的消费，但政府每年会增加40亿美元的税收收入。这对目前高额的联邦预算赤字来说，可谓不无小补。

酗酒属于一种疾病

虽然调高消费税可以减少过量饮酒的问题，也能为政府增加税收，但对少量或适量饮酒者来说，同样会增加他们的费用。因此，消费税调高的幅度应该加以限制，免得对这些人造成无谓的负担。同时，除了增税以外，政府还应该采取其他措施来降低因为酒后驾车而对他人造成的伤害。凡因酒醉而发生车祸或其他意外事故的人，都应该逮捕并予以严厉的惩罚。美国迟迟未能立法严惩酒鬼，部分原因就在于，有人认为酗酒是一种病，非惩罚所能遏止。

可以把酗酒当成一种病，但如果对酒后驾车和工作时饮酒的人实行逮捕并加以惩罚的话，是可以减少这些行为的。新墨西哥大学教授劳伦斯·罗斯（Laurence Ross）搜集了很多国家的资料，这些证据清楚地显示，如果酒后驾车受到惩罚的比例足够的话，类似的现象就会大量减少。挪威和瑞典就对这种行为予以严惩。我去这两个国家访问时得到的印象是，过量饮酒者通常都不开车，以免被罚。

一条存在已久且诱人的司法原则是，必须根据罪行的轻重来加以处罚，而且不能让无辜者受到不当的惩罚。提高酒类的消费税，同时提高酒醉肇事者的逮捕比例和惩罚力度，是完全符合这条司法原则的。

法 院
The Economics of Life

■ 最高法院的提名审查不应局限于法学修养（1991）

布什总统提名克拉伦斯·托马斯担任最高法院大法官，并强调他是担任这个职务的最佳人选。不过，大家都知道，布什之所以提名托马斯，除了种族因素以外，他对平权行动、堕胎等政治敏感问题的态度也都是决定性的因素。

参议院司法委员会将对托马斯进行严格的政治审查。不过，整个审查过程会出现不少唱高调的问题，例如他是否尊重过去的判例，是否注重隐私权和社会公平等。这些问题会让听证会的时间拖长，很多人会觉得拖沓繁琐，而白宫也一定会提出抗议，认为参议院故意整人。其实，国会在接受任命之前要召开冗长的听证会，这是美国建国者当初没有料到的，因为原来最高法院的任务很单纯，就是解释宪法而已。然而，目前法院的判决对民众影响很大，因此这个过程是无法避免的了。

在19世纪和20世纪头20年里，最高法院扮演的角色并不像现在这么重要，因为当时政府的规模比现在小得多。但后来在联邦法令和州法令大量增加后，生活里每个层面的问题几乎都会拿到法院来处理。宪法在很多方面（如法定诉讼程序）本身就模糊不清，而且联邦和各州所制定的法令也常常模棱两可。在这样的情况下，最高法院变成了一个事实上的、拥有巨大影响力的立法监管机构。在20世纪30年代，宪法反倒成为法学院里的一个重要科目。

于是，最高法院实质上可视作未经民选而产生的上议院。为了不让它长期背离民意，我曾建议通过修宪的方式，把最高法院法官的任期制度由目前的终身制改为固定任期制，而任期结束后或许可以续任（《商业周刊》，1990年9月3日）。实行这种变革，有助于让那些年迈且不称职的法官以及不了解民意的法官及早退职。

程序有漏洞？

当然，这种制度上的大变革是不可能很快实现的。因此，国会听证会依然是唯一通过公开程序对被提名者的资格、过去记录以及判断原则等加以审查的机会。以托马斯为例，如果国会接受了他的任命，那他就会在法官的位置上坐很长的时间。从1950年以来，参议院拒绝过几个提名人选，除了罗伯特H.博克以外，还有尼克松总统提名的哈罗德·卡斯维尔（Harold Carswell）以及克莱蒙特·海恩斯沃斯（Clement Haynsworth）等。另外，约翰逊总统曾经想把阿贝·佛特斯（Abe Fortas）升为首席检察官，但也遭到参议院的否决。

总统在决定提名人选的时候，会很注意这个人被国会接受的可能性。最近的几个最高法院提名人选在才识方面受到批评是有道理的。但像芝加哥上诉法院的理查德·波斯纳、弗兰克·伊斯特布鲁克以及博克等人虽然在法律思想方面的贡献令人瞩目，但这些人不大可能会被参议院接受，因为他们被认为过于保守。同样，哈佛大学教授劳伦斯 H. 特赖布（Laurence H. Tribe）等自由派人士得到参议院接受的可能性也不大，因为他们又被认为不够保守。

遗憾的是，由于国会听证会的过程是政治性的，因此组织严密且媒体关系又好的利益集团所关心的议题反而会成为听证会的询问重点，而某些更重要的议题则会被忽略掉。在意见团体的压力之下，被提名者对于堕胎等问题的立场就成了是否有资格进入最高法院的决定性因素。这些情绪性的争议很吸引眼球，但对多数民众来讲，犯罪问题、企业监管、员工权利以及其他由法院来判决的议题显然更为重要，其中犯罪问题在法院判断的所有案子中占到1/4强。

嘴上说说而已

有个重要的商业议题关系到，联邦法律在什么情况下应该优于地方政府制定的法规。6月份法院做出一项判决，认为联邦政府在农药使用方面制定的法规并不影响地方政府额外制定的其他法规的效力。化工产业对该项判决感到不满。在惩罚性损害赔偿金剧增的情况下，保险业及行业组织开始以自己在判决过程中没有受到正当程序的保护为理由寻求司法保护。然而，最高法院尚未找到限制赔偿金额的宪法依据。

自由派团体质疑托马斯和最近被提名的几个人选是否对过去的判例有足够的尊重。在最近的几次判决中，法院推翻了从20世纪六七十年代初延续下来的刑事诉讼程序，这些人对此其实是很不满意的。因此，这些人嘴巴上说是要尊重判例，但多少有点出于政治方面的酸葡萄心理。不过，沃伦法院（The Warren Court）推翻了那些已经主导刑事诉讼程序达一个世纪以上的先例。最高法院一直没有打算要推翻有关商业和劳工方面的判例。在这些领域里，过去的判例可以维持稳定的法律环境，以利于企业对未来做规划。

只要政府有能力影响民众生活的每个层面，最高法院在经济议题和社会议题方面就仍然拥有很大的影响力。因此，在国会审查法官提名人选时，多问一些和司法训练及法学原理不相关的问题是非常合适的做法。

■ 法官终身制的理念已经过时了（1990）

法官目前面临的压力很大，他们必须阅读过去的判例、法律规定以及宪法条文等，然后根据自己的看法加以解释，这等于是在制定法律。在这种情况下，坚持法官终身制的做法是明智的吗？

亚历山大·汉密尔顿是美国的开国元勋之一，他在《联邦党人文集》里警告说，如果司法部门"喜欢以意志（Will）取代判断（Judgment），结果势将以自己的好恶取代立法机关的好恶"。他认为，如果实行任职终身制，法官就可以独立于政治之外，以诠释宪法为己任，而不是根据自己的"意志"来判案。在19世纪，汉密尔顿的见解似乎没有错，因为法官在当时很严格地限定了自己的职务定位。

不过，进入20世纪以后，随着联邦政府的大幅度扩张，法官的行为也发生了明显的改变。在当代，很多团体通过向政府伸手的方式来解决自己的经济问题和社会问题。因此，政府的行政部门和立法部门大量增加支出、提高税收，同时密集出台了很多法令，结果导致联邦法院里各种诉讼层出不穷。

如今，法官必须对堕胎、公民权利、劳工解雇、财产侵占、艾滋病检测及其他议题进行裁决，而美国民众对这些议题大多持有强烈的见解。在这样的情况下，法官，特别是最高法院的法官，岂能小瞧自己的责任？指望法官去抵制民众的压力，并做到恪守职责，未免不太符合人性。

在乎民意？

博克在最近出版的《美国的诱惑》（The Tempting of America）这本书里，就劝诫联邦法官"要认识到自己是受到法律约束的，不能根据自己的好恶来诠释法律……同时，不论是制定政策或执行政策，都必须在宪法或相关法律里能够找到合理的依据"。他在书中有力地驳斥了某些自由派和保守派人士的想法，他认为法官应该根据宪法来判断什么是公平正义以及什么是适当的经济制度等，而不应该牵强附会地解释宪法来顺应当代的想法。不过，作者虽然说得理直气壮，但他却没有进一步审视这样一个问题：在目前的环境下，法官是否能采纳他的上述建议？

答案显然是否定的。其原因是，法官和其他专业人士一样，都希望受到朋友和媒体的欢迎。同时，政府应该扮演什么角色才算合适的问题，法官们也会受到社会主流想法的影响。除此以外，他们在学生时代以及从事司法工作后所接触到的思想也对他们产生了影响。而目前舆论的看法是，一旦社会上出现了问题或纷争，马上就会想到政府（包括司法机关在内），认为政府应该出面解决这些问题。在这样的气氛之下，法官必然会努力做出回应。由于他们的职务是终身制，因而在面对这些问题时，就不必担心再度任命或被迫辞职等问题了。

法院的判决对每个人都会构成很大的影响。因此，参议院在审查最高法院法官或其他联邦法官提名人选时，都会针对具有争议性的问题，仔细询问他们的看法。这是适当的做法，过去虽然少见，但由于法院现在的影响力扩大，法官有时候也得根据自己的意见来做出判决。在面对这些压力的情况下，参议院对法官的提名严格审核是有必要的。

正因如此，大卫 H. 沙特（David H. Souter）在获得最高法院法官的提名时，不得不把他对重要的社会议题的总体思路和具体想法讲出来。但光是对提名人选严格审查还不够，我认为有必要推动更大幅度的改革。根据宪法规定，联邦法官的职务是终身制，但在最高法院法官威廉·小布雷纳辞职以及几位年迈法官也可能辞去职位的情形下，是重新思考这个宪法规定的时候了，因为司法部门事实上已经成了第二个立法机构。因此，应该考虑以修改宪法的方式，将联邦法官的职务改为固定任期制，而在任期结束后，可以续任，也可以不续任。

从汉密尔顿在《联邦党人文集》里所做的讨论来看，倘若美国建国者料到法官日后会根据自己的意志来判案，他们应该也会支持固定任期制的做法的。

对这种大幅度改革的细节必须进行仔细规划。但联邦法官的任期可以规定为12～16年，或许最高法院的法官任期可定为16年。就算是定在12～16年，也远比连任两届的总统任期来得长，通常也会超过下届总统的任期。法官的任期必须够长，让法官的判案不至于受民意短期变化的左右。但同时，对于某些健康状况不佳、能力不足的法官，或大放厥词、胡乱判案的法官，以及那些对法令或宪法做出不合理的解释而长期违背民意的法官，总统也应该有权不让他们续任。

担任联邦法官的人数不多，但对美国民众的生活影响力很大，因此对他们的权力加以控制是有必要的。

■ 法院不应该成为解雇行为的裁判（1989）

蒙大拿州出台的《蒙大拿州不当解雇法》近期得到了该州最高法院的支持。㊀这是全美唯一的一部禁止公司在不具备"合理缘由"（good cause）的情况下辞退员工的法律。一家企业是否可以辞退员工，得在被辞退的员工提起诉讼后由法院来决定。

尽管这部法律对解雇赔偿金做出了严格的限制，并规定雇主不承担精神损害赔偿责任，㊁但从总体上看，这部法律的出台是个错误。除非受到明确的工会或非工会合同的限制，解雇员工应该继续由雇主说了算——用法律术语说，就

㊀ 应该是指"蒙大拿州最高法院根据专家证人的意见支持了一项支付给原告 28 年未来工资损失的赔偿"，参见 http: //article.chinalawinfo.com/Article_Detail.asp？ArticleID=62326。——译者注

㊁ 根据该法，劳动者有权获得的损害赔偿限于自解雇之日起不超过 4 年的工资收入和利息以及其他有关收益。如果雇主违反公共政策而解雇员工，或者雇主解雇行为存在事实上的欺诈或恶意，则员工可以获得惩罚性赔偿；但是，不能获得因精神痛苦、情绪沮丧引起的精神性损害赔偿及其他补偿性损害赔偿。参见 http: //data.110.com/a285063.html。——译者注

是"任意雇用"或"无过失责任"。毕竟，如果合同没有规定任职期限，员工是可以辞职的，而无须证明雇主行为不当。

美国大部分行业的企业和工人面临着其他地区的产品生产商所带来的激烈竞争。用如此低效率的雇用制度来增加企业负担特别不合时宜，从短期来看会增加企业成本并降低企业利润，从远期来看，主要损害的是员工的利益。

经济效益要求管理层基本上能决定哪些员工最能满足企业的需要，并且能辞退那些不合群或做不到物有所值的员工。如果雇主不得不为争夺员工而展开竞争的话，通常就会出现雇用和薪酬都达到合理水平的结果。有了竞争，如果员工得不到应得的报酬，他们就可以跳槽到其他公司。同样，如果企业获得了待遇公平的名声，就能够吸引到素质更高、忠诚度更高的员工。

罕见的情形

一些员工遭到解雇的原因是经济不景气或企业陷入困境，其他一些人遭到解雇则是因为在他们刚开始工作后的表现不尽如人意。研究表明，绝大部分人失去工作后很快就找到了报酬差不多的新工作，他们很少与辞退他们的人对簿公堂。

不当解雇的诉讼案更有可能出现在下列情况中：新任主管解雇跟自己合不来的资深员工；管理层决定重新雇用员工；新任老板认为某些员工的工资过高。提起诉讼的总是那些长时间内未找到工作或者为了获得一份新工作而不得不大幅降薪的被解雇员工。他们往往是资深老员工。管理层担心陪审团会对那些被辞退的老员工抱有同情心，因而大部分人提请诉讼，是希望跟管理层达成庭外和解协议。

在蒙大拿州的案子中，一家养护中心的负责人称，原告是因为单位重组而遭到辞退的，然而这个提起诉讼的46岁老员工则声称，雇用方违反了一种默认的共识：他可以在这家单位一直待到退休。这名员工的想法并不现实，试想在未来极不确定的高度竞争环境下，有多少家小公司能够做出如此长期的雇用承诺？

但是，在该案的背后，存在一个非常典型的状况：许多非法解雇案都源于员工一厢情愿地认为他们所签的雇用合同默认他们会持续工作下去。然而，大多数行业处于瞬息万变、充满竞争的环境中，这种默认的共识应该从什么时候让位于这种环境的需求？法院并不是解答这个问题的好地方。

糟糕的替代

在劳资关系方面，法官主要扮演的角色应该是维持雇主间的正当竞争并执行劳动合同。法庭应该做到的是，发现是否违反了劳动合同，或是确定合同在种族、性别和宗教等方面是否存在明显歧视。本来应该由相互竞争的雇主来评价员工的生产率，但陪审团和法官却替代雇主来做这件事，实在勉为其难。为什么要把大量的资源耗费在那些不符合经济原理且会加剧劳资关系不确定性的诉讼上呢？

不是法律要求雇主证明雇员"无过错"，而是一旦遭到解雇，员工就得对有关离职条件，尤其是报酬方面的规定做出清晰的说明。目前，这些东西在大多数大企业里是有明确规定的；也许，让所有企业都制定出相关规定是有用的。但是一些国会议员和州立法者急于更进一步，针对不当解雇出台一些在政治上有吸引力却含混不清的法律。一些欧洲国家的法律甚至更为极端，彻底禁止雇主解雇员工的权利，除非员工的行为特别过分。

不当解雇法证明，美国的立法机构倾向于把责任推给法官，而法官必须解释和实施一些从经济上讲不通且不适合法院裁决的政策。社会主义国家正在摸清依靠竞争而非规则来管理经济的重要性。为什么资本主义国家反倒忘记了呢？

利益集团和政治决策
The Economics of Life

本部分讨论的是各种特殊利益集团的问题。这些利益集团通过推动立法的方法，来为本团体成员争取利益。例如，大多数发达国家里的老年人，都从政府那里得到很多的医疗补助和养老补助，正是因为老年人群体发挥了相当大的政治影响力。同样，某些产业支持政府制定的所谓"产业政策"，是因为这些政策有助于减少进口产品的竞争压力，而且也会带来更多的政府补贴。另外还有个例子：有些人为居无定所的美国游民争取权益，他们一度故意夸大游民的数量和生活上的困难，从而引起了公众的注意，并获得了政治上的支持。

有些经济学家认为，政治人物和政府官员主要关注的是如何提高效率和福利，不过，上述及其他例子表明，这些经济学家实在是太天真了。然而，以客观的角度来分析各项公共计划及政府法规，即使短期对政策不会产生什么效果，但长期而言，还是可以发挥不小的影响力的。

加里多年前研究过义务兵役制，他发现，这种制度的短期影响和长期影响之间既有差异，又存在着关联。1957年夏，加里为兰德公司写过一篇题为《反对义务兵役制的案例研究》（*The Case Against Conscription*）的论文，文中强烈呼吁实行志愿兵役制。作为兰德公司当时的主要赞助方，美国空军禁止兰德公司发表这篇文章，因为空军认为义务兵役制帮助空军征募到了高素质的"志愿兵"。通过这次经历，加里认识到，实行志愿兵役制当时在政治上是行不通的，于是将文稿束之高阁。

但是，越南战争开始后，很多年轻人强烈反对被征召入伍，于是征兵方面的政治观点发生了根本性的转变。这种反对迫使尼克松总统召集了一个委员会，来建议美国转而实行全志愿兵役制。1979年废除了义务兵役制，取而代之的是全志愿兵役制，这种改变在20世纪50年代在政治上是不可想象的。此后，志愿兵役制一直运行良好，很多国家纷纷效仿美国，并废除了强制兵役制。

利益集团
The Economics of Life

■ 无家可归的游民"危机"被过分渲染（1994）

为游民而奔走的玛丽·杭伯丝（Mary Hombs）和米奇·史耐德（Mitch Snyder）在1982年合著的《美国游民》一书中，估计美国当时的游民人数大约在200万~300万之间。他们提出的数字那么大，让人觉得游民问题实在是美国社会政策的一大败笔。

按他俩的话说，在20世纪80年代，100个美国人中至少有一个是无家可归者。但这样的估计根本就是不可信的。事实上，那本书出版几年以后，史耐德本人就坦白当初估计的数字并没有事实依据，是有人逼他们在书里说个明确的数字，因而只好信口胡编。

虽然如此，还是有不少人相信他们瞎编出来的数据。在20世纪80年代初，大城市的居民可能会相信这些夸大的数字，因为他们自己就经常看到越来越多无家可归的人，晚上睡在走道上或公共建筑里，而到了白天，就把全部家当放在超市的购物车内，推着它们在街头到处流浪。但是，大多数美国人并不是住在大城市里。而在美国那么多的小城小镇里，并没有看到那么多的游民。

杭伯丝和史耐德胡编乱造的数字固然不足信，但却刺激了更多人想弄清楚更精确的数字到底是多少。当时任职于芝加哥全国民意研究中心的彼得 H. 罗西

（Peter H. Rossi）就是领头人物之一。他派访查员深夜走上街头进行实地统计，以此计算出了20世纪80年代中期芝加哥的游民人数。结果发现，芝加哥大约有3 000个游民，与当地某些为游民争取权利的团体所宣称的人数相比，还不到1/8。但这些团体后来反过来抨击罗西，说他不关心别人的生活，故意压低游民的估计数字。不过，与批评者相比，罗西所采用的估计方法要科学得多。

都市印象

社会学家克里斯多夫·詹克斯（Christopher Jencks）在其新作《游民》（*The Homeless*）一书中，对罗西等人所做的估计进行了仔细的分析。他的看法是，游民的界定本已很困难，要估计这些人的数量就更困难了。不过，他在1990年3月进行了最后的预估，结论是，晚上必须睡在公车站、人行道或废弃屋等原来不是给人居住的地方的人，在美国大约有30万。

詹克斯的研究的确表明游民的人数越来越多。在纽约、芝加哥等大城市里，无处栖身的人随处可见。从20世纪70年代末期到80年代中期，游民的数量似乎已经增加了一倍以上；在20世纪60年代和70年代，或许也增加了不少，但增加的幅度似乎比不上80年代中后期那么大。

与电视报道以及为游民争取权利的团体所宣传的情况不同，在这些游民中，有小孩的家庭所占的比例还不到1/5，其余的大多是单身男性，而几乎所有的游民家庭都是在能够挡风遮雨的地方过夜的。就算是平常睡在路上或公共场所的人，如果需要遮风避雨的地方，虽然住起来不舒服，但想找个这样的地方，还是能够找到的。

对于游民人数不断增多的原因，詹克斯做了很好的分析，而且也提出了不错的建议来减少游民的人数。不过，我在这里想谈的，不是游民人数增多的原因，也不是如何解决这些问题。我所关心的是，为游民争取权利的团体是如何让公众及媒体误以为美国的游民已经变成了大问题的。

常识问题

事实上，可信的估计表明，虽然美国游民人数的增加令人不安，但这些人所占的比例却很小。相对地,有很多更严重的社会问题,却是直到近几年才开始受到关注的,其中包括:城市在20世纪六七十年代的抢劫及其他人身攻击犯罪的发生率节节攀升、高中辍学者的收入在过去20年来急剧下降以及贫民区的学校教育质量明显下降等问题。

除了游民人数被不恰当地夸大以外,一般民众还经常因为很多过分渲染的数字而深受影响。例如,可能会得艾滋病的人数,健康医疗制度大幅度改革会为个人储蓄带来的好处,某些食品添加剂会对人体健康造成的伤害,以及世界人口到2050年会变成多少等。对于复杂的问题,有时候并不容易分清哪些说辞是真实的。不过,有两个可以用常识来判断的方法,倒是可以让人把问题看得更清楚。第一个,就是看看提出这些说辞的人,会不会因为故意夸大问题的严重性而得到好处。第二个,就是看看这些说辞有没有事实根据。有时候只要稍微查证一下,就知道有些说辞是没有什么根据的。

如果过去有关游民数量的估计,也能用这些方法来加以检验的话,那么史耐德等人就不可能那么严重地误导美国民众了。

■ 削减养老开支(1994)

俗话说得好,人要服老。尽管变老如今依然存在诸多不利之处,但在过去几十年里,随着医疗技术的进步、反年龄歧视立法的完善以及对社保、残疾、医疗支出投入的加大,老年人的护理负担已然减轻。显然,社会应当对需要帮助的老年人伸出援助之手,但美国等富有国家仍为那些相当富有的老年人提供补贴,这未免有些太过头了。这给年轻一代带来了沉重的负担,不久之后还可能引发公开的代际冲突。

社会保障福利和政府在老年健康方面的总支出在国民生产总值中占7%,从1970年占联邦财政支出的20%增加到今天的30%。德国、瑞典等其他富有国家也是如此。福利支出方面的增长是引发美国及欧洲诸国财政预算危机的重要因素之一。

老人护理方面的支出一定程度上导致医疗费用在过去10年内迅速增长。即将实施的医疗改革能否减弱这一影响，结果不得而知。尽管60岁以上的老人仅占美国总人口的12%左右，但他们的医疗花费却占到医疗总支出的40%。老人更易患致命的疾病，因此，即使在理想的医疗体系中，他们也会占用大份额的医疗支出，这是理所当然的事情。但一些健康专家指出，保健预防方面的支出太少，垂延生命方面的支出过度。

老龄人口比重加大

如果一国的老龄人口只占总人口的一小部分，那么对这些老人慷慨些是没什么困难的。但是，工业化国家的情况却并非如此，出生率不断下降，预期寿命不断提高，使得60岁以上人口比重不断增加。1960年，美国老年人的比重尚不足10%，而到2020年，这一比例预计将上升至20%。到2020年，日本的这一比例预计将达到30%，而德国预计到2030年这一比例将突破1/3。

老龄人口比重加大的趋势意味着，为了给老人提供医疗福利而日益加重的税负负担将由占总人口比例更低的一部分人来承担。最近发布的美国联邦预算报告估计，刨除社保及其他联邦支付项目外，1920年生的人所缴纳的税占其平生收入的比例不到30%，而对现在的年轻人来说，这个比例接近37%。这些人口统计上的趋势肯定会持续下去，因此，该报告估计，现在正当年的劳动者在未来20年内所缴纳的税额将超过其收入的66%。其他估计显示，不久以后，德国的社会保障税将上升至占工资30%的水平，才能维持先前的养老金水平。

将财富从年轻人转移给老年人，这并不是产生代际矛盾的唯一原因。1967年颁布的反年龄歧视法引发了一系列诉讼，上了年纪的员工控诉自己遭遇到不公平的解雇，在收入、晋升方面受到了歧视。这类诉讼已经成为联邦法院中数量增长最快、最容易胜诉的一种诉讼类型。即使老年职工这个群体的失业率最低，报酬最好，拥有最好的工作，但陪审团还是极为同情他们。

游说的影响力

尽管那些需要强健体魄和年轻人特质的行业都有免责条款，但1986年，国会仍通过了反年龄歧视修正案，取消了强制退休机制。该修正案的目的在于，让经济能继续受益于老员工的熟练技艺，并通过保留更多的老年劳动力来减少社保系统中的浪费。但讽刺的是，尽管60岁以上老人的健康状况整体有所提高，但其他法律，尤其是社会保障和残疾人法案，却使得劳动力市场中老年员工的人数急剧下降。

在大多数国家，老年人游说团体发挥了这种政治影响力，尽管纳税人怨声载道，但政府也不敢轻易削减老年人福利。当然，英国最近终止了几项固定津贴的发放，德国也希望稍微削减其庞大的财政转移数额。克林顿政府虽然正在急切寻找途径来为福利改革和扩展后的职业培训计划提供资金，但似乎已经有意回避了适度削减社保福利的提议。

我认为年轻人最终会对税收及其他重负说"不"。他们会要求对财富向老年人的转移实行限制措施，甚至会要求对反年龄歧视法和退休法做出大幅改动。为避免年轻一代和年老一代的反目，政治家们现在就应该减少这些提供给老年人的津贴和特权。

■ 新总统上任，政策不会改变（1993）

克林顿在这次总统选举中战胜了布什，联邦政府的政策会有什么变动吗？历史经验表明，不会有什么改变。

在民主国家里，政党间的权力更迭通常不会对公共政策造成什么影响。英国在第二次世界大战后，担任过首相职务的麦克米伦、希斯及其他大多数保守党领袖，其施政方针和艾特礼、威尔逊等工党领袖没有多大的区别。撒切尔夫人是个例外，但她是在保守党事先没有防范之下，才有可能在政策上出奇制胜。

美国的民主党和共和党在过去50年中的状况也差不多。尼克松总统宣称要支持自由市场，但他却成了第一个在和平时期实施工资和物价管制的美国总统。同时，在他任内，联邦政府有关商业监管法令的出台速度也无人能及。后来里根总统的确为取消监管和重建美国的军事力量做出了贡献，不过这两件事在卡特总统任期内就已经开始了。

布什总统的状况，是最好的例证。在他的任期内，各种有关劳动力、市场以及环境保护等法令，都以极快的速度不断增加，而联邦政府支出也跟着快速上升。我不禁怀疑，如果1988年的总统选举是杜卡基斯胜出的话，这些趋势的演变会有什么不同之处吗？另外，虽然布什否决了33项由国会通过的提案，但控制国会多数的民主党，反倒是靠布什总统动用了否决权，才不致让人以为民主党的提案是在哗众取宠。

中庸之道

对于这种两党"各吹各的号，却吹同一调"的现象，实在不用感到烦恼，如果每逢换党执政，政府的预算和财政政策都出现大幅度变动的话，那么政治制度将会变得一团糟，经济和社会政策也会变得难以收拾。而且，如果每次由新的政党执政，关税政策、环保法规等方面就大幅度改弦更张，那么企业就无法在投资和用人政策上进行长期规划。

如果各个相互竞争的利益集团在权力分配上能够维持稳定，而民众的投票行为也不会忽然转向，那么政治制度就能维持平稳。布什在位期间，面临着各种压力：继续维持宽松的社会保障和医疗补助计划，继续维持社会福利和食品券计划，支持农产品价格补贴政策，削减来自日本汽车的市场竞争。相信就算是民主党执政，这些压力也一点都不会减轻。

中间立场

民主党内的干预主义者认为，应该扩大联邦政府的规模；不过，克林顿明智地认识到这并不是选民所要的。到目前为止，他任命的财经官员，除了美国总统经济顾问委员会主席以外，在立场上都算是温和派。虽然克林顿让主张政府支出应该扩张的人来负责转移支付和社会服务等事务，但我认为，民主党内部的自由派人士应该不会对克林顿所做的决定感到不满意。同样，布什总统也知道，鼓吹自由市场理念的共和党人士，认为应该大幅度缩减政府自主的计划，但这种做法并不会获得全面的支持。

事实上,两个人的政治主张都稳稳地站在中间立场,主要的差别只是体现在细节上。因此,不管选举结果如何,政府政策都不会有太大的不同,特别是有关国内的事务,而国内事务正是这次竞选中最重要的议题。

历史学家在分析重要人物所扮演的角色时,会以更宏观的层面来看问题。当然,像罗斯福、里根、撒切尔以及戈尔巴乔夫等关键人物在位时,个人的因素就相当重要了。他们能够掌握并推动民意趋向,也能够掌握政治势力的分合。当然,有时候他们认清某些改变是不可避免的,只需顺水推舟,因势利导就行了。不过,大多数时间能够真正决定事情的,并不是在位的那个人,而是潜在的经济力量和社会力量。用股票术语来说,就是政治的"基本面"。虽然布什和克林顿两人都有相当的才华,但他们都不能算是真正的旷世奇才。

但这并不表示,有特定政党认同的人都受到了误导。执政党的确会有所不同。与布什比起来,克林顿会更愿意把联邦预算用在道路等基本设施上,更在意环保团体对温室效应的呼吁,更愿意对工业产品的开发提供补贴,更可能会实施保护主义的贸易限制,更宽松地对待堕胎问题,更支持那些不太赞同自由市场理念的法官。不过,这些不同之处,并不容易从联邦政策的统计趋势上看出来。

布什也好,克林顿也罢,抑或是佩罗特,不管是谁当选总统,对政策的影响都不会太大。不过,那些投入大量时间、精力和感情支持某位候选人的人,是无法接受这种看法的。但是,如果竞选热心人士和选举捐助者的热情就能让选举获胜后的公共政策发生大幅度改变的话,那么这种制度是远远比不上西方民主国家以稳定为重的制度的。

■ 北美自由贸易协议:污染问题只是幌子(1993)

美国有些人反对北美自由贸易协议(NAFTA),他们认为,墨西哥的环保及劳动力市场的法规都不完善,这导致墨西哥的生产商得不到公平的竞争优势。尽管从政治角度看,发达国家和发展中国家之间应该具有公平的竞争环境,但是，发展中国家的法规不完善并不能证明贸易限制的合理性。

全球消费者都从自由贸易中获益。实行自由贸易，发展中国家的消费者就能更容易购买到发达国家生产的高质量产品。发达国家的消费者能从欠发达国家进口更为廉价的产品，只要产品安全，他们并不在乎这些国家的劳动力市场和环保方面的相关法规是否尚不健全。

有人认为自由贸易加大了环保及其他方面法规不健全国家的出口，从而导致国家间出现了"人为的"劳动分工。但是，贫困国家在清洁空气、最低工资法及其他相关法令上的投入比富裕国家的少，它们在教育和培训上的投入也较少，这些都是无可厚非的。当然，没有人抱怨说，人力资本投资差异大大影响了全球范围内的分工。

环保效应

研究发现国家人均收入与其在环保投入上有着积极紧密的联系。在墨西哥总统卡洛斯·萨利纳斯·德·戈塔里（Carlos Salinas de Gortari）的管理下，墨西哥的环保投入急速攀升，已经超过了国民生产总值的1%。NAFTA能够使墨西哥受益，也就会使其能够在环保方面付出更多努力。

美国很重视对墨西哥过境污染进行立法限制。这也是为什么NAFTA含有如此之多环保限制，堪称史上最为"绿色"条约的原因之一。这种跨国影响的一个突出例子就是1980年墨西哥美资工厂计划所导致的大范围污染。该方案允许墨西哥一方的工厂向美国自由出口。一个减少边境污染的好处是，一些边境加工厂会迁往墨西哥内地，他们无须再为了能够进入美国市场而紧靠边境。

白宫和众多国会议员希望成立NAFTA委员会，去调查来自于墨西哥的进口污染是否归因于环境保护和劳动力市场法规的欠缺。但是政治行动不能客观地判断出，究竟是哪种商品成功渗透进了市场。因为所有出口国环境及其他相关体制都相对欠佳。美国和欧洲对外国生产商的反倾销调查就不那么让人信服，因为调查结果的产生是出于政治考虑，而不是基于对相关证据的详细分析。

出于对NAFTA或其他贸易协议的考虑，我们必须认识到发达国家人力资源市场，乃至一些环境相关法规体制已经过于严格。自由贸易协议在一定程度上削弱了这些体制，因而发达国家无须再煞费苦心，对来自于发展中国家的进口商品处处设防。美国工会和几家实力雄厚的游说团体反对NAFTA，部分原因就是该协议削弱了他们对政策的影响力。

在独裁者或独裁政党统治下的发展中国家，多数市民渴望的法规得不到实施。削减与这类国家的贸易往来也许并无大碍，就像许多国家拒绝与采取种族隔离政策的南非进行贸易一样。而在墨西哥、智利、阿根廷以及许多东欧国家，民主政治已经取得胜利，并且许多其他发展中地区也在积极寻觅进入新兴市场的机会，所以迎合大众需求的法规体制在这些地区应该能够得到通过。

民主国家的工人及消费者应该自主决定所需法规体制的管制范围和类型，而不应受制于外部经济强势国家所施加的过度的压力。这在美国与拉丁美洲国家的双边谈判中是一个极为敏感的问题，因为过去美国会时不时地将本国民主政策强加于人。

空穴来风

毋庸置疑，NAFTA会对美国特定经济领域造成冲击。因为当美国市场对墨西哥进一步开放后，一些工厂将会南迁。长久以来，商界和工会就对不正当竞争抱怨不断，而从法规管制相对宽松的经济体进口商品，会使得这种抱怨更具政治影响力。

然而，美国贸易代表办公室调查发现，400多个被检行业中，只有11个因NAFTA而易受环境法规、降低关税措施以及其他相关法规体制之间的差异带来的影响。尽管人们对这一结论嗤之以鼻，但这项调查以及其他相关研究清楚地表明，自由贸易协议将会给美国经济带来小而全面的积极影响。NAFTA将有利于美国经济发展，而不会助长来自于墨西哥的不正当竞争。美国应该尽快签署该协议，而无须对其再做修改。

■ 农业补贴等平权行动的效果如何（1992）

保守党的很多知识分子强烈反对平权行动计划中的配额及其他内容，但自由党成员们却狂热地鼓吹这些计划。然而，当人们思考肯定性法案的本质的时候，内心深处的情感似乎发生了错位：与很多其他计划相比，这种联邦规定造成的损害较小，但它确实伤害了一些人，因为它迎合了具有政治影响力的少数族裔。

我不喜欢平权行动计划对某些群体制定配额及其他规定的做法，但有些反对者，尤其是一些知识分子，对平权行动计划感到绝望和愤怒，这让我感到困惑。尽管很少有人粗略地估计过这些方案所产生的社会成本和社会效益，但我却非常怀疑某些其他补贴和法规会造成更多伤害。例子包括：房地产行业在税收和其他方面的一些优惠政策，社会保障福利税所导致的老年人就业参与率的降低，因对进口汽车、纺织品、电脑芯片实行配额以及最近出现的钢铁配额等导致的消费品价格上涨，等等。

反对平权行动计划的力量可能非常强大，因为这些方案的后果是显而易见的：例如，这些计划实施后，那些成绩较差的学生得以进入法学院、医学院和一流大学就读，少数族裔可以晋升到高层职位，而其他更具有资格的人则被拒之门外。当然，大多数其他计划的危害是间接的，或者说是看不见的。

伦理诉求

一些反对者认为，平权行动法令不如其他政府计划，因为其标准有与之俱来的特性，如种族、性别、民族血统等。但其他与内生特性毫无关系的计划往往只是惠及了一小部分人。例如，不是在农场长大的人成为经营性农场主的可能性几乎没有。这样说来，城里长大的人在某种意义上就享受不到农业补贴。

支持者们否认平权行动计划只不过是政治权力的结果，他们认为，从公平的角度看，过去受到歧视的人就该得到补偿。反对者们同样坚持自己的观点，认为配额违背了我们文化中的同等技能同等报酬的原则，他们反对让当前的这一代人为过去发生的歧视行为负责的观点。

在这次辩论中，双方都提出了有效的论点，但是有关利益的论据却大部分集中在道德和伦理方面，这在一定程度上是为了得到其他选民的支持。你上次听到有人支持政府方案，理由是想从政府方案中得到好处，这是什么时候的事了？尽管共和党人反对配额这一举动帮助共和党在全国范围内取得了政治进展，包括得到了原来支持民主党的白人男性蓝领工人的支持,但是,平权行动计划如果只得到了黑人、妇女和其他受益人的支持,那么显然是没有政治可行性的。

怀疑的阴影

对于大多数其他政府计划而言,有些人并没有过多地受到某种影响;要是得不到这些人的支持,这些计划是不可能得到实施的。的确,克莱斯勒公司的管理层和员工自身在10年前是没有足够的政治影响力来获得联邦财政的高额救济款的。在过去70年里,美国一直对蔗糖进口实行严格的进口限制,为数不多的蔗糖种植户如果单枪匹马,是不太可能做到这一点的。把自身利益上升到更广的道德角度和伦理角度是必要的,正因如此,没有哪位企业管理人员会以自己可能会丢掉工作或遭到大幅减薪为由来申请政府补贴,相反,他会抱怨来自国外的不公平竞争,或者,编造谎言来吓唬选民,说如果得不到补贴,国防将受到威胁,就业机会和股东权益都会受损等。

反对者充分利用的一点就是,平权行动如何贬低了那些最符合条件的少数群体成员所取得的成就。这些能人承受着巨大的心理压力,因为有人怀疑,如果没有平权行动计划,他们还能否取得成功。耶鲁大学法学院黑人教授斯蒂芬 L. 卡特(Stephen L. Carter)在他的《对平权行动的思考》(*Reflections of an Affirmative Action Baby*)一书中,满腹心酸地描述了他遭遇这种态度时的经历。

当然,对于那些取得成功的少数群体成员,怀疑他们的条件和资格是令人遗憾的。但是,有据可查的研究表明,政府实施的每一项计划都会伤害一些人,甚至经常伤害到受益群体中的一些人。例如,在农作物种植面积方面的限制计划有时会让富农受益,但牺牲的却是贫农的利益,因为他们在土地分配时没有得到公平的份额。

平权行动计划属于政府法令,有着复杂的成本和效益关系,认识到这一点并没有平息它们是否可取的争议,但有助于我们把争论的焦点放在真正的问题上:与那些几乎没有产生争议的政府计划相比,平权行动计划是造成了同样多的伤害,还是带来了同样多的好处呢?

■ 道路破损及警力不足等问题备受冷落，原因何在（1988）

连保守派人士都承认：政府在基础建设上的支出是经济能否健康增长的重要决定因素。政府的功能，既要保护民众免受外敌入侵，又要打击犯罪，确保民众的生命财产安全。同时，政府也有责任提供道路、桥梁、下水道以及学校等设施。

50年以前，各级政府预算支出中，有一半以上是花在学校、道路建设、卫生设备、警力维持、消防设备以及国防军费上面。不过，虽然冷战期间的国防支出有大幅度膨胀，但第二次世界大战后，联邦政府在基础设施上的支出明显削减，目前只占政府支出的30%左右。其他的预算，都用到社会保障、医疗补助、社会福利、对农业及住宅的补贴以及数千个其他一些利益集团收益的社会计划上去了。

当然，富裕且公平的社会应该开展一些社会计划。但是，有人能怀疑美国对犯罪提供了不当的保护吗？有人能怀疑美国的公立学校让很多年轻人几乎得不到什么教育吗？有人能怀疑大城市里的道路、桥梁以及很多州际公路的维护做得很糟糕吗？

坎坷之旅

最近我和我太太从芝加哥开车到科德角海湾度假的时候，就开始思考这些问题。我们知道车里满载着东西，车子停在餐厅或汽车旅馆外的时候，很可能会成为小偷下手的对象，于是在车上装了防盗器。我们也知道如果发生意外的话，目前法院待审案子堆积如山，打个官司都得花上好几年，所以也核查了汽车保险是否够用。开出芝加哥后，路上到处坑坑洼洼，崎岖不平，短短的路程倒成了一趟紧张刺激的探险之旅。印第安纳州的公路维护得还不错，但宾州的80号州际公路和以往一样差劲，让人觉得坎坷难行，简直不可救药。而康乃迪克州的公路，也好不到哪里去。

老实说，政府的很多重要职能都被忽视了，这很糟糕。除了道路无法令人满意外，法院审理案件时拖延成风，使得民间为了绕开法院而私下进行仲裁的现象越来越普遍。另外,由于警力不足以及管教制度的欠缺,私人警卫、报警设备及其他保安系统等设施也得以快速增长。很多普通市民不相信他们能依靠警察的保护而免于遭到抢劫和暴力攻击的威胁,而这个事实已经成了某些人强烈反对政府实施枪械管制的理由。

美国的军费支出在20世纪70年代大幅度下降,现在也只不过是略有增加而已。美国的军方有没有能力应对突然发生的核战争、能不能打赢长期的传统战争?专家们对此意见不一。不过,我这个门外汉倒是持悲观态度。

有人选择在郊区或小镇上居住,理由有很多,但美国大城市里的高犯罪率及令人担忧的公立学校,倒是相当重要的原因。如果纽约市的犯罪率像20世纪40年代那么低,公立学校也像当时那么好,而且街道和人行道也能一样好好维护的话,那么家里有学龄孩童的人,一定会更加愿意搬到纽约去住的。

负面效应

美国的联邦政府、州政府以及地方政府的支出几乎占国民收入的1/3。政府支出这么大,基础设施却弄得这么糟,这看似矛盾,却很容易解释。基础设施薄弱的主要原因是各级政府都在忙于其他事情,而没有把注意力放在负责基础建设的官员身上;同时,政府在社会福利和照顾利益集团方面的支出快速增加,激发了要求政府大幅度改革税制并降低边际税率的浪潮。近年来政府面临着巨额的预算赤字,这进一步加重了削减支出的压力,而削减的正是那些在政治上可行的方面的支出。

糟糕的是,在预算赤字和反对加税的双重压力下,政府不仅削减了很多次要计划的支出,而且还削减了在道路、学校、法院、警力以及军事等方面的支出。这些基础设施项目不是由利益集团资助的,在政府削减其预算支出后,它们的情况会更糟。

不过,私人部门在管理学校、医院、仲裁、监狱道路等多种基础设施方面的能力,要比公共部门来得高明,因此当政府支出面临预算压力的时候,民营化的措施倒是应运而生。不过,主要的经费还是由政府提供。例如,虽然民营的监狱越来越多,但仍然受到州政府的财务支持。而民众如果在私人医院住院接受治疗，也能得到政府的医疗补助。因此，如果公共资金不足，民营基础设施的质量也会受到影响。

利益集团不断地对政府施压，要求对农产品价格给予补贴，也要求继续推动社会保障等大型政府计划。如果有人以为这些利益集团的势力会减弱，那是不切实际的想法。因此，道路问题、打击犯罪以及其他重要的政府职能等，大幅度改善的机会并不大。在其他政府计划的规模缩小之前，只怕这些基础建设项目还是会一直遭到忽视。

产业政策

The Economics of Life

■ 给克林顿的备忘：日本的强大，并非源于产业政策（1993）

在20世纪80年代，西方国家有很多书籍和文章为日本所取得的经济成就大唱赞歌，认为政府和企业联袂造就了日本强大的经济实力，开创了一种资本主义发展的新模式。日本人也开始相信这些媒体对他们的赞誉，以为日本超越美国，在经济上成为全球最强的国家已经指日可待。

认为国家应该制定产业政策的人，把日本在经济方面的成就归功于通产省（MITI）和财务省（MF）在工业及金融发展上所提供的政策指导。通产省的做法是，先选出具有发展潜力的科技产业，然后在民间推动这些产业项目的发展。不过，为什么在推动科技突破方面，日本官员能做得比西方国家好得多？这还是个有待解答的问题。

在西方国家，官员用的是纳税人的钱，而民营企业的资金则是自己的钱，要不就是从银行或股东那里募集到的资金。因此，官员在投资决策方面的表现往往不如那些私人投资者。比如，英、法两国政府为了开发商用超音速喷气客机，都造成了巨额的资金浪费。同样，美国政府为了开发石油和煤炭的替代能源，创立了一家"合成燃料公司"，但后来不得不将其关闭。㊀

㊀ 在20世纪70年代的石油危机期间，美国总统卡特创造了合成燃料公司（Synthetic Fuels Corp.），卡特指望通过培养这一行业使美国成为一个能够利用国内生产的页岩和煤合成石油和天然气的国家，以摆脱对欧佩克的依赖。但是当石油价格暴跌后，这一产业计划也随之崩盘，这一计划耗费了纳税人40亿美元。——译者注

消失的地平线

不过，不管日本官员过去受过多好的训练，多么具有专业能力，日本人现在显然已经不再相信政府有能力来主导经济发展了。他们承认，通产省在20世纪70年代中期开始的创建新产业项目的计划已经失败了。他们也认识到，正是由于通产省制定的政策，导致日本在通讯和生化领域里发生技术革命后，没能做出调整，及时跟上。连日本通产省大臣最近都说，日本应该放弃由政府主导经济发展的念头。

有证据显示，日本官员出现大面积腐败，并且日本经济长期处于最严重的衰退之中，因此日本选民最近把在位长达30年的执政党赶下了台。新一届政府认为，政府对零售业及其他产业的干预，只会事与愿违，因而提出了一个重要目标，就是要在这些领域里推动自由化政策。

遗憾的是，克林顿政府认为，由联邦政府推动新科技开发的产业政策有助于提高美国的经济增长率。政府最近高调宣布，打算和汽车业合作，共同开发油耗低于80英里每加仑的汽车。长期以来，美国政府在产业政策上都失算了，所以我实在看不出这个计划成功的几率有多大。欧洲甚至日本都已经失败了。

日本的模式还包括财务省对金融市场实行控制的做法。不过，日本政府在20世纪80年代后半期的时候已经承认，当日本金融市场面对来自纽约和伦敦的竞争时，很多政府法令不仅没能助上一臂之力，反而还制约了发展。日本目前已开始实施自由化政策，并且向外国的银行和投资机构开放这些市场。

打碎泡沫

不过，还是有人过度夸大了财务省对金融市场的操纵。东京股市在20世纪80年代大幅度上涨之时，有些美国基金经理因为对市场做空而造成了巨额亏损。这些经理认为，日本政府在背后操纵股市及不动产市场，特别是财务省的嫌疑最大。不过，日本的金融市场分散度那么高，认为日本政府或任何政府可以加以操纵的想法是有悖常理的。我曾在1990年5月期的《商业周刊》上撰文表达过这种怀疑。后来日本房地产市场和股市相继崩溃，政府实施了几个振兴计划也都未能奏效，等于是给这些人泼了盆冷水。日本的股市和房地产市场价格，就像南海泡沫一样，出现了过度膨胀。几年前泡沫破灭之后，日本经济就陷入衰退，一直持续到目前。

我最近到东京访问的时候，发现当地民众的情绪由原来的乐观转变成悲观且担忧，要求进行政治和经济改革，这让我感到吃惊。日本的确需要对某些市场放松监管并做出其他改革，但要谨慎为之。毕竟，虽然近几年日本的经济增长有所减缓，但在过去数十年里，一直表现不俗。另外，在这次经济衰退期间，由于日圆相对其他货币的汇率出现大幅度升值，所以日本的出口部门的状况会尤为艰难。不过，日圆未必会持续升值。

目前对日本经济情势的看法太过悲观了，因为日本过去所取得的经济成就与其说是事实，不如说是神话。日本的经济成就是以传统的方法获得的，是劳动力技术水平高、员工吃苦耐劳，再加上由民营企业占主导的创新型企业等因素共同作用的结果，并不是因为开创了一种新的资本主义发展形式。上述因素将继续发挥作用，推动日本经济继续前进。

尽管日本在经济和政治方面绝没有某些专家所宣扬的那么强大，但日本不需要做出大幅度改革，就能维持其强大的经济地位。

■ 美国企业仍具国际竞争力，政府不必过度干预（1993）

有人认为，美国企业在参与国际竞争时，尤其是对阵德国和日本的时候，完全没有胜算。有人甚至还认为，连IBM、西尔斯（Sears Roebuck & Co.）等不久前还属于市场领导者的大公司，在参与国际竞争时也会哀鸿遍野。这简直是荒谬。

事实上，战胜IBM和西尔斯的，不是外国公司，而是诸如苹果、微软、宾恩（L. L. Bean）和斯比格尔（Spiegel）等国内的竞争对手。它们衰败的原因是，未能及时掌握市场的主要发展趋势。西尔斯当初是依靠创造性地把商品目录寄到市区外的家庭，而发展成为百货业巨头的。但该公司却一直未能成功地把市场定位提高到比较富裕的市区家庭。而IBM在20世纪六七十年代控制了全球大型电脑的市场，但该公司却没有预见到个人电脑和工作站会变得日趋重要起来。

不管在哪个国家，成功的企业最终都会失去当初的开创力。"富不过三代"这句老话常被拿来描述家族的兴衰，事实上，这句话对企业也适用：公司迟早都会走下坡路。大西洋和太平洋茶叶公司（Great Atlantic & Pacific Tea Co.）的命运就很能说明问题：在20世纪二三十年代的时候，该公司在美国杂货业独占鳌头，连美国司法部都曾经颇费周折地花费大笔经费来控告该公司违反了反垄断法。但后来大量商店在购物中心设立起来，渐渐吃掉了该公司的市场，而公司自身又未能迅速做出与时俱进的调整，结果现在已经成了同行业中的一个小角色。

并未落后

如果光听批评者的话，你可能会觉得德国和日本已经遥遥领先于美国。当然，不少德国和日本企业经营得非常棒，否则这两个国家就不可能那么成功。日本在生产汽车、消费性电子产品等方面，已经强过其他国家，而德国在机械等高品质产品方面也是蜚声全球的。

不过，自20世纪70年代后期以来，德国的经济增长速度就一直没有美国快。而近几年来，在制造业生产率增长速度方面，美国与日本的差距也大为缩小。美国的服务业生产率居世界前列，而发达国家的服务业所提供的就业机会，所占的比例都在50%以上。

的确，德国和日本在经济上面临的困境，很容易让人误以为德、日两国的企业在国际市场上已不再具有竞争优势。不过，我们也没必要以贬低别国的企业前景，来彰显美国公司仍然具有国际竞争力。事实上，在很多产品和服务方面，例如航天、化学、软件、通信、制药以及证券市场等方面，美国公司仍然是全世界的龙头老大。从国际分工的角度来看，每个工业国都会专门从事几种产品和服务的生产，因为本国企业在这些领域的生产效率最高。当然，没有哪个国家可以在每一个制造和服务业项目里都取得主导地位，但说美国企业的实力已江河日下，纯属言过其实。

在10年前，美国中西部还不是人们心目中的制造业中心。但该区域厚积薄发，在过去10年里成为带领美国制造业出口大幅度增长的重镇。另外，虽然有人声称美国在高科技方面的灵动地位已经被日本所取代，但从商务部所称的几项"领先优势产品"的贸易顺差来看，1986年为160亿美元，到1991年跃升至360亿美元，翻了一番多。

插手干预

美国企业在其他方面也受到批评，包括有人说美国公司管理层过于重视短期利润，而忽略了长期规划。也有人说公司高层主管的薪水过高，未能让基层员工充分参与决策。还有人批评说，美国公司已经开始不注重研发投资了。不过，不管别人怎么说，美国企业有些地方一定是做对了，因为他们在外国市场的竞争中表现得还不错。

在我看来，对美国企业构成最大威胁的，既不是国际竞争，也不是管理不善。美国企业的整体纪录就说明了这一点。当然，有些美国公司的经营的确很糟，需要加以改革。不过，虽然国际市场的竞争在过去几十年里越来越激烈，但不少美国公司在面对国外强劲对手时，还是能够应付自如的。

真正的威胁来自于一个完全不同的方向。经常有人说美国的企业没有从联邦政府那里得到足够的支持。但我们肯定也不需要政府为了监管企业或支持企业而出台更多的错误政策。遗憾的是，新上任的克林顿政府里面，有些决策者认为，为了提高企业在国际市场上的竞争力，政府应该对具有发展潜力的产业给予补贴，应该规定企业为劳工安排更多的在职训练，也应该在环保问题上设定更严格的标准等。我的观点恰恰相反：只要政府不过度干预，那么美国的企业就会继续在国际市场上有不错的表现。

■ 产业政策的迷思（1992）

目前在美国，要求出台这样一项新产业政策的呼声日益高涨：如果某项科技有助于提升美国在国际市场上的竞争力，政府就对其早期开发提供补贴。但我怀疑，政府部门到底有没有能力发挥指导作用，把应用研究计划引向具有商业价值的项目上。不少企业家和投资人急着想开发出具有商业价值的科技。不过，他们应该拿自己的钱而不是纳税人的钱来冒险。

著名的国家科学院成立的一个研究小组最近发布了一份报告，题为《政府在民用科技发展中的角色》。该报告支持出台产业政策，由政府来扶持科技开发。该小组在报告里提出了若干建议，其中包括联邦政府成立一个"民间科技公司"，为仍处于早期发展阶段的应用项目提供必要的支持。我也是国家科学院的院士，但我并不赞同这个建议。当然，该小组进行的讨论要比大多数其他的相关构想更加明智。

我认为，由政府来支持科技发展的做法注定会失败。因为这会鼓励手头上有新计划的企业或产业在政治上展开角逐，以争取到纳税人的钱来支持自己的计划。这样一来，政治人物会青睐于那些比较讨好的计划，而对那些研发周期较长的科技计划避而远之。

亚洲模式

西方国家曾经由政府扶持新科技的开发，但相关经验并没有有效支持这种产业政策的理念。美国在1980年，也就是能源危机发生几年以后，成立了一家合成燃料公司，希望能开发出石油和煤炭的替代能源。但是，国会并没有料到油价后来会大跌，也没有想到支持替代能源政策的政治力量会迅速消失。该公司在1986年就黯然停止营运。

英、法、德三国也曾投入数十亿美元的资金，来成立空中客车公司，希望能靠这项合作计划提高其生产先进飞机的科技基础。在连续几年亏损运营后，该公司终于可以卖出数量还算合理的飞机了。不过，这项计划到底对这些国家的科技基础有多少贡献，则令人怀疑。法国和英国此前也曾经合作开发协和式超音速喷气客机，但同样很糟糕。

支持新产业政策的人会说，不要管这些失败的例子，应该看看亚洲国家成功的范例。新加坡就因为把高科技开发当成经济发展的主轴，而受到不少赞许。新加坡从20世纪50年代后期开始，在很多方面都取得了卓越的成就，该国的人均国民收入年增率，就达6%以上，这是毋庸置疑的。

新加坡在20世纪50年代后期开始建立制造业基地。当时只有简单的纺织业，但后来便快速升级，先从收音机和电视机等基本电器开始，然后进入电脑半导体等高科技电子产品。最近几年，新加坡在金融市场上取得了重要的国际地位，而生化科技已成了新的发展目标。

说得好听

主导新加坡的制造业项目快速转变的是政府政策：政府为推动高科技的发展，明确规定，凡是属于重点产业的外商公司，都将得到政府的大量补贴。新加坡政府还向外商公司提供长期的税赋减免，降低税率，控制工会组织，并帮助解决劳资冲突，同时还提供其他一些优惠措施解决劳资争议。

不过，在这些傲人的数据和炫目的产业背后，却有个不怎么起眼的现实：麻省理工学院经济学家阿温·杨（Alwyn Young）最近发表的研究报告显示，自1960年以来，新加坡整体制造业的生产率几乎没有增长。该国在人均国民收入方面虽然快速增长，但几乎完全是由于政府对在当地投资的外国企业提供优厚的补贴后，股本扩大所造成的。这些外商公司经营得都很不错，但对提升新加坡经济的生产率，却帮助不大。

中国香港是亚洲地区的另一个重要商港，它过去并没有什么产业政策，但人均收入的增长却同样快速。杨的研究显示，香港即便没有产业政策，但近年来不仅生产率大幅度提升，本地制造商的数量也快速增加。

倡议出台新产业政策的人，一定会提到日本。不过，日本在研究开发方面所投入的资金里，有70%是来自民营企业，这个比例比英国、法国以及美国都要来得大。我相信日本通产省及其他政府单位，在主导科技发展上所扮演的角色受到了过分渲染。日本政府对产业生产率的影响并不大，如同日本政府对东京股市没有多大的操纵力一样。

很多人提出倡议：政府在推动经济发展方面，应该扮演更重要的角色。上述新产业政策就是这些倡议中最新的理念。有人认为，政府所支持的研发计划应该侧重于不具商业价值的基础研究方面，而民营企业则应该把资金投入到具有获利能力的科技上。这种说法颇为动听，但我们可不能上当受骗。

■ 不制定产业政策，就是最好的产业政策（1985）

自1973年以来，全球经济大多是处于衰退状况。在这期间，利益集团得以动用其政治影响力来获得政府补贴、有利的法令及其他方面的政府协助，从而做出调整来适应不利的经济环境，这些集团包括农场主、实业界人士、企业主管及劳工等团体。不管是资本主义制度、社会主义制度，或共产主义制度，这些利益集团都能对政府政策造成影响。不过，政府对经济活动拥有控制权的国家，往往也是利益集团最能发挥影响力的地方。

这样的结论，让人怀疑政府大量干涉经济决策，尤其是通过产业政策来主导产业发展的做法到底是否明智。很多人建议美国等资本主义国家采取这种政策。里根政府倒不怎么信这一套。但是，如果美国经济陷入严重衰退，而制造业的表现又疲弱不振的话，那么支持制定产业政策的呼声会再次响起。不过，美国等国家的经验表明，一旦政府出台产业政策，那么劳方、资方或其他利益集团都会想要操控这些政策，以争取自己的权益，而不会考虑到国家的整体利益。

缓慢死亡

美国的钢铁业就是一个很好的例子，从中可以看出在以民营企业为主的制度中，利益集团是如何影响政府行为的。美国大多数的联合钢铁厂如今竞争不过国外的钢铁厂。在20世纪70年代期间，这些工厂开始缩减编制，但速度不够快，因为工厂管理层和工资较高的员工结合起来，游说联邦政府执行一系列计划，包括对进口钢铁实行配额并征收关税、为钢铁公司提供贷款担保，而且在政府主导下对工厂的利润进行再投资等。这些计划导致国内钢铁价格上扬，而这些工厂在就业和产量方面的缩编速度也因而放缓。

英国的国有煤炭业也是一个极好的例子，这个例子说明当政府直接干预某个产业的管理时，该产业会变得多么没有效率。在煤矿工人的压力下，政府被迫让很多效率低下的煤矿继续运营，政府所实施的政策包括对进口实行限制，对产煤业提供大量补贴，要求英国的国有电力公司优先使用英国自己产的煤等。20世纪70年代初期，保守党政府因为煤矿工人罢工而被迫下台。最近的这次罢工事件整整持续了一年多,最后工会才答应关闭大多数完全没有效率的煤矿。

以色列的情况,则显示在民主国家里,政府对利益集团的压力是如何做出反应的。以色列的经济从1948①年建国开始到70年代初期,一直在快速增长。但在70年代初期之后,增长开始减缓,直至近乎停滞的状态。同时,通货膨胀却大幅度高涨,成了全世界通货膨胀率最高的地方。显然,以色列政府这个时候应该大幅削减各种补贴,取消不当的法令,减少社会转移支付,甚至还应该大量削减国防支出。不过,得到好处的利益集团发挥了政治影响力,使得该国的两个主要政党迄今为止都没有采取这些必要的措施。

利益集团也影响到社会主义国家的经济。苏联的经济在20世纪五六十年代快速扩张,但在接下来的20年里却明显地衰退。集体农场无法满足国内的粮食需求,工业产品也一直没什么起色。斯大林以后的每个苏联领导人,都知道农民、工人以及工厂主管欠缺足够的生产动机,但他们谁都无法加以改善。虽然我们对社会主义国家内部的政治了解不多,不过,在位的官僚、党员以及军队首脑等人,为了巩固既得利益,显然成功地压制住了改革力量。

这些例子清楚地表明,能够得到政府帮助的国有企业和民营企业,在和平时期通常表现得不错;但当外在环境恶化之后,其自我调整的速度往往会比不受政府照顾的民营企业慢得多。

大刀阔斧的改革

我们来看看电子游戏产业的状况。在20世纪80年代初,由于受到个人电脑的冲击,该产业几乎完全崩溃了。可以想象,由于缺乏政治力量的足够支持,业者不得不做出调整,以接受市场的竞争。有些无法继续经营下去的只好关门大吉,有些则转做其他的相关产品。例如,有一家小公司就放弃了电子游戏机的生产,转而开始为电脑制造驱动设备。

证据显示,严重依赖政府保护的产业,在碰到经济不景气的时候,调整的速度会比较慢。因此,联邦政府过去50年来对经济活动的干预不断扩大,必然削弱了美国经济的自我调整能力。如果现在想以产业政策的方式,来为未来的经济发展做规划的话,将会进一步削弱美国经济应付环境变动的能力。毕竟,产业政策只对特殊利益集团有利,对国家整体利益没有好处。

---

① 原书作者认为以色列是1949年建国,疑有误。——译者注

军费问题
The Economics of Life

■ 让义务兵役制回归历史的故纸堆（1991）

美国在对伊拉克入侵伊朗做出回应后，出现了很多要求恢复义务兵役制①的声音；美军在海湾战争中大获全胜，应该会让这些声音沉寂一段时间了。

主导海湾战争的是配备了先进的计算机和制导系统的尖端武器。为了成功地使用这些武器，包括步兵在内的几乎所有军队岗位，无论男女，都必须接受严格的训练并掌握丰富的经验。

仅接受几个月训练的新兵是不能操作这些复杂而昂贵的武器的。正因如此，即便是在实行义务兵役制的顶峰时期，高技术性的军事任务大多数是那些服役时间较长的志愿兵去完成的。而且，随着对精密武器的依赖性不断增加，需要经过长期训练的岗位也在不断增加。

士气高昂

20世纪80年代初，国会投票通过给应征入伍人员大幅加薪的提案，这是里根总统发起的加强军备计划的一部分。通过提高待遇并提供有吸引力的工作条件，军队得以在随后的10年里征召了很多特别出色且斗志昂扬的男兵和女兵。进入公

---

① 有关美国的兵役制，可参见：http://article.yeeyan.org/view/229178/204761。——译者注

务员队伍的高中毕业生比例尚不足80%，而新招募的士兵中高中毕业生的比例几乎达到100%，而且军队会选择那些在能力测试中分数较高的毕业生。在义务兵役制年代，由于大多数大学毕业生和许多高中毕业生有能力逃避义务，因而军队不得不征召许多高中辍学者。与越南战争时期的情况形成鲜明对比的是，军队里的吸毒现象比民间的少得多。

军方一直受到这样的指责：过度依赖少数族裔，没有在各社会阶层和种族群体内公平分配国防任务。军队中黑人所占的比例超过20%，而社会劳动力中黑人的比例仅占12%，这是事实，但是，军队的主要构成人员并非来自较低阶层，证据包括：高中毕业生在军队中占主导地位，以及接近半数的应征士兵来自收入在平均水平之上的家庭。

我认为，在为黑人男女提供工作机会方面，军队比私营部门做得更好，所以军队应该受到称赞而不是指责。约有1/3的士官是黑人，美国参谋长联席会议主席也是黑人。与此相比，处于公司高层的黑人则屈指可数。

一些人批评现行的兵役制，他们想要的是，通过服兵役来降低文盲率，灌输爱国主义精神，并引导迷失青少年找回自我。显然，服兵役实现不了这些冠冕堂皇的目标。

这些目标与军队的主要目标是不一致的。军队要以最小的生命财产损失来抵抗入侵。战争中的大量事实证明，带有不满情绪的低素质应征者是无法很好地完成战斗任务的，更不要说文盲了。

社会问题

同军队一样，教育部门也面临着解决棘手的社会问题的压力。再次重申，那些实现种族和社会平衡或替代父母履行教育义务之类的目标虽然值得赞扬，但教育的目标却不在于此，教育的目标是：教会学生阅读、写作、分析。这些压力虽然出于善意，但却会影响自身根本目标的实现；幸运的是，军队的领导在过去的10年里成功地抵挡住了这些压力。

有人批评志愿兵役制，如前海军部部长詹姆斯 H.韦布（James H. Webb Jr.），是因为他们看到了义务兵役制在获得民意支持方面具有优势：义务兵役制使得发动不得人心的战争更加困难，因为这种战争会遭到征召对象及其家庭的抵制。越南战争的经历就证明了这一观点。但这个观点还有一层意思：在追求民众利益的同时，义务兵役制可能会因为提供了廉价且充足的人力而激发更多的战争甚至无谓的牺牲。说白了，这个观点认为，只要志愿兵训练有素并且待遇和工作条件很有吸引力，那么志愿军的将领会更加关注其部队士兵的生命安全。不管原因如何，与越南战争相比，"沙漠风暴"军事行动中的高官们更在意的是把联军伤亡人数降至最低。越战中的大多数士兵是义务兵役制下的被征召者。当然，在意国内的批评也是一个因素。

在闪电战初期，最需要的是志愿部队的战术：闪电战的最初几天，甚至是前几个小时，可能至关重要。而在第二次世界大战那种全面发动的持久战中，需要的是成百上千万的士兵。以高工资去吸引如此众多的自愿应征者，将会大幅度提高税收并对预算形成巨大压力。在这种征兵动员中，义务兵役制把这些费用中的大部分转嫁给了年轻人，从而缓解了在预算和税收方面的压力。

显然，海湾战争让一些苏联的军事改革家相信：志愿军部队或许会比义务兵部队有着更高的士气、更强的战斗力。如果俄罗斯人比那些急于恢复义务兵役制的美国人更好地学到了这个经验，那真是咄咄怪事。

■ 国防开支没有阻碍美国经济的正常发展（1991）

美国充当世界警察这个角色会威胁美国在国际经济舞台上的领先地位吗？作为美国主要的经济对手，德国和日本在弥补伊拉克战争的开销方面只是勉强做出了微不足道的贡献，这个问题便摆到了台面上。在多年前出版的《大国的兴衰》（*The Rise and Fall of the Great Powers*）这本畅销书中，作者保罗·肯尼迪对这个问题做出了有力的回答。

我不清楚美国在国防及新武器研发方面的开支是否适当。也许，负责防范侵略的责任应该更多地转嫁给德国和日本这样的发达国家。但是，国防支出已经严重阻碍美国经济发展的这种说法，并没有得到相关数据的支持。

包括哈佛大学的罗伯特 B. 瑞奇在内，很多评论家特别关注联邦政府在研究新武器方面对私营部门提供大力支持的消极影响。在20世纪70年代中期以前，相对于德国和日本，美国在研发方面的投入占GDP的比重更大，不过，在过去的15年里，这两个国家也增加了在研发方面的投入。美国约有1/3的研发投入用在了军事方面，而美国的竞争对手在军事方面的花费很少。

要武器还是要食物

美国将重要的资源运用于研发新武器，这看似会妨碍民间生产率的发展。但可以肯定的是，如果削减军事研发的投入，不管削减多少，也仅有一小部分该用来支持私营部门的发展。由于这种支出在国民收入中所占的比重很小，用于研究新武器的政府支出占联邦预算的4%左右，不足GNP的1%。美国的军费支出还没有大到足以妨碍政府做出更多努力来提高民营部门生产率的程度。

美国的国防支出占GNP的6%左右，而日本仅为1%。如果美国把军费支出降低到日本的水平，那么所有节省下来的开支会进入到投资领域，这种推断是愚蠢的，但很多人就是这么想的。相反，我们需要做出如下更加合理的假设：从国防军费中节省下来的资金，流向消费和投资这两个领域的比例和GNP的流向比例大致相同，基本保持在4∶1不变。也就是说，如果美国的国防支出降低到日本的水平，那么削减的军费开支中，每一美元只有20美分从军事领域流向了投资领域。即使在支付这笔额外的资本支出后，日本的投资在GNP中所占的比例仍比美国的要高出一大截。

通常的做法是比较一个国家的研发支出在GNP中所占的比重，但实际支出金额可能更为重要。美国的研发支出几乎是德国和日本的总和，也比法国和英国的投入大。美国的行业规模很大，美国经济体大致相当于德国的四倍、日本的两倍。要实现生产率的同等提高，大型经济体在研发上不必比小型经济体投入更多。无论产业规模大小，一项创新就能让成本下降10%。

军工研究的副产品

军工技术的发展进步也可能会渗透到私营部门。计算机、喷气发动机、雷达以及统计学上的序列分析等技术的进步就是来源于由军队赞助的研究项目，尼龙搭扣、特氟龙等很多产品起初是为了军用而研究出来的。政府资助的军用研究开发出很多产品，这无疑让美国很多企业在国际竞争中占得了先机。

美国充当世界警察，一方面确实给美国产业带来了额外的负担，包括对敌对国家实行的出口限制、恐怖主义的威胁、市场的流失等。但另一方面世界警察的角色有助于为美国的商品和市民争取到其他国家的优惠待遇，有助于在全球出现紧张局势时让美国成为避风港，这就增加了外国对美国的货币、房地产以及公司股票和债券的需求。

哈佛大学的罗伯特 J. 巴罗在对60多个国家1960年以来的人均收入增长情况进行了比较后，他证实了这样的结论：国防开支并没有解释一些国家比其他国家发展缓慢的原因。他发现，有些国家的国防支出在国民收入中占很大比重，但它们的经济增长速度与其他国家一样快，即使比较一些处于相同发展阶段或者教育水平相近的国家，情况也是如此。

德国和日本经济的快速发展，是另有原因的。日本特别善于适应和接受那些在其他地方（主要指美国）形成的生产理念和生产工艺。这两个国家都拥有一流的教育体系，提供广泛的实习和在职培训，而且两国人民的职业道德观都很强，一直追求高质量的产品和服务。因此，德国和日本的经济表现好，并不是因为国防支出少。

■ 为什么义务兵役制只会对军队造成危害（1991）

美国与苏联签署核武器协议的前景看好，这增强了美国陆军及其他常规武装力量的重要性。美国在越南战争结束之际废除了义务兵役制，目前实行的全志愿兵役制非常成功，但是削减政府支出的预算压力，以及陆军和海军所面临的征兵困难，导致恢复义务兵役制的呼声日益高涨。

在平衡国会预算的压力作用下，出现了隐性税，国会也加大了对私营部门支出的控制。由于国会不断出台措施来削减赤字，将来军队的待遇可能赶不上公务员的待遇，由此导致志愿军数量下降，从而会有更多人呼吁恢复义务兵役制。有些政治家已经对此表示了支持。

不幸的是,像其他隐性税一样,义务兵役制并不会降低征召新兵入伍的真实成本,而只是把成本转嫁到了新兵头上。比如,如果被征召入伍者每年的报酬是4 000美元,而他从事其他工作的收入是10 000美元,那么这个新兵就得放弃6 000美元的收入。实际上,这位入伍者为其服役支付了每年6 000美元的隐性税。年轻人的经济实力若缴不起如此高的税。更糟糕的是,通常情况下,被征召者缴纳的税收远远超过志愿兵缴纳的显性税,因为志愿军吸收的都是那些愿意服兵役的人。同时,在义务兵役制下,被征召者不情愿放弃从事民间工作的良机。

能实现目标

在大型的持久战中,军队全部由志愿兵组成的状况并不理想。在这样的战争中,需要通过高税率来为庞大的志愿兵队伍提供资金支持,这将大大降低人们长时间工作和高储蓄的热情。因此,在大战中宜实行义务兵役制,让年轻人承担更多的负担。但是,一支应对有限冲突的中等规模队伍,用志愿兵比用义务兵更好。

在实施志愿兵役制的头几年里,志愿兵受教育程度低、毒品滥用、士气低下等现象着实对志愿军造成了很大的困扰。不过,在里根总统任期内,志愿兵在报酬、训练以及教育收益等方面都有所增长,从根本上改善了这一局面。现在,陆军、海军以及更有吸引力的空军和海军陆战队很容易就实现征募新兵的目标。

在经济繁荣时期,应征入伍的人数通常会有所下降;在过去几年里,虽然经济蓬勃发展,年轻人失业率也急剧下降,但依然实现了征兵目标。提高志愿军的报酬及其他福利待遇,会对志愿入伍者的数量和质量产生有益的影响,这证实了各种研究尚未得出的证据:志愿兵的应征数量对待遇和部队条件相当敏感。

复杂的武器

过去几年里,高中毕业生在新兵中的比例超过了90%,超过了在年轻平民中的比例,而且远远高于在军队待遇得到提高之前的比例,也超过了20世纪70年代初的比例。尽管目前武器已经变得极度复杂，甚至是过度复杂，但年轻的士兵运用起来，表现得得心应手。

那些无形的素质方面，新入伍者的情况也比较乐观。在过去几年里，新兵吸食毒品的比例大幅下降，现在或许已经低于年轻平民吸食毒品的比例了。擅离职守和脱队的比率也降到了近些年的最低水平，这反映了新兵士气得到了大幅提升。同样，认为志愿军的爱国精神不如义务兵的爱国精神是没有道理的。

由于军队的待遇不错，升职的机会似乎也不输普通工作，因此，与白人相比，黑人更愿意服役并延长服役期。不过，入伍新兵占全部年轻人的比例为15%，而黑人在新兵中的比例还没达到20%。大约6%的军官是黑人。入伍者之间的种族冲突得以缓和；在黑人和白人共同工作这个方面，美国很可能比其他任何地方都做得好。

我不明白，为什么很多人把黑人的高入伍率和高延期服役率理解成反对志愿兵役制的证据。如果黑人在军队中的机会更好，难道我们不应该直接关注黑人在普通工作中的机会，而不是去关注他们在志愿兵役制下的入伍率吗？

30年前我任兰德公司顾问时，曾写了一篇题为《反对义务兵役制的案例研究》的报告。我的研究是空军赞助的，但空军支持义务兵役制，因此拒绝资助我发表这篇报告。义务兵队伍和志愿军随后的发展经历极大地改变了军方的想法。现在，军方都认识到：体面的工资和工作条件将会吸引那些在很多方面都比义务兵强的高素质志愿兵。倘若现在写出这样一份报告，将得到陆军、海军和海军陆战队的强力支持。

股市与衰退
The Economics of Life

本部分篇幅不长，其中有一篇写于1987年美国股市崩盘后不久，预言股市崩盘并不会导致经济出现严重衰退。不过，《商业周刊》唱起了反调：在标题为"情况究竟会有多坏"的封面故事和当期其他文章里，把当时的市场惨状拿来和1929年的大萧条状况进行了比较，担心这次股市崩盘可能也会把整个经济拖垮。

我们做出这种相反的预测，是基于这样的简单计算：虽然股价重挫24%，但对民众的总财富（包括民众的人力资源）来说，只稍微减少一点而已。我们根据这种算法而做的预测后来证明是完全正确的：美国经济几乎没有受挫，而且股价也在几个月以内就又回到了先前的高点。

在20世纪80年代经济蓬勃发展时期，日本经济景气，股价屡创新高。西方很多人认为，日本政府官员已经知道如何确定具有发展潜力的新产业，然后通过政府补贴等方法来给予支持。他们还认为，日本政府一定积极干预了股市，人为地把股价维持在高位。但在我们看来，这两种说法的可能性都很小。原因是，其他国家也有聪明的政府官员，但他们不论是在挑选具有开发潜力的产业，还是在防止股市因利空消息而下挫两方面都失败了，而且败得很惨。

前面有一篇文章就指出，有些人把日本的产业政策想得太过美好，我们对这种看法提出了批评。本部分另有一篇文章强调的是，不论是日本政府还是大企业，都没有操纵股票市场。这篇文章写于1990年，从那以后，对日本股市受到操纵的指责越来越少，因为日经股指从1990年高点一路下挫到1993年的低点，整整跌了60%以上；日本政府虽然一再试图振兴股市，但都功败垂成。

■ 你认为日本股市受到操控了吗（1990）

日本股价在过去几个月里大幅下挫，有人认为这标志着日本经济遇到了麻烦。我不以为然。

从1985年开始到1989年年底，东京证券交易所的股票价格已经飙涨了好几倍，而市盈率（price-earnings ratios）也涨了一倍多。1990年初，日本股价报收的市盈率几乎达到60倍，而美国及其他大多数工业国家的还不到15倍。以日本股票的市盈率来判断，股价的确是太高了，而且也到了向下调整的时候。

我的看法得到了芝加哥大学教授肯尼思 R. 弗伦奇(Kenneth R. French) 及麻省理工学院教授詹姆斯 M. 波特巴（James M. Poterba）所做的研究的支持。他们发现，由于日本的会计制度和其他国家不同，会少算公司的实际利润，因此日本股票的市盈率被明显夸大了。例如，日本公司就少算了子公司的利润，也大大低估了企业的资产价值。但这两位教授指出，就算是以西方国家的会计制度来计算日本企业的收入和资产，也让未来收入的增长有合理的调整空间，但以1989年年底的股价来算，日本的股票市盈率还是比西方国家的高得多。

任重道远

由于日本股市表现强劲，在1987年10月全球股市大崩盘期间的股价跌幅也有限，不少华尔街权威专家就认为日本政府一定在背后操纵股市。他们也会认为日本的不动产价格在过去几年里大幅度攀升，同样是日本政府操纵的结果吗？事实上，日本政府无法控制股价，就像政府不能控制房地产价格一样。原因在于，市场上买卖双方的人数都太多了。在东京证券交易所上市的所有股票中，大约30%是由日本及外国的个人投资者持有的，其他的多数股票则由数百家上市公司持有。无论如何，日本股价从1月初到3月底之间暴跌了30%，此后，有关日本政府操纵股市的说法就开始减少了。

日本股票的市盈率长期上扬形成了一个越吹越大的"泡沫"，而企业股东只是赚取到巨额的账面利润而已。我知道所有的价格泡沫最终都会破灭，我也相信日本政府操纵股市的说法纯属无稽之谈，于是我在2月初拿出一些稿费通过美国证券交易所买了少量对日经指数的看跌期权，然后在3月底完全脱手。运气不错，泡沫究竟会什么时候破灭却并不明确，日本股价恰好在这段时间重挫，于是这笔投资让我得到了很好的回报。

虽然股价大幅度挫低，但日本股市的基本面依然强劲，未来走势也相当不错。经合组织（OECD）的数据显示，日本男性员工的工作时数比其他成员国的都要多。日本员工的年均工作时数超过2 200小时，而美国大概是1 800小时，西欧各国则更少；而且，日本员工在工作期间的休息时间也比美国和欧洲国家的要短。

从业女性

的确，日本员工的老龄化速度比其他国家更快，但65岁以上员工继续工作的比例则远高于其他国家，而且日本已婚妇女的就业参与率已经从低点开始快速上升。除此之外，日本企业也开始让妇女得到较好的工作机会和更多的升迁渠道。

日本员工的教育程度很高，而且都接受过很好的训练，其中90%以上念完高中，而美国员工完成高中教育的比例不到80%；日本的学校教育强调数学、自然等基础学科知识，学生家庭作业量是美国的四倍。双方差异使得日本学生在数学和自然科学方面的国际测验中都名列前茅，而美国学生的表现则接近垫底。日本企业招聘员工的时候，也比较认真谨慎，并且提供给员工相当完整的在职培训。

20世纪70年代初以来，日本的储蓄率大幅度下降，而人均国民收入增长率在经过五六十年代的快速上升期后，也慢了下来，但是日本人把收入拿来储蓄或投资的比例仍然大于欧美各国。不过，各国对储蓄的定义并不一致，也拉大了这种差距。

有人认为，日本在经济上的成功主要归功于通产省及其他政府机构所谓的卓越领导，但我对此不以为然。日本政府的政策制定过程和其他国家没有什么两样，都是在受到各方利益集团的压力之下制定出来的，只要看看日本政府扶持国内农业的政策以及不断发生的官员贪污案件，就可以知道这一点。当然，日本的犯罪率低，诉讼案少，而且政府支出和税收占国民生产总值的比重也比西方国家的小，这些因素的确对日本的发展有利。

过度投机之后的股价暴跌是对日本股市必要的修正。这也证明（如果需要证明的话）日本股市同样是按照正常的供求规律运行的。但是，股价泡沫的破灭并不表示日本在国际市场上的竞争力被削弱了。

■ 股价涨跌通常和市场心理有关（1989）

金融市场的暴涨暴跌通常和经济的真正变革没有什么关联，但起因却往往是一些小型事件，例如，联合航空（UAL Corp.）整体收购计划在10月13日宣告流产等。其原因就是众所周知的羊群心理（herd instinct）。根据羊群心理，投资者会先判断别人会怎么做，然后根据这个判断来决定自己要采取什么行动。

华尔街对投资者的这种从众效应早就耳熟能详了。约翰·凯恩斯在好几年前就说过："专业投资者和市场投机者把精力和技术都用来预测一般投资者认为别的投资者到底会怎么想。"但我认为这句话在现代金融理论中依然没有受到足够的重视。

无论当前的股价是高是低，投资者对股价水平总是没有多大的信心，因为他们对其他交易者的意图没有把握。因此，即使股价只出现微小的波动，也会被放大成判断别人意图的信号，于是，股价下跌的时候，投资者通常不会积极跟进；股价上扬的时候，也不会把手里的股票卖掉。也就是说，当股价出现波动的时候，大部分投资者不是留在场外观望，就是反其道而行之。一直要到股价跌下去很多以后，才会有人开始逢低进场，要不就是要到股价大幅上涨后，投资者才愿意抛售手里的股票。

加州大学伯克利分校的两位教授加纳德·盖诺特（Gerard Gennotte）和海恩·利兰德（Hayne Leland）最近根据这些原理对股价波动进行了系统的研究。如果假设投资者是非理性的，决策时总是临时起意，那么就容易解释羊群心理了。不过，如果把这种从众效应和理性预期及逻辑决策等因素结合在一起，解释起来就困难多了。我不知道他们的分析方法是不是真能抓住决定股价的关键之所信日本政府操纵股市的说法纯属无稽之谈，于是我在2月初拿出一些稿费通过美国证券交易所买了少量对日经指数的看跌期权，然后在3月底完全脱手。运气不错，泡沫究竟会什么时候破灭却并不明确，日本股价恰好在这段时间重挫，于是这笔投资让我得到了很好的回报。

虽然股价大幅度挫低，但日本股市的基本面依然强劲，未来走势也相当不错。经合组织（OECD）的数据显示，日本男性员工的工作时数比其他成员国的都要多。日本员工的年均工作时数超过2 200小时，而美国大概是1 800小时，西欧各国则更少；而且，日本员工在工作期间的休息时间也比美国和欧洲国家的要短。

从业女性

的确，日本员工的老龄化速度比其他国家更快，但65岁以上员工继续工作的比例则远高于其他国家，而且日本已婚妇女的就业参与率已经从低点开始快速上升。除此之外，日本企业也开始让妇女得到较好的工作机会和更多的升迁渠道。

日本员工的教育程度很高，而且都接受过很好的训练，其中90％以上念完高中，而美国员工完成高中教育的比例不到80％；日本的学校教育强调数学、自然等基础学科知识，学生家庭作业量是美国的四倍。双方差异使得日本学生在数学和自然科学方面的国际测验中都名列前茅，而美国学生的表现则接近垫底。日本企业招聘员工的时候，也比较认真谨慎，并且提供给员工相当完整的在职培训。

20世纪70年代初以来，日本的储蓄率大幅度下降，而人均国民收入增长率在经过五六十年代的快速上升期后，也慢了下来，但是日本人把收入拿来储蓄或投资的比例仍然大于欧美各国。不过，各国对储蓄的定义并不一致，也拉大了这种差距。

有人认为，日本在经济上的成功主要归功于通产省及其他政府机构所谓的卓越领导，但我对此不以为然。日本政府的政策制定过程和其他国家没有什么两样，都是在受到各方利益集团的压力之下制定出来的，只要看看日本政府扶持国内农业的政策以及不断发生的官员贪污案件，就可以知道这一点。当然，日本的犯罪率低，诉讼案少，而且政府支出和税收占国民生产总值的比重也比西方国家的小，这些因素的确对日本的发展有利。

过度投机之后的股价暴跌是对日本股市必要的修正。这也证明（如果需要证明的话）日本股市同样是按照正常的供求规律运行的。但是，股价泡沫的破灭并不表示日本在国际市场上的竞争力被削弱了。

■ 股价涨跌通常和市场心理有关（1989）

金融市场的暴涨暴跌通常和经济的真正变革没有什么关联，但起因却往往是一些小型事件，例如，联合航空（UAL Corp.）整体收购计划在10月13日宣告流产等。其原因就是众所周知的羊群心理（herd instinct）。根据羊群心理，投资者会先判断别人会怎么做，然后根据这个判断来决定自己要采取什么行动。

华尔街对投资者的这种从众效应早就耳熟能详了。约翰·凯恩斯在好几年前就说过："专业投资者和市场投机者把精力和技术都用来预测一般投资者认为别的投资者到底会怎么想。"但我认为这句话在现代金融理论中依然没有受到足够的重视。

无论当前的股价是高是低，投资者对股价水平总是没有多大的信心，因为他们对其他交易者的意图没有把握。因此，即使股价只出现微小的波动，也会被放大成判断别人意图的信号，于是，股价下跌的时候，投资者通常不会积极跟进；股价上扬的时候，也不会把手里的股票卖掉。也就是说，当股价出现波动的时候，大部分投资者不是留在场外观望，就是反其道而行之。一直要到股价跌下去很多以后，才会有人开始逢低进场，要不就是要到股价大幅上涨后，投资者才愿意抛售手里的股票。

加州大学伯克利分校的两位教授加纳德·盖诺特（Gerard Gennotte）和海恩·利兰德（Hayne Leland）最近根据这些原理对股价波动进行了系统的研究。如果假设投资者是非理性的，决策时总是临时起意，那么就容易解释羊群心理了。不过，如果把这种从众效应和理性预期及逻辑决策等因素结合在一起，解释起来就困难多了。我不知道他们的分析方法是不是真能抓住决定股价的关键之所在，但他们在研究中把羊群心理的从众效应和理性投资行为结合起来，算是填补了一个空白。

焦虑心理

羊群心理不仅仅出现在股票市场。社会学家早就强调，很多商品，特别是和时尚及潮流沾边的东西，在消费数量上的快速增减也可以用群体互动的行为模式来解释。在20世纪60年代时尚领袖把自己的裙子剪短后，不少女性也开始效仿，因为她们相信流行趋势的设计者更加清楚什么是"新潮"，而且她们也不想让人觉得她们跟不上潮流。

投资者会先预测其他投资者的行为，这种预期有时候会具有某种自我实现性，导致股价真的就因为这种预测心理而出现大幅度波动，这种波动与企业的获利状况、利率及其他基本因素没有多大的关系。过去60年里，股价多次发生大幅波动，从中就可以看出这个道理。在这段时间里，纽约股票交易所当日平均股价的波动幅度有38次超过7%，有960次超过2%。一项研究表明，股价最容易发生大幅波动的月份是9月、10月和11月，而在股价重挫前后，都会有跌势出现。很多人认为股价大跌的原因是引起恐慌性抛售所致，但其实，股价大幅度波动的主要原因并非如此，而且在股价出现大幅度波动的情况中，约有半数是上涨的。

通常，在股价大幅度波动之后，经济并不会跟着出现萧条或繁荣的状况。一个不错的例子就是，股价在1987年10月19日崩盘，重挫20%。崩盘期间，有些投资者或许感到惊慌，但媒体和政府官员肯定更加恐慌，因为他们搬出1929年的情况来做比较，表明他们担心会出现20世纪30年代经济大萧条的状况。

天气预报

股市崩盘后不久，我就写了一篇专栏文章，预测股价重挫只会带来很小的影响，根本不会引起经济萧条（《商业周刊》11月9日）。当时美国在就业、赢利及其他经济指标方面的表现相当强劲，根据这些指标来判断未来的趋势，要比根据股市的表现来判断好得多。在接下来的两年里，美国经济持续繁荣，当时拿1929年来比较的做法反倒显得愚蠢了。

如果说股价涨跌是信息有限所致，那么信息多一点，股市的表现应该会有所改善。例如，大型机构购股行为要在进场前对外公布，即实行阳光交易，这样一来，投资者就能掌握更多有关价格波动根源的信息了。再比如，美联储或政府官员股价崩盘的时候能释放明确的信号让投资者安心，也可能会避免投资者的信心进一步丧失。

目前有很多要求规范股市交易的提议，其中包括：对股市交易征收重税；禁止证券组合保险；证券管理委员会主席理查德 C. 布里登（Richard C. Breeden）建议在股市大幅震荡期间禁止电脑程式交易；财政部长尼古拉斯 F. 布雷迪（Nicholas F. Brady）建议证券管理委员会在发生金融"危机"时，有权暂停股市交易等。遗憾的是，大部分提议可能会动摇投资者本来就很脆弱的信心，反倒会增加股价出现大幅度波动的频率。

在过去几年里，股价曾经出现了很大幅度的波动，但经济却仍然表现强劲。这有力地说明了一个道理：不应该对金融市场采取任何新的规定，除非能证明它行之有效且不会对市场造成伤害。

■ 为什么不可能出现萧条（1987）

很多人记得，在1929年股市崩盘之后，紧接着就发生了经济大萧条，他们怀疑同样的灾难会不会再度上演。我不知道这两次股市崩盘的原因何在，但我相信，只要经济政策不发生彻底转向，即使股市遭遇此番重挫，也不会出现严重萧条。股市暴跌的确令人不安，但没有理由夸大它在就业、产出和通货膨胀方面所造成的后果。

在过去两个月里，股价跌幅达25%，总市值几乎蒸发掉1万亿美元。这当然数额巨大，但对一般人的总财富而言，实际的损失并不大，因为大多数财富体现为个人掌握的劳动技能和所受到的培训，这些才是当前收入和未来收入的来源。在美国拥有的总财富中，75%以上是属于这种"人力财富"。其他的财富则包括法人和非法人的企业资本、不动产、耐用消费品、政府资产以及现金等。

商务部估计，美国的非人力财富总值大约是13万亿美元，因此，股票市值蒸发1万亿美元，非人力财富损失不到8%，总财富的损失不到2%。这个跌幅会对民众的消费行为构成明显的影响，也会大幅度降低民众对豪华住宅和高档汽车的需求。不过，总财富损失2%以下所导致的消费下降并不会引发严重的经济萧条。

经济依然强劲

民众预期的改变会拖累股价，也可能会打击资本投资新计划的信心。不过，美国经济在过去5年的表现相当优异，经济发展依然强劲，因此股价下挫对企业支出的影响应该不会太大。美国目前强劲的经济表现显然和1929年不可同日而语。目前的产出水平增势喜人，第三季度的实际国民生产总值达3.8%，而且通货膨胀压力不大，失业率处于近年来的最低点，产能使用率也很高，制造业正在重振雄风。

国会和总统可能很快会就政府预算赤字问题达成一致：一方面提高税收，另一方面适度削减联邦支出。同时，美元汇率进一步下跌，看来这是无法避免的事，但贸易逆差会因此而减少，从而有利于美国的经济发展。

令人不安的是，即便如此，但目前的股价波动趋势并不符合"有效市场理论"。该理论认为，投资者在公司的赢利现状和前景、利率及其他决定股价的基本因素等方面所拥有的任何信息，都应该在公司股价中完全反映出来。这个理论在财经理论方面备受重视，而且在期权及其他金融资产的定价方面也大有用武之地。该理论认为，当有关股市基本面方面的信息出现变化的时候，股价也会跟着改变。

然而，股票、不动产或外汇市场价格的波动幅度，似乎都超过了信息变动所能解释的范围。最鲜明的例子就是，股价在10月19日当天重挫20%以上。而股价从1985年年底一路上扬至今年8月25日的高点，同样令人感到不可思议。

这种股价大幅波动的现象等于对有效市场理论泼冷水，因为在股市的基本面方面并没有什么新的信息出来足以解释股价的迅猛波动。在股价大涨大跌的时候，联邦的预算赤字都是一样大。通货膨胀率及利率的上升速度也很慢，无法解释为什么股价在"黑色星期一"会跌得那么厉害。同样，美国虽然陷入两伊战争，但也不至于造成市场崩盘，因为没有多少投资者认为中东地区会爆发严重冲突。

自我实现效应

理论与现实之间的这些差异似乎与投资者的心理预期有关。很多投资者在决策的时候并不是以基本面为根据，而是尽力去揣测别人会怎么做，然后抢在别人之前下手。凯恩斯说过："专业投资者和市场投机者把精力与技术都用来预测一般投资者认为别的投资者到底会怎么想。"有些投资者试图破解股价波动的模式，或者依靠与基本面没什么关系的其他因素来做出投资决策。

不幸的是，投资者根据这些无关因素并通过揣度他人行为而形成的预期心理，能产生某种自我实现效应，从而一度造成股价的大幅波动。这种自我实现性质的预期不能说是非理性的，但的确会减弱股价水平与基本面之间的关系。

怎么办呢？当股价大跌，特别是在出现恐慌性抛售的时候，总统、美联储主席及联邦其他高级官员出来讲讲话，会有助于让投资者冷静下来。有些经济学家甚至认为，为了缓和价格的波动，联邦政府应该对指数期权、电脑程式交易及其他新兴的金融工具和交易方法加以限制。不过，从大部分政府监管法令对金融市场所造成的伤害来看，我认为政府在这个时候不管实施什么管制措施，都会是严重的错误。

■ 下一次的经济衰退究竟会有多严重（1989）

有人认为，美国经济周期中的增长和衰退都变得越来越温和了，因为目前的增长期已经进入到第76个月了。除了越战期间的那次经济增长外，这次可以说是第二次世界大战后（简称"二战"）持续最久的。不过，正如"只燕不成春"，单凭这一次长得不同寻常的繁荣期并不能说明美国的经济走势会如何。事实上，我认为美国的经济周期并没有变得比过去温和。

令人遗憾的事实是，经济学家以及经济周期方面的专家都不知道繁荣期为什么到最后一定会终止。而且，他们也不清楚不管是严重的还是温和的经济衰退为什么总会终结。虽然经济学家们过去几百年里投入了很多努力来进行理论上和统计上的研究,但还是找不到答案。

经济学家们甚至不能确定商业周期到底是不是自行产生、依据市场或经济体系内在的逻辑来继续往前推进的。情况很可能是,每一次经济周期都是经济对外在冲击所产生的反应。20世纪70年代初石油价格飙升,糟糕的财政政策和货币政策等都是这种外在冲击的例子。

经济表现,实难掌控

其实,"商业周期"这个术语本身就用词不当,因为经济状况总是在变动,不会以相似的波长和振幅来进行周期性的重复。经济的扩张期和衰退期在持续时间上会有很大的差异。例如,二战后,经济出现了9次扩张期,平均持续时间仅为48个月,包括当前的这一次在内,有两次超过55个月,另外有两次则不到25个月。

这次经济增长开始之前,美国刚经历了战后最严重的衰退,从1981年7月一直持续到次年的11月。后来经济开始复苏的时候,各方面的状况都很疲软:失业率超过10.5%,工业设备空置率也很高。因此,接下来出现长期的、强劲的经济反弹,并不令人意外。

很多银行家和经济学家认为,这次增长之所以持续那么久,也与美联储制定了明智的货币政策有关。有些人甚至认为,只要美联储在遏制日趋高涨的通货膨胀的斗争中不做出过度反应,那么当前的增长差不多可以一直持续下去。当然,没有理由怀疑美联储不会这么做,但问题在于,美联储并不知道怎样才做得到。

也有人以里根政府实施的种种政策来解释这次经济长期增长以及他们认为未来经济变动会比较温和的原因。他们特别提到了几项政策,包括大幅度调低个人税率及其他供给政策、放松监管政策、实行美元贬值、削减预算赤字等。在这些政策中,很多的确有助于改善经济的表现,但谁也无法解释这些因素和经济的强劲有多大的关联。

过去,当经济发生不寻常的状况之后,人们总会无端地生出乐观或悲观的情绪。大萧条让很多30年代著名的经济学家相信:要不是政府在支出方面提供了大范围的支持,资本主义国家将不再可能实现充分就业。当时哈佛大学著名的教授艾尔文·汉森（Alvin Hansen）就创造出"长期经济停滞"（secular stagnation）一词来强调经济所面临的问题。不过，第二次世界大战后的经济增长一直延续到20世纪五六十年代，再也没有人提及长期停滞的说法了。

大萧条结束后，美国的物价水平在20世纪50年代后半期和60年代前半期一直相当稳定，于是有些经济学家预测在和平时期不会再发生严重的通货膨胀问题。但不久之后，美国偏偏在70年代就遭遇了有史以来和平时期最严重的通货膨胀。

未来走势，仍需谨慎

最近有一个例子证明，在发生重大事件后，人们普遍会做出错误的反应。在1987年10月股市崩盘后，很多人认为投资和消费会大幅度降低，从而导致经济陷入萧条。有人把30年代大萧条的惨状拿来做比较，因为大萧条就是1929年股市崩盘后随之出现的。但这次股市重挫后的经济增长势头丝毫未减，很多人早已忘了当时的悲观气氛。

包括我个人在内的一些经济学者，当初就不同意多数人的看法，我们预测的是股市暴跌不会对经济构成严重影响。后来证明我们预测对了，但并不是因为我们（至少我个人绝对没有）对商业周期的根源或股市的运行有什么真知灼见，而是因为我们认为1929年的股市大崩溃对1987年的状况没有什么借鉴意义，因为它未必就是造成30年代大萧条的根源。何况1987年10月的经济表现仍然很强劲，虽然股价跌幅达25%，但绝大多数员工和消费者的总财富只略有减少而已。

从过去半个世纪所发生的经济周期来看，没有任何理由去相信下次的经济紧缩会来得格外温和。我们学到的教训是，美国还是会出现严重的经济衰退，而且此前的扩张期的期限长短并不足以说明接下来的衰退会有多严重。但我还是要再次提出警告：在预测经济周期方面，经济学家并没有太大的把握。

国际贸易与国际协议
The Economics of Life

在过去几十年里，国际贸易的快速扩张不仅促进了经济的增长，也大幅度减少了小国所处的劣势，因为这些小国虽然没有很大的国内市场，但可以用巨大的国际市场来取代。这意味着，在政治或经济等方面长期对立的民族，已经没有必要为了扩大经济规模的好处而被迫共同生存在同一个国家里。

我们看到很多规模很小的国家利用国际市场来销售产品，从而取得了相当杰出的经济成就。这些小国家的成功鼓励了几个面临严重民族问题的国家走向分裂，例如，捷克斯洛伐克分裂成了捷克共和国和斯洛伐克；南斯拉夫分裂成了波斯尼亚、克罗地亚及塞尔维亚等小国。除此以外，很多国家的民族也因此而要求更大的自治权力，甚至于要求独立，例如，加拿大的魁北克、西班牙东北地区的加泰隆尼亚以及库尔德民族等。

欧盟计划用欧元这种所有欧盟成员国的共同货币来取代德国马克、法国法郎及其他成员国的货币，本部分有篇文章对此提出了批评。在目前的国际资本市场中，各国货币已经可以形成有效的竞争，因此，我们建议欧盟应该反向而行，也就是增加各国货币之间的竞争，而不是借单一货币的实施而减少彼此的竞争。

要提高欧盟各国货币的竞争，第一步就要让所有成员国都接受其他成员国的货币为法定货币。加剧这种竞争之后，某些国家通过滥发货币来增加政府收入的现象会减少，从而有助于控制通货膨胀。如果各成员国的货币相互竞争，那么货币发行控制很差的国家就会发现自己不再因为拥有货币垄断而受到保护。当本国货币开始大幅贬值的时候，该国的家庭和企业就不会继续持有"自己"国家的货币，而会转而持有别国的货币。西欧各国的报纸都转载了这篇文章，很多人在看了之后也写信把意见告诉我，赞成和反对的人都有。

为了解决人口增长和环境破坏的问题，最近几年召开了一系列的国际会议来讨论如何保护世界资源，其中有些是由联合国组织召开的。虽然生物学家保尔·埃尔利希（Paul Ehrlich）等人不断针对人口增长的问题向世人提出警告，但人口增长到底有多严重的不利影响，至今没人加以证实。毕竟，虽然世界人口在过去50年当中快速增长，且翻了一番，然而在这段时间里，不管是穷国还是富国，人均国民收入的增长速度都达到几个世纪以来最快的水平。而且，在经济持续增长且民众教育程度提高之后，无须采取人口恐慌论者所鼓吹的强制节育或其他法律措施，生育率很快就降了下来。

苏联的切尔诺贝利核事故等环境灾难的确产生了重大的国际影响。不过，环境保护运动往往在没有确凿的证据之下就预测会有重大的环境灾难发生，像埃尔利希就曾经预测20世纪70年代会因为人口增长过快而出现大饥荒。环境保护主义者的这些做法反倒降低了环保运动的可信度。

还有一个可以说明环保问题遭到过分渲染的例子——有人不断宣称，地球大气层因为二氧化碳的污染而产生了严重的温室效应。尽管召开各种国际会议后，工业制造二氧化碳的情况已经得到了有效限制，但没有令人信服的科学证据可以证明真的会有大灾难发生。我们的看法是，目前还没有理由在这件事情上着墨太多，最好的做法是继续监测全球气温的变化，并且留意其他可能出现的证明全球气温大幅上升的证据。

国际贸易
The Economics of Life

■ 放弃货币联盟——加强欧洲各国货币的竞争（1995）

我最近到西班牙访问的时候，经常有记者和企业界人士询问我对欧洲货币联盟计划的看法。欧盟打算在1999年1月开始实行欧洲统一货币，很可能命名为欧元（Euro）。我不是货币问题专家，但我强烈反对这项计划。我认为，加强各欧共体国家货币之间的竞争要比取消这种竞争的做法好得多。

如果欧盟15个成员国的大部分民众相信欧洲中央银行未来的作为能和目前德国央行一样，那么他们都会支持货币联盟的计划。然而，民众担心的是，目前各成员国的财政需求和货币需求并不相同，因此欧洲货币联盟制定出的货币政策，可能会是各成员国在经过政治较量后折中妥协出来的结果。最近的民意调查显示，73％的德国人"并不认为"欧洲共同货币会像马克那么稳定。德国前总理科尔不愿冒着政治风险在德国对货币联盟的计划举行公投，原因可能在此。英国保守党内部也有人反对欧洲货币联盟，在反对派的压力之下，英国似乎要到2002年以后才会考虑加入欧洲货币联盟。

权力分散

事实上，有些德国人已经通过转移资产的方式对货币联盟计划投了反对票。瑞士法郎相对于德国马克来说在不断升值，这是因为德国人宁可接受较低的回报率，也要把以德国马克计价的资产转成由瑞士法郎计价的资产。瑞士决定不加入欧洲货币联盟，因此瑞士法郎将维持其独立的地位。另外，1999年以后到期的德国公债利率目前的市场行情也看好，原因是欧洲货币联盟的实施还具有不确定性。

希腊、意大利和西班牙等国最欢迎货币联盟计划，因为这些国家的通货膨胀率都比较高，而且货币和财政政策不太稳定。还好，有个方法既可以帮助这些国家的民众，又不会损害实施强硬货币政策的德国等国家的利益。这个较好的方法是不把权力集中在某个单一央行的手里，而且鼓励各国货币之间的竞争，把制定货币政策的权力分散给各个成员国。

如果政策往这个方向走，那么必须实行的一个重要措施是，各成员国在征税的时候，允许有货币选择权，既可以用自己国家的货币，也可以用马克、英镑、法国法郎以及其他成员国的货币来缴税。同时，也要允许店主、雇员和供货商接受上述任何一种货币来进行商品和劳务方面的支付。各国货币之间的汇率则由市场供需来决定，因此不受欢迎的货币自然会贬值。

赤字控制

各国货币保持竞争态势，有助于约束某些不负责任的政府：它们增加货币供给、弥补预算赤字的动机会因此而减少。这些政府有时候会产生一些可疑的支出项目，例如补贴经营不善的国营企业等，从而造成严重的预算赤字。如果政府试图以增发货币的方式来解决财政问题，汇率就会贬值，因为个人和企业都会改用比较稳定的货币来进行交易。

按道理，各国的民众还是更喜欢使用本国货币的，但在慢慢适应新的制度之后，不论消费者、员工或生意人，都会越来越经常地使用购买力比较稳定的货币。因此，只要马克持续表现良好，德国人就会继续主要依靠本国货币来从事交易。

同时以多种货币进行交易会产生一定的交易成本，但经过一段调整期以后，大概就只会造成一些不方便而已。毕竟，国际机场里的很多商店现在就接受十多种货币，而这与使用美国运通卡、欧洲信用卡等支付方式比起来，也只会稍微麻烦一点而已。而且，如果企业界人士只选择使用一种或两种货币来交易，也可以节省这方面的成本。由于不同国家的人们能自由选择使用哪种货币，他们会以最稳定的货币来进行交易，不管是马克、英镑，还是意大利里拉，只要汇率稳定，都有可能成为主导货币。

全世界的国家都已经发现，在钢铁、电信和航空等制造业或服务业领域，市场竞争比垄断经营具有太多的优势。欧盟在推动共同货币计划时，完全忽略了这个教训。不过，现在改变方向或许还不迟，可以通过加强各国货币之间的竞争来惩罚和打击那些在货币政策和财政政策方面不负责任的政府。

■ 竞争是独联体国家的必由之路（1992）

独联体成员国之间的竞争机制将为经济发展和政治自由建设带来重大机遇。苏联解体所带来的最重要、最持久的收获莫过于在不同政策和制度之间前所未有地引入了竞争机制。竞争机制会使各成员国感受到压力，促使其改善国内秩序，以吸引国内外投资、提高民众满意度。

正如企业间通过提供差异化的产品和服务来抢夺市场份额会使消费者受益一样，如果独联体内的各类民族团体可以在拥有各自独立政策和方案的国家间自由选择其所属国，那么他们也将获益良多。

成员国间政治经济政策的竞争机制将会是高效的，当然，这要以独联体允许成员国间商品、资本、人口的自由流动为前提。如果这些成为可能，那么在独联体的某些地区因错误政策而导致经济增长放缓时，该地区人口和资本将会同时流失，流向经济成就显著的其他成员国。同时，采用高压政策限制人民自由的国家的移民迁出量将会变得异常大；因而，自由移民政策将会保护少数民族免于大多数野蛮歧视的侵害。例如，如果阿塞拜疆歧视其国内的亚美尼亚少数民族，他们中的一些人很有可能干脆移民到亚美尼亚或其他成员国。

开放边境？

几乎所有的国家都严厉限制移民权利，尤其是年轻技术工人的移民权利，这绝非偶然。这些政府清醒地认识到了民众"用脚投票"的威力。东德首次取消迁出限制后，不到两年的时间里，成千上万的青年上演了一场疯狂的"出埃及记"⊖，直接导致了政府的垮台。

尽管成员国可能同意，然而在整个联邦内实行商品和资本自由交易、人口自由流动，并同种类繁多的其他相关政策协调一致，一时之间不太可能完成。成员国害怕被俄罗斯主导，而且其他民族团体间也存在敌视矛盾。在斯大林主义政策下，不同地区间大量人口的迁入迁出，导致这些摩擦愈发加剧。但是，过去交恶的西欧国家之间如今正在加强协作的例子表明，随着时间的推移，苏联成员国也可能强化彼此间的合作。

一些经济学家指出，欧共体已经签署协议在20世纪末统一欧洲货币。他们哀叹民族对抗与恐惧使得独联体无法把旧卢布换成新卢布。但我认为一种统一的货币应该经历一个自然演变的成型过程，而不可在形成伊始便横加干涉。统一货币政策的簇拥者们经常声称新货币会在有效的管理之下，降低通货膨胀率且便于与硬通货进行兑换。但倘若管理不善，就像阿根廷比索那样，实施了同样统一政策的新卢布又会有何遭遇呢？实际上，失败的货币经营案例要远比成功先例普遍得多。

自主发行货币

如果成员国愿意，最好让它们独立发行货币，然后从各种货币的竞争中获益。于是乎，如果俄罗斯的卢布比乌克兰的货币更加稳健，那么乌克兰的公司和家庭自然会在进行一些交易时使用卢布。

民众对政府发行的货币的弃用促使其更负责任的作为，同时本国货币广泛使用所带来的好处也鼓励政府更多地制定明智的货币政策。成员国甚至可以通过将其货币与一些硬通货绑定的方式来控制货币供应量，就像港币依附于美元那样。

显然，成员国间的核武器竞赛百害而无一利。对于新独联体来说，为其国土上数千颗核弹头设立有效的控制与安全保障措施至关重要。西方国家希望看到这些核弹头被销毁，也愿意对拥有核武器的成员国提供相应的裁军措施和其他补偿。

⊖ 出自《圣经·旧约》，以色列人因不堪埃及人的压迫而逃出埃及。

如果独联体不能对成员国间的自由贸易进行允诺，一些小的成员国，如摩尔多瓦和亚美尼亚，可能将很难在世界经济竞争中立足。但一些语言、货币独立且人口稀少的单一民族国家平均来看却做得相当好。近几十年来，他们的人均收入增长情况要好于平均水平。国际贸易和资本流通为小经济体中的生产者和消费者从世界各地带来了广阔的市场和大量的产品。

小国经济发展的可行性，为南斯拉夫和其他一些具有强烈国内民族矛盾的国家解散成为松散的邦联，或完全分裂为两个国家的现象提供了解释。他们也将因不同国家间的竞争机制而受益，因为民众的选择是趋利避害的。

■ 用美元汇率贬值来解决贸易赤字（1988）

近几年来有很多人认为，美国贸易失衡的问题不能再凭借美元汇率贬值等传统方法来解决。在他们看来，高额的预算赤字、过高的工资水平、日益薄弱的制造业，再加上其他国家设立的贸易壁垒等，都削弱了美元贬值所能发挥的效果。

我早前曾在一篇专栏文章中倡导自由贸易政策（《商业周刊，7月20日》），但是，就连一些经验丰富的企业主管都对我的观点提出质疑，他们要我举出几个国内企业从美元贬值中获益的例子来。还好，这个经济世界还没有发生错乱。生产者和消费者，包括国外的消费者，依然会对刺激做出反应。现有的证据充分证明了过去的观点现在仍然是正确的：如果美元大幅贬值，很多美国厂商销售到外国的产品数量就会增加。

越来越多的人怀疑美元贬值对贸易逆差的改善效果，这是因为，美国的贸易赤字在1984年是800亿美元，在1986~1987年，则增至1 500亿美元左右，而在此期间，美元兑日元和马克等外国货币是大幅度贬值的。不过，美国的贸易赤字终于在近几个月开始下降，而且由于美国公司在过去这段时间提高了市场营销技巧，并增加了销往海外的专有技术，因此贸易赤字应该会继续减少。

错误观点

美国制造业产品的出口在过去几年里呈下降趋势，但这个趋势已经得到扭转。目前的出口量与1983年最低点的时候相比增加了60%；同时，进口已经停止增长，从1月份的数据来看，出口已经开始下降。连日本的贸易顺差也已经连续10个月降低，而来自美国等地的进口则逐渐攀升。

在20世纪80年代初期，美国的制造业出口的降幅高达25%，而汽车、钢铁等产品的进口则增长迅猛。据此，有人认为美国的制造业已经病入膏肓。不过，美元在1980~1984年间升值了40%，这大大提高了美国相对于日本等国的生产成本。美元在过去两年里出现贬值，这已经抵消了过去的升值幅度，因此，现在很多国内厂商在面对国外强劲的对手时，就具有相当的竞争力。

有些贸易保护主义者支持格普哈特（Gephardt）对贸易法案所提的修正案及其他贸易限制措施。他们声称，美国贸易之所以出现逆差，主要是因为外国的工资水平较低，劳动力受到剥削，以及外国厂商在美国市场进行倾销，同时又对进口美国商品实施限制措施所造成的。不过，美国现在的工资水平比西德低得多，但和日本差不多，而德国对美国的贸易顺差一直位居前列，日本则是最大的顺差国。尽管中国台湾和韩国的工资水平远低于美国，但过去几年里的工资快速增长，而同期美国对这些国家和地区的贸易逆差却急速上升。

倾销指控

如果外国公司想要在美国市场以倾销——以低于成本的价格把东西卖给美国——的方式来"援助"美国，那么美国人有什么好抱怨的呢？有种解释是，一旦外国产品以低价手段将国内厂商逼出市场之后，这些公司就会大幅调高价格。然而，每当外国竞争者提供质优价廉的产品的时候，就会有人控告其倾销，但这种掠夺式定价策略，鲜有获得成功的例子。

在过去10年里，增你智电子公司（Zenith Electronics Corp.）一直指控日本电视制造商在美国市场倾销，但始终没有指控成功。的确，几乎所有的国内电视制造商都因为价格竞争不过进口产品而不得不退出了市场，但进口电视的价格并没有上升。原因在于，外国制造商之间存在着激烈竞争，而且国内厂商随时都有可能参与到竞争中，外国厂商根本没有机会掠夺性地抬高价格。日本电脑存储芯片制造商也受到倾销指控，为了遏制这种所谓的倾销，里根总统于1986年和日本政府达成协议，以压低日本制造商的产量。结果是，美国厂商买到的储存芯片在价格上反而上涨了一倍多。

日本、韩国、中国台湾以及德国及其他大多数与美国有贸易往来的国家和地区的确运用了进口关税、出口补贴以及进口限额等手段来限制进口并刺激出口。这些措施既伤害了美国企业，也伤害了本国的消费者。但日本或德国实施的贸易壁垒或许比美国的高不了多少。美国也对汽车、钢铁、纺织品、糖等商品的进口设立限制，通过进出口银行来补贴出口，并实施了把农产品销往国外的计划。同时，美国也不应该把贸易赤字完全怪罪到外国的贸易壁垒上。比如，日本在过去几年里就减少了贸易壁垒，但日本对美国的贸易顺差却持续增加。

过去30年来，由于国际贸易的快速扩张，世界各国的消费者都能以合理的价格买到相当丰富多样的商品。国际贸易的增长可说是各国在第二次世界大战后相互合作的极佳例证，而且，有些国家制造的商品是美国消费者所需要的。国会将会制定出额外的法案来破坏各国合作的成果，并惩罚这些国家吗？

■ 所谓的"公平"贸易，就是为国内厂商谋利（1987）

我在最近的一篇专栏文章里呼吁美国采取自由贸易政策，并且不赞成对韩国和中国台湾等对美国享有贸易顺差的国家和地区实施惩罚性措施（《商业周刊》，1987年5月25日）。很多人反对我的看法，部分原因是他们认为这些国家或地区本身就实施了关税等限制进口的措施。韩国和中国台湾运用进口限额及其他不易觉察的手段，一方面将进口商品拒之门外，另一方面也鼓励自己的厂商出口。比如，韩国仍然不准汽车进口，而中国台湾则严格禁止大米进口。

毫无疑问，如果韩国及中国台湾地区在美国的威胁下减少进口壁垒，那么其他国家的消费者以及美国的出口厂商都能够得到好处。但遗憾的是，政府针对"不公平"贸易措施所采取的报复政策，通常只会让情况变得更糟，因为这种政策往往会成为保护国内业者的借口，使他们不用面对外国厂商的激烈竞争。

国内企业往往会以国外厂商进行倾销和剥削廉价劳动力为名，要求政府实施报复措施，但实际上只是为了掩饰其提高利润和收入的欲望而已。造成的结果是，国内消费者要接受更高的价格，而国内效率低下的产业却受到保护，它们不需要和外国生产商在产品开发和效率提升方面展开竞争。

我们来看看增你智公司长期控告日本电视厂商的例子。增你智公司声称，日本公司在美国销售电视机及其他电子商品时，故意把价格定得比成本还低。这种做法似乎对美国消费者有利，但原告公司称，最终的结果将是美国厂商被逐出市场，而日本公司再把价格提高到垄断水平。美国最高法院在1986年驳回这种说法，并且表示，事实上日本厂商在这些产品的生产方面更有效率。国内还有很多公司也指责外国业者进行倾销，或以掠夺性定价策略来逼退国内业者，大部分的说辞不比增你智公司的好到哪里去。不幸的是，有些案例真的让美国对进口设定限制。

利益被忽视

忽略国际贸易的多边性，而通过双边协议来实现与个别国家之间的贸易平衡，这是民主党众议员格普哈特的提案内容，我们可以认为，该提案真正的目标并不是所谓的"公平"贸易。同时，如果强迫韩国、中国台湾地区等亚洲国家和地区不得向日本购买工业用化学原料、货柜车以及设备等，而必须向美国购买这些产品，这种做法也不能说是公平贸易。更何况日本的产品价格更便宜，质量也更好。

当经济问题必须从政治角度来做决策的时候，往往会忽视消费者的利益，而顾及的是劳动者及生产者等特殊团体的利益。这是司空见惯的现象，理由很简单：某些商品的价格调高的时候，一般消费者只会受到轻微的伤害，但公司及其员工在其产品价格大幅度调升的时候，则会大获其利。其中，贸易政策又特别容易忽视消费者的权益，因为外国厂商通常对国内政治的影响力很小。美国对汽车、钢铁、电视机、服饰等产品的进口都制定了很苛刻的配额限制，由此可以看出美国产业的政治影响力有多大。而对进口商品设定配额的措施，会大幅度提高美国消费者所必须支付的价格。

几个世纪以来，很多国家的生产商对其他国家实施的不公平贸易夸大其辞，就是为了获得法律的庇护，以牺牲消费者的利益来换取自己的发展空间。亚当·

斯密在200多年以前就在《国富论》这本书里对报复性的贸易措施提出了批评。他说："为了补偿某些人（因为别的国家征收进口关税）受到的伤害，而采取措施让自己再度受到伤害，而且不只那些人受到伤害，几乎所有的人都会受到伤害，这似乎是一个很坏的做法……"

历史的教训

哥伦比亚大学教授加迪什·巴格瓦提（Jagdish Bhagwati）最近以"贸易的互惠和公平"为题发表了一篇相当好的论文。他把英国在19世纪末的状况，很巧妙地拿来和美国现在的情形做对比。英国的保护主义者当初攻击自由贸易政策的说辞，就和现在用来要求在贸易上实施报复措施的借口一样。英国当时的首相威廉·格拉德斯通则为自由贸易政策提出辩护，并且对报复措施背后的动机大力抨击。然而，即使他具有滔滔雄辩的能力和崇高的社会声望，也只能暂时维持现状而已，英国的自由贸易政策最后还是宣告结束。很多英国产业后来成功地要求政府对海外竞争者的产品征收进口关税，并设置了其他进口壁垒。

因为实施了自由贸易政策，英国在19世纪下半叶成为重要的工业大国。但到了20世纪，英国的经济实力出现了衰落，原因纵然有很多，但员工和资本家显然脱不了干系：他们以实施贸易报复措施为名来掩盖自己希望获得政府保护的意图。美国应该从英国经验中得到教训，拒绝以公平贸易为名所提出的要求。只要能够提高消费者的利益和经济效益，就算别的国家不实施自由贸易政策，美国还是有足够的理由来实施这样的政策。

■ 对于中国台湾地区和韩国，应该赞扬，而不是惩罚（1987）

如果众议院通过了格普哈特贸易修正案，那么对美国享有贸易顺差的国家和地区就会面临压力，必须减少对美国的出口，同时得增加进口。这项修正案当然会影响日本，但对韩国和中国台湾地区的伤害可能最大。我最近到韩国和中国台湾地区访问，发现他们对美国以这种方式施压感到大为不满。强迫他们减少对美国的出口并不能解决美国贸易失衡的问题，但可能会严重影响韩国和中国台湾地区的经济。中国台湾地区和韩国对美国的出口占各自出口总额的比例分别接近50%和40%。美国1986年对韩国和中国台湾地区的贸易逆差分别是70亿美元和150亿美元。这些数字与韩国、中国台湾地区的贸易金额来比算是不小，但和美国1986年整体贸易赤字1 500亿美元比起来，则只能算是个小零头。

在1982年以前，没有人抱怨韩国从事不公平贸易，当时韩国对美国的贸易通常是逆差。当然，韩国和中国台湾地区并不是在这几年学会如何把商品倾销到美国市场，或为了在价格上和美国商品竞争而故意剥削当地劳工。事实上，1990年以来，韩国和中国台湾地区的实际工资水平大幅度上升了35%以上，而美国的工资水平则没什么变动。

韩国和中国台湾地区的出口增长，绝不是因为韩国和中国台湾地区剥削了廉价劳动力，也不是因进行倾销等不公平贸易措施而造成的，主要是因为他们在经济上有突出的表现，而且还继续快速地往前迈进。过去25年来，中国台湾地区和韩国的实际人均国民收入年增长率都超过6%。虽然他们的石油等能源几乎完全依赖进口，但在20世纪70年代能源价格急速上涨的时候，中国台湾地区和韩国却应付自如。中国台湾地区目前的人均国民收入已经排在世界各国和地区的前头，而韩国也从原来十分贫穷的国家变成富国。同时，中国台湾地区是世界上贫富差距最小的地区之一，而韩国的情况和其他发展中国家比起来也不算大。

这些卓越的成绩，一方面验证了市场经济制度的力量，另一方面也彰显了明智的外国援助计划所带来的效果。在20世纪50年代初，韩国经历了朝鲜战争，百废待举；中国台湾地区则必须安置200万名从中国大陆撤退来的士兵和官员。在接受了美国的大量援助之后，中国台湾地区和韩国在50年代后期由原来政府严格控制的内需经济转变为以出口为导向的市场经济制度。在当时，这种转变在第三世界国家属于首创，因为这些国家和地区的意识形态以社会主义为主，强调政府对经济的控制。因为要依赖于民间企业，所以，韩国和中国台湾地区的企业界人士和劳动力得以利用国际市场扩张之际而得到发展的契机。

当然，中国台湾地区和韩国的文化都强调勤劳和自制，但不能把他们在经济上的成就完全归因于这些品质。毫无疑问，在韩国的发展过程中，民间企业扮演着相当重要的角色。1960年，朝鲜与韩国的人均国民收入相差不多，但现在韩国比朝鲜高出了两到三倍。虽然媒体广泛报道韩国在推动自由选举和实施民主化措施方面显得犹豫不决，但和朝鲜政治上比起来，韩国的政治气氛则让人觉得轻松得多。

惩罚消费者

朝鲜、古巴以及印度等很多国家利用廉价的劳动力来从事生产，但没有哪个国家会把他们的过度出口和不公平贸易当成问题。当然，美国也不会对朝鲜和古巴等经济表现不佳而又经常从苏联得到援助的国家特别有好感。相反，韩国和中国台湾地区已成了经济巨人，并且靠自己的力量站稳脚步。而且，为什么只因为韩国的现代集团生产的新车是近年来最受欢迎的进口车以及中国台湾地区能制造便宜而受人喜爱的录像机和服饰，就必须让美国的消费者跟着他们一起被罚？

韩国和中国台湾地区等亚洲新兴工业经济体在经济上的傲人成就，已经让发展中的国家都知道了民营企业的好处。这样的结果比美国大力宣传或经济理论的传播都有效得多。美国国会和总统当然应该拒绝接受《格普哈特修正案》。除此之外，强迫韩国和中国台湾地区降低对美国出口所施加的压力，也应该予以放松。否则，这两个凭着民间企业和国际市场的力量而发展起来的成功榜样，可能会在美国的压力之下瓦解。

小国问题
The Economics of Life

■ 国际贸易的扩张推动了小国经济的蓬勃发展（1994）

在过去的半个世纪里，国家的数量几乎增加了一倍，独立国家已经达到191个。在解读国家数量加倍增长的原因时，通常都会提到民族主义和种族冲突，但往往会忽略一个主要原因：在第二次世界大战以后，由于国际贸易快速发展，建立独立国家的经济成本大大降低了。

从1950年以来，全球进出口的年增长率高达10%左右。即使在20世纪80年代的经济衰退期间，国际贸易的年增长率依然维持在5%。结果是，经济的发展不用再看国内市场有多大，连小国都能在国际市场上占有一席之地了。

事实上，现在小国在国际市场的竞争反倒享有优势。经济效益原则要求小国只专注于生产若干类商品和服务，因此能够在某些大国无法填补的领域找到自己的发展空间。同时，由于小国经济的同质性较强，国内利益集团的冲突也不会产生较大的影响。另外，小国的商品和服务项目也不容易成为进口配额等限制措施的打击对象，因为其规模还没有大到会对大国制造商构成影响的程度。同样，欧盟等国际组织也愿意接纳小国加入，因为它们的生产量并不会对原来的成员国构成太大的竞争威胁。

有很多例子可以证明，国家和地区规模小并不是个问题。毛里求斯是个印度洋上的岛国，面积只有720平方英里，该国专门从事服饰的出口和旅游业，从而得以繁荣发展。新加坡刚开始起步的时候，也是只靠从世界各地进口商品，然后转卖到其他亚洲国家而创造出惊人的经济奇迹。目前，这个地区的进出口量仍然远远超过国内生产总值的总额，因为在这些居民里有很多人积极从事商品贸易和金融工具的交易。

摩纳哥王国只有5 000位公民，居民人数大约3万人，国土面积只有368英亩。它在国际贸易上开创出不少特殊的项目，也成了全球知名的赌城。另外，很多国际知名的职业网球明星和企业家等高收入者，也为了逃避所得税和财产税而搬到这个国家。在几年里，外来人口就已经将这里的不动产价格哄抬到比法国高出6倍的水平。

新加坡、摩纳哥以及毛里求斯等地，并不是因为小而享有好处的特例。从1950年以来，小国的国内生产总值增长率略高于规模较大的国家。我认为，有这么多小国和地区在经济上表现那么好，是让某些有增无减的种族冲突公开爆发的原因之一。例如库尔德族、塞尔维亚、克罗地亚之间的问题以及加拿大英语及法语区之间的冲突等。很多类似这样的群体认为，如果他们能成为独立国家，并且专门在某几项商品和服务的生产上求发展，在经济上应该会有更好的表现。

成功故事

一两年前，捷克分裂成了捷克共和国和斯洛伐克。这两个国家原来拥有共同的货币、贸易以及相关的生产网络。在各自独立以后，两国都曾经面临一些适应上的问题。但现在捷克共和国已经开始发展了，失业率低、增长快，并且成功地将出口市场转向西方国家。很多捷克人原来反对分裂，但和较为贫穷的斯洛伐克分道扬镳之后，经济实力变得更强。而斯洛伐克在推动民营化政策后，企业被迫学习如何在国际市场上竞争，经济自然也会走向繁荣。

捷克的经验同样适用于很多在民族和文化差异上面临严重冲突的国家。举例来说，一般人认为，如果魁北克从加拿大独立出来的话，经济方面的表现可能会变坏。显然，这样的看法忽略了国际贸易在经济发展过程中的作用。或许在经过一段艰难的调整期后，魁北克就能通过和加拿大、美国以及墨西哥等拉丁美洲国家之间的贸易而在国际经济里找到自己的发展根基。如果魁北克独立的话，对加拿大的经济或许也有帮助，因为一方面可以减少文化上的冲突，另一方面也不用再为了政府收支的分配问题产生争执。

在现代社会，各国经济通过贸易而相互联系，因此国家规模较小反而成为分工国际化过程中的一种资产。而民族主义也不过是在国际贸易持续扩张的情况下，利用机会成立新国家罢了。

■ 民族独立声浪高涨，但全球市场正走向整合（1991）

苏联、南斯拉夫以及伊拉克等国的民族冲突愈演愈烈，彼此对峙的气氛紧张。在混乱的形势之下，有些国家不久可能被迫分裂成几个独立的国家，或由几个相当于独立的共和国共同组成联邦。但明年，西欧的12个长期以来政治冲突不断的国家，反倒将整合成一个自由贸易区。这种在政治上走向分裂但经济上迈向整合的发展动向，反映了两大趋势：一是单一民族大国的优势在渐渐减少；二是扩大市场范围的好处越来越多。

从传统上看，规模庞大且由中央政府掌管事务的国家，更有能力应付外国侵略，增加税收来支付政府开支，并提供开放的国内市场，以利于商品交易及人口流动。汉密尔顿在《联邦党人文集》里就以这些因素为由，支持新获独立的美国废除《联邦条例》，然后制定新宪法，让联邦政府拥有更大的权力。

然而，随着时间的流逝，汉密尔顿当初考虑的所有因素都已经不像过去那样重要了。在过去的半个世纪里，新型武器不断开发，加上美国在全球扮演警察的角色，因此人口众多的大国在军事方面的优势已经减退，而政府在税收及提供补贴方面所拥有的经济规模，有时候反而变成剥削弱小民族等团体的工具。

同一个世界

由于独立国家间制定的贸易协定以及所有国家间贸易的快速增长，庞大的国内市场所带来的好处已经被抵消了。同时，由于货物和民众的运输成本大幅度降低，通信方式又便宜又快速，国际贸易自1960年以来获得迅猛发展。同时，各国通过关税贸易总协定（GATT）展开降低关税的多边谈判，也刺激了国际贸易的快速增长。在这些发展之下，企业在寻找产品市场和原料供给地的时候，就可以超越国家界限来向外寻求发展。美国的国内市场纵然庞大，但不再能够独力支持经济增长。20世纪50年代以来，美国的出口占国民生产总值之比例增长了三倍，原因便在此。

第二次世界大战以来，新成立的国家就超过了70个，其中大多数是规模相当小的国家。不过，这些国家虽小，自然资源也相当有限，但在国际贸易机会不断增加的情况下，某些不依赖国内市场并大力推动进出口的国家却得以繁荣发展。

新加坡的人口不到300万，但从20世纪60年代迄今，其人均实际国民收入的年增长率都超过7％。这是相当难得的纪录。该国的纺织品、电子产品以及金融服务等的出口值达国民生产总值的51％。

不过，国际贸易还是不能完全取代自由贸易区，因为出口产品在进入国际市场的时候，必须面对大量的进口配额等贸易限制。各国之间如果签订了自由贸易协定，就能克服这些障碍，并让主权国家能够得到更大的市场。这种贸易协定比政治整合要容易达成，因为不会让人担心强大的国家可能趁机扩张势力。

长期的紧张关系

在1994年年底之前，阿根廷、巴西、巴拉圭和乌拉圭等国将组成一个共同市场，总人口达1.9亿人，而生产总值则占了整个拉丁美洲和加勒比海地区的一半以上。美国和加拿大也签署了自由贸易协定，同时还打算和墨西哥以及智利就类似的协定进行谈判。不过，反对的声浪却很强。这些协定的签订，几乎可以消除所有产品和服务项目的贸易壁垒，同时又不会牵涉其他国家的政策。例如，美国和墨西哥就自由贸易协定进行谈判的时候，就不会讨论美国取缔墨西哥非法移民的事情。事实上，从政治的角度来看，美国也做不到。

欧共体不久将对除农产品以外的几乎所有商品都实行自由贸易，在12个会员国里，人口流动也不受任何限制。同时，各国在某个范围之内也会在税收和政府补贴政策上采取一致的做法。不过，虽然很多推动欧洲统一的人希望欧洲能实施单一货币制度，成立单一的中央银行，并实施共同的国防和外交政策，但这些目标看起来不大可能在短期内实现。海湾危机就暴露出欧共体成员国之间存在着严重的分歧。其中英国和法国都派兵前往波斯湾，但德国等其他国家则持观望态度。长期以来，法国和英国之间以及德国及其邻国之间就存在着紧张关系，这是根深蒂固的，不会因为几十年来彼此的善意就消弭于无形。

我认为，不论是南斯拉夫、捷克、苏联、加拿大、埃塞俄比亚或伊拉克，还是其他地区，各民族要求自治的压力并不会有所缓和。相反，政治上寻求自治而经济上走向结盟的趋势，直到21世纪还会继续下去。

■ 小国也能发展得不错（1990）

当魁北克、立陶宛、埃塞俄比亚、斯里兰卡、西班牙等地的分离主义者要求独立的时候，常常有人会指责他们说，就算真的实现了独立，这些国家也会因为规模太小而在经济上无法生存。不过，大国在经济方面是不是普遍享有绝对的优势，结论仍然未定。

按照人口规模来划分的话，从1960年到20世纪80年代中期，人口较多的半数国家的人均国民收入年增长率并不比人口较少的另一半国家来得高。按照土地面积来比较的话，小国的经济增长速度甚至比大国略快一点。就算把教育程度和收入水平在1960年相差不多的国家拿来比较，大国和小国的人均国民收入增长率也没有明显的差别。

这些令人讶异的结论是根据宾夕法尼亚大学经济学家罗伯特·萨默斯等人所做的研究得来的。大国不仅在经济增长率上没有占到上风，连人均国民收入也不比小国强。事实上，不论是从人口数量还是从国土面积来比，大国的人均国民收入水平比小国还稍逊一筹。

为什么会这样呢？很显然，小国会因为国内市场规模不大而受到限制。对它们来讲，在汽车、钢铁或飞机等诸多产品的生产方面，由于国内市场太小，根本实现不了规模经济。不过，这些国家还是可以通过国际贸易来扩大市场。近几十年来，由于国际商务快速增长，国际贸易变得更容易了。小国对世界经济的依赖性的确更大，其出口占国民生产总值的比例就比大国要大。

长焦距

不过，国际市场纵然大，却无法完全替代国内市场，因为国际贸易会受到关税及进口配额等的限制。人员的跨国流动所受到的限制就更加严格了。相对而言，不论是商品还是人口，在国内各地区之间的流动都要自由得多。

举例来说，魁北克居民可以搬到多伦多去住，也可以把东西卖到温哥华，但如果目标地换成美国或墨西哥，就得担心关税、移民配额及其他限制措施了。同样，乌克兰把产品卖到苏联，也比卖到西欧容易。有些产品不需要很大的国内市场，小国通常会专门生产这些东西。所以，智利出口蔬菜及水果，以色列销售小型武器，毛里求斯外销纺织品，科威特则生产石油，它们都不把精力用来生产汽车或飞机。

但是，大国在经济上也会碰到各种问题，这抵消了其国内市场的优势。一个最严重的问题是，大国国内的各种利益集团为了得到补贴或影响立法会对政府进行游说或施压，这对经济构成了很大的危害。同时，众多不同的部门享受到对自身有利的政策，而这些政策会增加其他部门的税收并提高其生产成本。因此，如果加拿大政府对西部的谷物耕种者提供补贴，那么就会提高魁北克及东部各省的小麦价格。同样，假如政府对东部石油和汽油厂商提供补贴，那么就会牺牲西部生产商的利益。

棉花王

在大国国内，利益集团之间的冲突有时候甚至会导致严重的内乱。毫无疑问，美国当初关于农奴制度的冲突是造成内战的直接原因。不过，南部诸州希望降低欧洲产品的进口关税并扩大棉花的出口市场也是造成南北方决裂的起因，因为这与东北部新英格兰地区的制造业者发生了利益冲突。后者希望以关税来保护自己，免遭欧洲产品的竞争威胁，同时希望压低南部的棉花价格，因为那是北方纺织业必须用到的原料。

而对小国而言，由于经济的同质性较强，因此制定出的政策会增加其他部门成本的机会要小得多。如此看来，如果政府法令规范较少的往往都是规模较小的国家或地区，也就不令人觉得意外了，例如新加坡和智利等。

东西德的统一在经济上所能得到的好处，会不会比这两个国家各自独立但容许民众和商品自由流动的做法来得多？我对此持怀疑态度。东德经济的主要问题不在于规模小，而在于中央计划体系和国营制度。事实上，统一会让东西德的某些团体发生冲突，这将延缓东德势在必行的改革进度。东德希望西边有钱的老大哥能提供补助，让他们继续维持劳动力和资本的低效率运作。事实上，东德已经有人擅自组织了数次罢工，要求放慢改革步伐并增加救济额度。

当然，各地区谋求独立的原因通常都和民族主义及民族冲突有关，而不是出于经济方面的盘算。但不管动机如何，有人警告小国在独立之后会在经济上付出代价。从独立后的实际表现来看，这纯属无稽之谈。

环境问题
The Economics of Life

■ 以市场经济制度来解决人口增长的难题（1994）

牧师托马斯·马尔萨斯似乎是复活了，而且就住在联合国里。人口不断增长，而维持生命的食物等资源的增长有限，两者会互相冲突。这听起来像是马尔萨斯的经典著作《人口论》里的话，但事实上，它是联合国最近刚闭幕的一次会议的主题。联合国1995年9月将在开罗就人口问题召开大会，这次会议算得上是前期准备。

在这次会议上，有个提案引起了与会者的热烈辩论。该提案要求，为帮助穷国实行计划生育，联合国应该把对穷国的补助金额提高到现在的四倍，即增加到40亿美元以上。不过，世界银行经济学家兰特·普里切特（Lant Pritchett）在1994年3月期的《人口及经济发展评论》杂志上发表的一份研究报告指出，在贫穷国家，人们多生孩子并不是因为不懂得控制生育，而是因为他们喜欢大家庭。

目前在第三世界国家，孩子们很早就得出去工作，所以每个家庭通常还是会生6个以上的孩子。不过，假如能够得到正确的引导，穷人家庭还是会少生孩子的。随着国家的发展，民众的态度也会发生改变：父母会希望少生几个孩子，让他们接受比较好的教育，能够在现代经济社会里获得发展空间。因此，减少生育率最有效的方法不是计划生育，而是推动经济发展和提高妇女的教育程度。

增长迅猛

不过，很多生物学家和环境生态学家不同意这种看法，在他们看来，如果不以更激进的手段来控制人口增长，那么未来一定会有灾难发生。他们之所以对这个问题感到担心，是因为从1950年以来，世界人口增长了一倍以上，目前已经达到55亿，而且预期到2055年还会加倍，达到110亿。和过去比起来，这样的增长速度实在太快。从1850年算起，人口增加一倍用了100多年。而从1700年算起的话，更是用了150年以上。这些学者还担心，从1950年以来，第三世界贫穷国家的人口增长速度特别快。非洲人口从2亿增加到将近7亿，而亚洲总人口（即使不包括日本）也由13亿增加到30亿以上。

增幅惊人

不过，在我看来，没有必要对此感到大惊小怪。毕竟，非洲的人口密度仍然远低于日本、荷兰以及中国台湾地区等富裕的国家和地区。而且，这些新马尔萨斯主义者或许不知道，第三世界国家的家庭经济状况已经比40年前好了很多。虽然有些非洲国家的人均国民收入在20世纪80年代或更早以前的确有所下降，但大部分第三世界国家的国民收入有不错的增长速度。同时，这些国家的人口之所以快速增长，是因为与几十年前相比，大人和小孩的寿命都大有延长，并不是生育量增加所造成的。现在，平均每个家庭的孩子数量反而减少了。如果是因为营养不良或疾病传染造成死亡的人数减少而导致人口增加的，我们又何必为此感到悲哀呢？

第三世界国家有时候也会发生可怕的饥荒，但大多数国家的营养状况已经大为改善。同时，耕地面积固然减少了，但粮食价格反倒比以前更便宜，粮食的供给也比以前更充裕了。由于农耕科技和提炼技术的迅猛发展，大大增加了粮食、石油、天然气等自然资源的供给。

教育推动

悲观主义者认为，过去发生的那些情况无法持续下去，而粮食的和矿物燃料的生产将赶不上21世纪可能出现的人口大幅度增长。人口增长或许会长期对粮食及能源的供给构成潜在的问题，但问题的严重性显然是被那些恐慌论者过分夸大了。过去，有关粮食和自然资源的预测可谓不计其数，但事后都证明太过悲观了。举例来说，虽然新马尔萨斯主义者预期在20世纪，人口和工业产出的快速增长会大幅度提高粮食和能源的价格，但没有人料到科技的进步反而降低了粮食生产和自然资源的成本。

有关人口增长的估计也同样不可信赖，而且很多不过是根据过去的趋势所做的推论而已。例如，自1950年以来，哥伦比亚、中国香港、墨西哥、中国台湾地区及其他贫困国家和地区的生育率下降的速度就比预估的快得多。这些国家和地区大幅度提高了民众的教育程度，并增加了妇女的劳动参与率。同样，如果非洲等第三世界国家能接受市场经济制度，并提高民众的教育水平，实施出口导向型的政策，那么人口增长的速度一定不会像目前估计的那么快。

联合国要帮助第三世界国家降低人口增长率并减轻他们的困境，最好的方法就是向这些国家提出明智的政策建议。实施自由市场并普及基础教育，有利于降低他们多生孩子的欲望，这方面的讨论理应成为明年秋天在开罗举行大规模的人口研讨会的主要议题。

■ 处理全球变暖的问题需要冷静的头脑（1992）

当一国的产业活动破坏了他国的环境时，就需要通过国际协议来解决。这次在巴西召开的国际环境峰会，为了对温室效应导致全球气温升高的问题加以控制，各国大多赞成实施严格的规定。不过，布什总统是唯一反对这种做法的与会元首，并因此受到严厉的批评。不过，美国的立场是正确的。因为使用燃料所产生的二氧化碳和氟氯碳化合物等气体究竟会对大气层的温度造成什么影响，至今尚无定论。

二氧化碳等气体被排放出来后会停留在大气层，然后把热气反射回地球表面，造成陆地和海洋的温度升高。由于不可能通过普通的科学实验来判断地球表面的温度是否会因此而受到严重的影响，因此，温室效应导致全球变暖的说法是根据大气层的理论模型而推论出来的。这些模型本身相当复杂，但连强烈支持温室理论的科学家也承认，这些分析方法把问题过度简化了。例如，这些模型通常并不注意气体在升到大气层之后会如何改变云层的结构。

说法很可怕

在这个领域里，自然科学家所面对的情况和经济学家是相同的，也就是只能从过去发生的状况来测试自己的理论。不过，认为温室效应会造成严重损害的人，却不能由过去地表温度的变化来印证自己的理论。在过去半个世纪里，二氧化碳等气体增加的速度比过去任何时期都来得快。然而，地表的温度虽然从20世纪开始就不断上升，但最明显的却是在1940年以前。因此，这个现象可能是其他因素造成的。如果目前还看不出二氧化碳等气体大幅度的增加会对地表温度造成明显的影响，又怎么能说除非这些气体的产量递减，否则温度还会大幅度上升呢？

当然，经济及科学方面的政策不能总是等到证据充分之后才来制定。有些人认为二氧化碳的排放应该严格控制，因为温度升高所造成的后果已经到了让人担忧的程度，所以现在就采取某些措施来加以制止。他们的说法是，如果等到更为明确的证据出来后才采取对策，只怕到时候会被迫采取更激烈的行动才行。

不过，很多科学家还是很难接受全球变暖的理论。我认为，美国等国家应该考虑这些人的看法，并且在严格限制碳排放之前，不妨先等上一段时间。未来几十年里，有些大气层模型的重要参数会有新的信息出现。到时候，大半的疑虑就可以解决了，也可以清楚地判断究竟这些气体会不会对环境造成很大的损害。温室效应当然有可能是被过分渲染了，也有可能根本不需要大幅度降低煤的产量及使用。

举例来看，二氧化碳等造成温室效应的气体在进入大气层后会变成什么状况，仍然相当不明确。每年都有部分气体会被泥土、树木以及水域等自然物质所吸收，并不会对环境造成伤害。这些被自然吸收的比例每年估计大约是0.5%~2%。假定实际的吸收比例接近2%的话，那么在未来数十年里，大部分的工业生产活动都不会造成未来温度的升高，因为在这段时间里，这些气体会被自然物质所吸收。

头脑要冷静

没有人能够预测未来的科技发展会不会减少工业对煤炭等燃料的需求。不过，这次在巴西参加环境峰会的国家可以通过奖金等方式适当花点钱，就能加快技术突破和方法创新，以减少有害气体的排放。就算温室理论是正确的，如果科技进步足够快的话，就不需要对二氧化碳的排放征收重税了。

假如现在不采取任何行动，而事后证明温室效应的确对环境构成严重伤害，那么情况会有多可怕呢？芝加哥大学教授伊安·帕里（Ian Parry）比较了两种减少燃料使用的做法对全球经济可能产生的影响。一种做法是在未来大幅减少燃料的使用；另一种则是适度减少燃料的使用，但时间比前者延长很多。两者的差异主要是根据资金从高消耗产业转移出去的成本、气温升高对谷物收成的破坏作用等相关因素来进行分析和判断的。

帕里的研究并没有把技术进步的因素考虑进去，但他依然得出了这样的结论：就算温室效应很重要，但在未来几十年内不采取行动所必须付出的代价或许并不大。如果因为政府暂时按兵不动而使得全球气温发生灾难性变化，以致海岸地区发生严重的洪水泛滥等情况时，才能说问题真的严重了。不过，发生这些情况的可能性相当低。全球变暖的现象虽然有可能成为紧急问题，但从目前的情况看来，并没有理由惊慌失措。现在应该做的是，通过某些奖励措施来研究如何减少废气的排放。在对温室效应理论的正确性有更多的把握之前，应该避免采取太大的动作。

■ 世界末日的种种预言总是不攻自破（1996）

人们总是过度担心会发生危机，有时连最有智慧的人物也免不了。威廉 S. 杰文思（William S. Jevons）是世界上最伟大的经济学家之一，他在1865年写成的《煤炭问题》一书中表达了他的担忧：英国的煤炭储量快被开采光了，英国的工业增长可能会因此而停顿下来。不过，英国目前的煤炭储量，足以让煤炭业维持下去，并保证10多万名矿工的饭碗不会因进口产品的竞争而丢掉。杰文思当时还预测，由于越来越稀缺，煤炭的价格会上涨。但其实，英国从19世纪70年代到20世纪70年代，煤炭的实际价格几乎没有上涨。他完全没有预料到，煤的替代品、新型发动机及其他技术会被开发出来，这些都提高了能源的使用效率。

在人口方面，牧师马尔萨斯所做的可怕预测广为人知。他在1803年提出警告说，除非年轻男女推迟结婚并减少生育，否则，人口的不断增长会长期压低劳动力的实际工资水平。然而，在之后的150年里，英国的人口虽然快速增长，且平均结婚年龄也有所下降，但实际工资水平反倒在大部分时期里呈上升趋势。马尔萨斯未能预料到，科技水平在产业革命之后会进一步提高，也没有想到现代的民众会更喜欢小家庭。

清醒的判断

这种过度的危机意识不只是19世纪人类的专利，也不是只有悲观派的经济学家才有的问题。得州A&M大学教授查尔斯 W. 莫里斯（Charles W. Maurice）及查尔斯 W. 斯密森（Charles W. Smithson）在其合著的《世界末日的迷思》一书中，考察了过去对经济危机所做的种种预测。例如，17世纪的英国面临着木材不足的问题，当时就有人预测可能会严重削弱海军战斗力，提高家庭的取暖成本，让民众无法承受得起。但实际的情况却是，木材价格在长达一个世纪内不断上涨，这种情况反而加快了煤炭业的发展，煤炭成了更好的替代品。

像杰文思和马尔萨斯这种杰出的思想家都无法预见未来的实际发展，这对那些想对未来进行预测的人来说应该是一个教训。然而，不少唯恐天下不乱的人还是经常提出惹人眼球的论调，再加上20世纪六七十年代是最容易让人对未来感到悲观的年代，因此清醒的判断反而会被淹没。很多人对马尔萨斯的观点老调重弹，预测说世界人口增长失控的话，会破坏生态环境，会妨碍经济增长。同样，很多人也担心矿物燃料即将用罄，听起来犹如杰文思再世一般。还有不少人提出警告说，可能会出现环境危机、核子危机以及都市危机等。

但是，现有证据并不支持这些预测。举例来说，由于中国、印度等发展中国家的生育率下降，因此在20世纪60年代对人口增长所做的预估都向下修正了。而发达国家则开始担心家庭人口太少的问题，以及由于生育率过低导致的人口减少的问题。另外，矿物燃料表面上存在的短缺问题，不过是石油输出国组织刻意哄抬价格的结果。在这种情况下，各国被迫提高燃料的使用效率，并开发替代产品，结果打破了产油国的卡特尔，也打消了人们对能源紧缺的担忧，至少暂时是如此。

实力在削弱

20世纪80年代的问题虽然没有前20年那么严重，但也有不少人不断抛出危机论调。过去四年来，联邦预算赤字居高不下，某些人预测会有灾难发生。同时，有人说欧美等国的产业实力正在削弱，太平洋各国大有迎头赶上之势。也有人说，美国制造业产品无法在国际市场竞争过其他国家，这是导致对外贸易出现大量逆差的主要原因。

不过，强大的现代经济似乎并没有要求制造业必须占据主导地位。在1947～1975年间，美国经济表现得非常强劲，但在这段时间里，制造业吸纳的就业人口占总就业人口的比例从35%降到了23%。事实上，在此期间的大部分时间里，制造业就业人口的绝对数字只是在缓慢增长而已。而最近几年的贸易赤字显然与外国人对美元资产的需求（的增加）有关，而与美国在国际市场上缺乏竞争力的状况没有关系。在贸易逆差不断上升的大多数时间里，美元相对于其他货币而言，实际上已经升值了。

和其他所谓的危机不同，高额的预算赤字如果持续下去，最终将会引发严重的问题。例如，未来的政府可能会通过增发货币的通胀方式来减轻愈发沉重的债务负担。在过去四年里，美国的经济发展强劲，但通货膨胀的压力却不大；在这段时间里，每当预算赤字上升就有人大惊小怪，这该如何解释？

我们应该坦然面对现实：经济学及其他社会科学是无法预测出美国对来自日本或韩国的竞争究竟会做何回应，也无法预测出美国会如何应对石油等能源供给明显减少的状况。不过，过去数百年来的实际情况证明：在价格等方面出现明显变化的时候，只要个人和组织都能自由地予以回应，就算经济上的困境再难克服，最后也都能找到令人意想不到的高明解答。

反垄断与卡特尔
The Economics of Life

美国的反垄断法过于关注合并和价格歧视等商业行为，因为这些行为被指要么会造成垄断，要么反映了垄断力量的存在。但是，法官和立法者都没有足够的信息来确定各种常见的商业行为到底会促进竞争还是会妨碍竞争。要控制垄断力量，更有效的办法是鼓励竞争者的进入，其中包括外国竞争者。

现行的反垄断法的悖论之处在于，很多价格串谋，即使明显暴露出垄断企图，也可以不遭到反垄断起诉。比如，全美大学生体育联合会（NCAA）对大学体育方面的规定，它基本上就属于用来降低大学生运动员（尤其是橄榄球和棒球运动员）薪酬的串谋。大学生运动员一般都来自贫困家庭，而运动队成绩斐然的高校在收入和宣传方面都受益匪浅，但NCAA却以"公平"为由，认定自己做出的规定是合理的，但我们将证明，这真是一种奇怪的"公平"。

■ 棒球联盟：如何制定合适的政策（1994）

自从美国职业棒球大联盟球员开始罢工，提前结束本赛季后，体育记者、电视评论员以及众多的球迷一直忙于归咎责任方和偏袒自己所支持的一方，却不去解决潜在的经济问题和棒球等团体体育项目中存在的特殊问题。

人们认为，球队老板们在罢工期间所表现出的顽固和团结，特别豁免权难辞其咎。这项豁免权是1992年美国最高法院根据反垄断法授予职业棒球大联盟的一项特殊待遇。但棒球联盟并不是唯一一个可以豁免反垄断法的：1914年颁布的《克莱顿反垄断法》对所有的联盟都授予了豁免权，其中就包括体育联盟。而其他的体育联盟，甚至是那些受反垄断法约束的联盟都经历过类似的冲突：1987年全美橄榄球联盟球员罢工就是一个很好的证据。

棒球最显著的经济学特征与反垄断没有任何关系：像其他团体运动的球迷一样，相对于棒球球员和球队自身的优秀表现，棒球球迷们往往更加关注球队相对于竞争对手所取得的成绩——他们所支持的球队是否会赢得更多的比赛，成功进入季后赛，甚至可能赢得世界职业棒球大赛？他们所支持的击球手是否会引领整个联赛，或者一个明星投球手将会赢得20多场比赛吗？这种考虑模式并不适用于大多数其他的产品和服务。

扣人心弦的竞赛

现场门票和电视直播的收入对于球队的相对表现具有敏感性，这表明，比赛越是势均力敌，赛事越是紧张，或者是赢得世界职业棒球大赛的球队或其他运动项目的锦标赛冠军的更换越频繁，球队收入就会越多。球队老板反对自由转会和自由选秀，他们认为比赛不会因为市场庞大或财力雄厚的球队买断最佳自由球员和最佳新秀就变得势均力敌。不过，研究发现，自1976年棒球实行自由球员制度以来，赛事的紧张程度和输赢记录的差异并没有多大改变。

相对成绩很重要，这也意味着各支球队的支出可以演变成"军备竞赛"。每支球队自身都愿意为获得竞争优势多付出一点，但是如果所有的球队都增加支出的话，就没有哪支球队会获得竞争优势。正如国家在不改变武力均衡的条件下增加武器支出一样，当所有的球队在球员、梯队、球探、管理者和其他各方面支出更多时，他们在体育赛事中的排名并不会改变。

老板和球员们应该在基本保持劳资平衡的基础上制定出一套规则，以限制支出，鼓励竞争。老板认为，解决方案是给球员的工资规定一个最高限额，但是球员们则认为这种限薪的做法太过刻板。球员的看法是正确的。

由于球员和球队在体育收入分配上互不相让，即使是完全出于好意，罢工和停赛也可能会发生。尽管球员年薪的中位数在50万美元左右，但是，即便是高薪雇员也会想要罢工并且运用其他手段来获取更多收入，对于那些职业生涯仅有几年时光的球员来说，更是如此。尽管老板常常是一些特别热衷于体育运动的成功商业人士，但他们仍然想要降低成本，获得合理的投资回报。

更富或更糟

棒球联盟应该向大联盟各支球队在球员薪水、球员培训以及任何其他可能提高球队成绩方面的总支出进行征税，而不是实行工资上限制。例如，可以向为了提高比赛成绩而总支出超过4 000万美元的球队征收33％的税，这是职业棒球大联盟球队在这些方面的平均支出水平。在老板和球员的谈判结束之际，联盟提出老板应该缴纳这种税。

征收这种税，将遏制球队在"军备竞赛"方面过度开支的现象。另外，联盟会把收缴的税收收入分发给各支球队，这将对小球队的老板形成一种补偿，让他们也能享受到纽约扬基队、洛杉矶道奇队等传统大球队的更多资源。

但是，只对球队的支出征税是不够的，它并不能让经营不善的球队获得额外的经济激励来提高球队的比赛成绩和精彩程度。对表现低于平均水平的球队征收第二项税，就可以做到这一点。

球队在头一两年里输得越多，缴付给联盟的金额就会越大。第二项税收将鼓励弱队更加努力，但棒球职业联盟的新秀选拔规则及其他规则却是要扶持而不是惩罚那些表现不好的球队。弱队一旦受到扶持，就会缺乏通过自身努力（比如，提高决策质量和管理水平）来提高球队竞争力的动力。

可预见的结果是：取消工资上限并维持老板间的势力均衡，势均力敌且精彩纷呈的比赛指日可待。

■ 问题不在于CEO的薪酬，而在于把他们撵走（1992）

正值经济衰退期间，布什总统携一群高薪首席执行官造访日本，引发了太平洋两岸对执行官高薪问题的关注。尽管部分企业领导者的薪酬确实过高，但是我认为关注薪酬问题只是在混淆视听。企业领导阶层以及企业竞争力的主要问题在于，难以摆脱那些经营不善的首席执行官。解决这个问题最好的办法就是与他们签订固定期限的合同。

一些表现不佳的首席执行官难以被取代，是因为他们的任期通常都是无限期的，只有董事会或死神才可以终止他们的任期。但是首席执行官们往往控制着董事会的大多数人事任命，从而保护自己不被免职。在超过99%的董事会选举中，管理层的提名是不会遭到反对的，即使在极少数遭遇反对的情况下，管理层也会有3/4的把握击败反对派。其结果是，除非被另一家公司收购，否则，即使该公司运营状况不佳，高层管理人员也很少会被解雇。

对立法者、州长、大学院长、大学和专业运动队的教练等人员的任命可以勉强采取长期任用的政策。对大学教授来说，这可能是个好办法。但是，对于首席执行官来说，用一份可以续约的固定期限（也许3～5年）合同来替代无限期合同可能会更好。续约之前，董事会要评估首席执行官的表现（最好是在外部顾问的帮助下），并向股东们报告得出的结论和一些分析结果。

对于表现糟糕的管理层，签订短期合同并不能立竿见影地解决问题，因为首席执行官会继续在董事会行使更大的控制权。当然，签订短期合同的话，会要求对首席执行官的业绩进行系统、定期的审核，从而有助于股东和员工掌握管理层不称职的证据。

真实的自己

我并不主张由证券交易委员会或国会立法来强制推广固定期限合同：监管企业治理的联邦法规已经够多的了。相反，我希望看到公司董事会采取主动，或者迫于股东和公众的压力，与首席执行官签订固定期限合同。这些公司此后的业绩可用于研究判断限期任用是否真的是个好主意。

批评人士抱怨说，当公司的赢利和股价暴跌时，高管的薪酬通常不会大幅下

反垄断与卡特尔
The Economics of Life

美国的反垄断法过于关注合并和价格歧视等商业行为，因为这些行为被指要么会造成垄断，要么反映了垄断力量的存在。但是，法官和立法者都没有足够的信息来确定各种常见的商业行为到底会促进竞争还是会妨碍竞争。要控制垄断力量，更有效的办法是鼓励竞争者的进入，其中包括外国竞争者。

现行的反垄断法的悖论之处在于，很多价格串谋，即使明显暴露出垄断企图，也可以不遭到反垄断起诉。比如，全美大学生体育联合会（NCAA）对大学体育方面的规定，它基本上就属于用来降低大学生运动员（尤其是橄榄球和棒球运动员）薪酬的串谋。大学生运动员一般都来自贫困家庭，而运动队成绩斐然的高校在收入和宣传方面都受益匪浅，但NCAA却以"公平"为由，认定自己做出的规定是合理的，但我们将证明，这真是一种奇怪的"公平"。

■ 棒球联盟：如何制定合适的政策（1994）

自从美国职业棒球大联盟球员开始罢工，提前结束本赛季后，体育记者、电视评论员以及众多的球迷一直忙于归咎责任方和偏袒自己所支持的一方，却不去解决潜在的经济问题和棒球等团体体育项目中存在的特殊问题。

人们认为，球队老板们在罢工期间所表现出的顽固和团结，特别豁免权难辞其咎。这项豁免权是1992年美国最高法院根据反垄断法授予职业棒球大联盟的一项特殊待遇。但棒球联盟并不是唯一一个可以豁免反垄断法的：1914年颁布的《克莱顿反垄断法》对所有的联盟都授予了豁免权，其中就包括体育联盟。而其他的体育联盟，甚至是那些受反垄断法约束的联盟都经历过类似的冲突：1987年全美橄榄球联盟球员罢工就是一个很好的证据。

棒球最显著的经济学特征与反垄断没有任何关系：像其他团体运动的球迷一样，相对于棒球球员和球队自身的优秀表现，棒球球迷们往往更加关注球队相对于竞争对手所取得的成绩——他们所支持的球队是否会赢得更多的比赛，成功进入季后赛，甚至可能赢得世界职业棒球大赛？他们所支持的击球手是否会引领整个联赛，或者一个明星投球手将会赢得20多场比赛吗？这种考虑模式并不适用于大多数其他的产品和服务。

扣人心弦的竞赛

现场门票和电视直播的收入对于球队的相对表现具有敏感性，这表明，比赛越是势均力敌，赛事越是紧张，或者是赢得世界职业棒球大赛的球队或其他运动项目的锦标赛冠军的更换越频繁，球队收入就会越多。球队老板反对自由转会和自由选秀，他们认为比赛不会因为市场庞大或财力雄厚的球队买断最佳自由球员和最佳新秀就变得势均力敌。不过，研究发现，自1976年棒球实行自由球员制度以来，赛事的紧张程度和输赢记录的差异并没有多大改变。

相对成绩很重要，这也意味着各支球队的支出可以演变成"军备竞赛"。每支球队自身都愿意为获得竞争优势多付出一点，但是如果所有的球队都增加支出的话，就没有哪支球队会获得竞争优势。正如国家在不改变武力均衡的条件下增加武器支出一样，当所有的球队在球员、梯队、球探、管理者和其他各方面支出更多时，他们在体育赛事中的排名并不会改变。

老板和球员们应该在基本保持劳资平衡的基础上制定出一套规则，以限制支出，鼓励竞争。老板认为，解决方案是给球员的工资规定一个最高限额，但是球员们则认为这种限薪的做法太过刻板。球员的看法是正确的。

由于球员和球队在体育收入分配上互不相让，即使是完全出于好意，罢工和停赛也可能会发生。尽管球员年薪的中位数在50万美元左右，但是，即便是高薪雇员也会想要罢工并且运用其他手段来获取更多收入，对于那些职业生涯仅有几年时光的球员来说，更是如此。尽管老板常常是一些特别热衷于体育运动的成功商业人士，但他们仍然想要降低成本，获得合理的投资回报。

更富或更糟

棒球联盟应该向大联盟各支球队在球员薪水、球员培训以及任何其他可能提高球队成绩方面的总支出进行征税，而不是实行工资上限制。例如，可以向为了提高比赛成绩而总支出超过4 000万美元的球队征收33%的税，这是职业棒球大联盟球队在这些方面的平均支出水平。在老板和球员的谈判结束之际，联盟提出老板应该缴纳这种税。

征收这种税，将遏制球队在"军备竞赛"方面过度开支的现象。另外，联盟会把收缴的税收收入分发给各支球队，这将对小球队的老板形成一种补偿，让他们也能享受到纽约扬基队、洛杉矶道奇队等传统大球队的更多资源。

但是，只对球队的支出征税是不够的，它并不能让经营不善的球队获得额外的经济激励来提高球队的比赛成绩和精彩程度。对表现低于平均水平的球队征收第二项税，就可以做到这一点。

球队在头一两年里输得越多，缴付给联盟的金额就会越大。第二项税收将鼓励弱队更加努力，但棒球职业联盟的新秀选拔规则及其他规则却是要扶持而不是惩罚那些表现不好的球队。弱队一旦受到扶持，就会缺乏通过自身努力（比如，提高决策质量和管理水平）来提高球队竞争力的动力。

可预见的结果是：取消工资上限并维持老板间的势力均衡，势均力敌且精彩纷呈的比赛指日可待。

■ 问题不在于CEO的薪酬，而在于把他们撵走（1992）

正值经济衰退期间，布什总统携一群高薪首席执行官造访日本，引发了太平洋两岸对执行官高薪问题的关注。尽管部分企业领导者的薪酬确实过高，但是我认为关注薪酬问题只是在混淆视听。企业领导阶层以及企业竞争力的主要问题在于，难以摆脱那些经营不善的首席执行官。解决这个问题最好的办法就是与他们签订固定期限的合同。

一些表现不佳的首席执行官难以被取代，是因为他们的任期通常都是无限期的，只有董事会或死神才可以终止他们的任期。但是首席执行官们往往控制着董事会的大多数人事任命，从而保护自己不被免职。在超过99%的董事会选举中，管理层的提名是不会遭到反对的，即使在极少数遭遇反对的情况下，管理层也会有3/4的把握击败反对派。其结果是，除非被另一家公司收购，否则，即使该公司运营状况不佳，高层管理人员也很少会被解雇。

对立法者、州长、大学院长、大学和专业运动队的教练等人员的任命可以勉强采取长期任用的政策。对大学教授来说，这可能是个好办法。但是，对于首席执行官来说，用一份可以续约的固定期限（也许3～5年）合同来替代无限期合同可能会更好。续约之前，董事会要评估首席执行官的表现（最好是在外部顾问的帮助下），并向股东们报告得出的结论和一些分析结果。

对于表现糟糕的管理层，签订短期合同并不能立竿见影地解决问题，因为首席执行官会继续在董事会行使更大的控制权。当然，签订短期合同的话，会要求对首席执行官的业绩进行系统、定期的审核，从而有助于股东和员工掌握管理层不称职的证据。

真实的自己

我并不主张由证券交易委员会或国会立法来强制推广固定期限合同：监管企业治理的联邦法规已经够多的了。相反，我希望看到公司董事会采取主动，或者迫于股东和公众的压力，与首席执行官签订固定期限合同。这些公司此后的业绩可用于研究判断限期任用是否真的是个好主意。

批评人士抱怨说，当公司的赢利和股价暴跌时，高管的薪酬通常不会大幅下降。但是，即便大幅度削减那些使公司发生亏损的高管们的薪酬可能让股东满意，也可能提升那些在薪酬和工作方面蒙受损失的员工的士气，但是这样做对公司利润并没有直接的影响，因为通常情况下，高管的薪酬在总成本里只占很微小的部分。而且，将薪酬和业绩更紧密的联系起来不会奇迹般地让执行官做出更好的决策。不过，把二者紧密关联起来，可能会给公司吸引到更多的企业高管。

阿肯色州州长比尔·克林顿和一些国会议员提议：如果公司支付给高管的薪酬超过普通工人工资的特定倍数，那么应该对这一公司进行惩罚。这一建议是对市场的不当干预。它引发的问题——高管薪酬与平均工资之间的关系，得到了平民主义者的关注，但不是特别重要。同样的情况也发生在美国证券交易委员会，他们最近提出了一项建议：公司让股东投票决定高管薪酬，尽管他们的选票将不会被绑定。

芝加哥大学的经济学家史蒂文 N. 卡普兰（Steven N. Kaplan）对大型日本公司和大型美国公司的高管薪酬情况进行了研究，结果表明，与美国公司领导层的薪资水平相比，日本公司的领导人的工资貌似更低，但是他们的报酬和工作表现关系不大。而且日本的首席执行官们一般只能任职6年，而在美国差不多可以任职10年。这是因为日本高管登上高位时年龄较大，他们更可能会因为表现不佳的股市和低利润而被迫退位。

沉重的降落伞

通过友好接管或敌意接管来取代高层管理人员的现象，在美国要比在其他任何地方更为常见。很显然，通过恶意接管来取代经营不善的管理层是不经济的。一个备受批评但更经济的解雇首席执行官的方法是将恶意接管转换成一种更加经济友好的接管，这就要利用到黄金降落伞制度：付给那些被迫离开的高层主管一笔可观的遣散费。

让一位经营不善的首席执行官得到数百万美元的奖金也许是不公平的，但是在目前的情况下，这往往是最经济、最快捷、最有效的办法。不然，要撵走这样低效的首席执行官并取代其病入膏肓的管理，就得经过殊死搏斗才行。显然，如果签订的是固定期限的任命合同，不用借助收购战和"黄金降落伞"，就可以更容易、更迅速地罢免掉那些无能的首席执行官。

要求员工和股东做出利益上的牺牲，自己却不降薪，只有糟糕的领导者才会这样做。但是，一个公司经营不善，与高管的薪酬关系并不大，关系更大的是一个老生常谈的问题，即当领导者表现不好时，高层如何做出调整。

■ 如果高校实行价格垄断，就该启用反垄断法（1989）

司法部最近针对20所一流私立大学的学费和助学金情况进行了调查。很显然，这只是对那些最好的学校可能通过串谋来操纵学费和奖学金而展开的广泛调查中的一部分。如果那些竞争最优秀生源的近50所院校（包括我任职的芝加哥大学）已经成功地提高了学费并限制了奖学金的话，就形成了一种反竞争行为，类似于公司之间的价格垄断协议。

过去10年，法院已经推翻了医院、医生和律师之间的各种串谋协议。政府的方针是正确的，因为无论是像学校、医院这样的非营利组织，还是像医生和律师这样的专业人士，都没有理由再继续享受反垄断法的豁免。这些团体和营利性的公司一样，都想通过签订限制竞争协议来提高收入，降低成本。

企业经常声称，限价是为了防止"毁灭性"的竞争，但是从来不说这意味着什么以及为什么是不好的。非营利性组织和专业团体利用这个话题的若干版本来捍卫它们自己的行为。它们声称需要避免竞购战，学生以及客户应当根据服务的质量进行选择，限制优秀学生的奖学金以及向富有的客户收取高额的费用是为了帮助穷人。

这些狡辩之词与企业以前提出的借口一样的肤浅和荒谬。"竞购战"只是为了争取最优秀的学生、病人以及汽车购买者的一个委婉的说法而已。尤其，学校之间的竞争性招标有助于确保学生不会少缴学费，也不会被迫多缴学费。

货比三家

没有充分的理由认为：学生仅仅根据学术质量来选择学校，而不考虑奖学金和学费的问题。如果哈佛大学的教育质量是其他学校的两倍，但学费却是四倍的话，学生可能会更明智地选择相对便宜的学校。毕竟，相对于更好的私立学校，很多学生会明智地选择公立学校，因为公立学校享受政府补贴，学费会便宜很多。

正如人们在找工作的时候会考虑工资，在买房子的时候会考虑价格，在选择学校、医生和律师时，我们同样要谨慎地考虑成本。我既关注学术质量，又在乎钱财，对此我从未后悔过：多年前，因为芝加哥大学给我的钱更多，所以我拒绝了位于东北部的一所一流大学的研究生奖学金。

迫使高校最需要的那些学生去承担为其他申请人提供资助的负担，这似乎不公平。这些资金应该来源于所有学生、政府贷款和津贴以及捐款所贡献的一般性学费收入，而不是来源于一个阻止争夺最优生源的共谋。

那些对限制生源争夺战进行辩护的教师和院长，往往会大声抱怨各个院校之间的协议并不是为了争取得到他们的专业服务从而让他们根据学术质量来选择工作单位。这样一来，对抗这种"不公平"做法的会议及请愿将会没完没了。事实上，这些抗议活动很快就会开始，因为司法部很显然也在检查一流院校是否在串谋以削弱争夺教员的竞争。

自以为是的鬼话

著名院校为了操纵学费、奖学金和教师的工资而做出的所有努力，与全国大学生体育协会的行为相比，显得有些小儿科。全国大学生体育协会公然限制对学生运动员的援助，并且对不合作的学校制定了严格的惩罚措施。如果说，对争夺最优生源实行限制的做法得到了一些自私、自以为是的鬼话的辩护的话，那么，全国大学生体育协会的行为也得到了类似的辩护——运动员应该考虑的是可以得到的教育，而不是他们可以得到多少援助；对于年轻人来说钱多了并不是好事；为了给长曲棍球、田径运动等低收入运动项目提供补贴，必须压低橄榄球和篮球运动员的奖学金，等等。

如果司法部当前所做的调查表明政府已经不再将高校排除在反垄断法的范围之外，那么，全国大学生体育协会有组织地、成功地削弱了近800所学校对学生运动员的竞争，又怎能不遭到起诉呢？几年前，美国最高法院首次驳回了全国大学生体育协会制定的有关高校橄榄球和篮球比赛的电视转播规定，这算是确立了一个判例。

反垄断政策已经将人们的关注焦点从企业规模转向了那些削弱竞争的限价行

为及相关阴谋，这是很明智的。为什么大学及其他一些非营利性组织的反竞争行为应该获得反垄断法的豁免，没有人提出有说服力的理由；相反，它们应该接受反垄断法的约束，理由倒是很充分。

■ 是时候废除那些过时的劳动法了（1988）

1914年颁布的《克莱顿法》规定，工会发起的工资谈判可以获得反垄断法的豁免。互相竞争的公司通过串谋而形成垄断价格则违反了《谢尔曼反垄断法》。各家公司的工会做出的各种努力同样是为了把工资（价格）提高到竞争性工资水平以上，为什么要区别对待呢？

在没有人情味的大公司里工作的人，通常更愿意通过工会而不是单打独斗去争取工资和工作守则方面的权益。尤其是，那些在同一家公司工作多年的员工也许会发现，工会在保护员工权益、对抗管理层上是有帮助的，尤其是对抗新管理层，因为他们知道老员工在跳槽时会遇到一些困难并因此而刁难老员工。

然而，要实现这些合法且正当的谈判目标，同一家公司里的员工联合起来就足够了，并不要求来自不同公司的员工采取联合行动。例如，通过公司工会的谈判，日本的工人就大幅度提高了工资水平，改善了工作条件。

工会的作用值得怀疑

有人担心公司工会会屈服于管理层，为了减轻这种担忧，国会和州立法机构可以加强那些限期让工人加入工会的"工会企业"㊀的权利，并加强对公司工会成员的保护措施。比如，倘若规定公司工会必须全面遵守反垄断法的话，那么，工作权利法便无可取之处了，即使它们是员工与把全行业和职业组织起来的工会的权力之间的有效屏障。

讨论工会的时候很难做到心平气和，因为工会在备受信任的同时，却又备受指责。有些工会已经成为工人反抗管理层压迫的屏障；推动普通员工收入增长和

㊀ 有关"工会企业"，请参见：http://www.wisegeek.com/what-is-a-union-shop.htm。——译者注

工作条件改善的主要原因是生产率的进步，而不是工会的发展。工会在1930年之前的美国经济中并不重要，然而，在1870～1930年间，尽管有大量非熟练的移民涌入美国，他们比本土工人更有可能遭受剥削，但员工的平均收入却是大幅度增长的。

工会通过减少非工会部门的就业来把工会成员的工资提升到竞争性水平之上，这样做会降低经济效益，而且，工会成员收入的提高通常是以压低非工会成员的工资为代价的。大多数的工会成员收入的增加，主要不是来自利润，因为公司利润在国民收入中所占的比例还不到10%。然而，尽管有这些不良影响，也不该指责工会引起了通货膨胀，导致经济增长缓慢。在20世纪五六十年代，尽管工会的力量正值巅峰，但当时通货膨胀率也很低，经济增速也很快。工会不是货币流通量过大导致通货膨胀的主要原因，也不是引起生产率进步缓慢且导致经济增长放缓的根源。

工会的影响力渐弱

在过去的30年里，工会力量的衰退是出乎意料的显著。1955年，美国每三个劳动力中就有一个属于工会，而到了1987年，这一比例为17%。工会人数减半，部分原因在于，美国经济发生了结构性改变，国际竞争加剧了。同期，服务业的发展和制造业、矿业的衰退减少了工会成员的比例，这是因为服务业的工人难以组织起来。在过去30年间，国际贸易大幅度扩张：美国的进口由1955年占国民生产总值的5%上升至近些年的12%。钢铁、汽车以及其他制造工业的产量不敌来自亚洲等地的进口量，部分原因是强大的工会大大提高了生产成本。

但是，自1955年以来工会成员不断减少，最主要的原因是出台了一些保护工人免遭不公平解雇的相关法律，以及提高了失业赔偿金、社会保障金、医疗费用和其他政府转移支付。企业员工不再需要依靠寻求工会的保护，以应对失业、医疗和养老方面的花费。

加拿大和西欧国家的工会依然比美国的工会有着更强大的影响力，但其中一些国家，工会的力量也开始迅速衰退。例如，在过去8年中，英国的工会成员在劳动力总量中所占的比例从50%左右下降到了40%以下，因此，撒切尔夫人果断地解决了由好战的矿工工会发起的长期罢工。

曾经，工会领袖是有具有强大影响力的政治掮客，两党成员都要讨好他们，但是现在，在企业及其他团体的挑战面前，他们的影响力已经大打折扣。10年前，全联盟几乎所有正选队员都在罢工，如果不是担心罢工纠察员的暴力和声援性罢工的话，全美橄榄球联盟就不可能利用替补球员来继续维持运转。目前，推动立法的政治时机已经成熟，这样就可以从法律上保护社会，反对工会的反竞争做法，同时加强工人加入工会的权利。对劳动法做出这种方向上的调整，对普通员工和整个社会都将是有帮助的。

■ 反垄断唯一合理的针对对象：串谋（1987）

20世纪80年代，政府与民间的反垄断案都急剧减少，然而关于玩忽职守、产品责任及其他商业诉讼案件却迅速增加。反垄断法这个领域一度繁荣，但现在却步入了艰难时期，因而该领域里的专业人士纷纷转行，进入到其他商业领域。

导致反垄断领域衰退的直接原因是，针对竞争和商业惯例的经济分析对法官和政府官员的思想产生了与日俱增的影响。经济分析结果表明，竞争通常会提高效率和消费者的福利水平，而反竞争的行为主要产生于不明智的公共政策以及竞争对手在价格和产量方面串谋的本性。

如果不积极执行反垄断政策，限制交易的串谋最终会失败。参与串谋的企业常常会在其产量配额上作弊，而且，串谋后的高价格会吸引新企业加入它们的行业。石油输出国组织（欧佩克）的经历就说明了一起凌驾于反垄断法之上的公开串谋的自发瓦解。然而，反垄断政策无疑是能够通过实行高额罚款及其他惩罚措施来阻碍企业串谋的。

掠夺性定价

政治上的压力经常将反垄断政策的执行重点转移到谴责那些能够提高效率但

却伤害低效率公司的商业惯例上去。美国最高法院在1962年对著名的布朗鞋业公司案（Brown Shoe case）做出判决时说道："谢尔曼法要保护的是竞争，而不是竞争者。但我们也不能忽视国会通过保护小企业来促进竞争的意愿。国会理解，维持分散的企业和市场，有时会导致成本和价格上升。"

对于掠夺性定价的抱怨喋喋不休，说明有人把竞争性行为与不公平做法混为一谈了。实力雄厚的大公司首先把价格定在低于成本的水平，把小公司驱逐出市场后再把价格提高到垄断水平来弥补此前的损失，这就是掠夺性定价。尽管美国政府在1911年针对标准石油公司提出的反垄断诉讼引发了人们对掠夺性定价的长期抱怨，但我没听说有记录在案的掠夺性定价案例。一般情况下不会出现掠夺性行为，真正发生的是高效率的公司通过为消费者提供更好的交易而抢走了低效率公司的生意。掠夺性定价很少发生的原因是，以低于成本价格出售所造成的损失得通过事后的高价格来弥补，而高价格会引来国内外的新竞争者，从而又迫使价格回落到竞争水平。

竞争对手可能通过合并的方式来削弱竞争，在法律阻止他们串谋的情况下，这种情况更有可能发生。但通常，更重要的合并诱因来自于提高组织效率。更大规模生产、更完备的生产线或者不太明显的协同效应都可以提高组织效率。因此，经济分析表明反垄断法应当对企业合并放宽尺度。如果反垄断法能够有效地摧毁或明或暗的串谋，那么出于反竞争的原因而实施合并的动机就没那么强烈了。斯坦福大学法学院教授威廉 F. 巴克斯特（William F. Baxter，时任反垄断法案的助理总检察长）几年前提出了一个更具灵活性的合并政策，放宽了同一个产业里的公司在不遭到司法部反对的情况下可以合并的条件。

严峻的挑战

即使公司不能证明它们的做法提升了效率，明智的反垄断政策也会容忍诸如独家特许经营之类的商业做法。无须政府干预，竞争自然会淘汰那些无效率的行为。反垄断的措施应当只是挑战那些明显鼓励串谋的行为，例如，对手生产商签订协议把市场分割为独占性的区域。

对于国内串谋，最严峻的挑战常常来自于外国生产商。日本等国的公司成为重要的竞争对手后，美国汽车市场和钢铁市场上的竞争就会加剧。由于国内生产商试图发挥其政治影响力来实施关税或进口配额等政策，从而削弱来自外国的竞争，因此，在打击串谋和反竞争行为方面，开放的贸易政策和反垄断法同样重要。

遗憾的是，一些组织有足够的政治影响力来获得实行串谋的特权。因此，各大学可以通过NCAA实行串谋来压低大学生运动员的薪酬。把成员工资提升到竞争水平之上的工会组织受到《克莱顿反垄断法》保护，可以免受起诉。

法官罗伯特 H. 博克（Robert H. Bork），他的著作《反垄断悖论》，推动了反垄断政策的经济学研究。如果让他出任最高法院大法官的提名得到国会的批准（事实上应该得到批准），那么他所带来的对经济问题的认识高度将超越近几十年来任何人对司法问题所掌握的高度。

强大的经济分析帮助我们明确了反垄断政策的目标。对于产品责任及其他引爆起诉热潮的商业活动，经济分析同样适用。

■ 全美大学体育协会——披着羊皮的卡特尔（1987）

要理解卡特尔组织的行为，你不必成为一名经济学家。卡特尔通过在成员间分配配额来减少产量，提高价格，从而增加各名成员的利润。一些卡特尔组织打着"美好意愿"的旗号，实则夸大其辞，隐瞒自己的真正目的。对手生产商声称它们联合起来只是为了避免混乱或保护消费者和员工的健康与安全。有一个很好的例子：最近，独立医生和其他一些医疗专家联合起来对抗健康维护组织（HMOs）的扩张。毫无疑问，许多医疗人员的确很关心HMOS在病人护理方面的效果，但是，当这些专业人士组织起来的时候，他们肯定是对来自HMOs的激烈竞争产生了想法。

带有教育性质及其他非营利性质的组织非常善于用自以为是的说辞来伪装自己的真实意图，因此政府经常难以有效对付这样的组织形成的卡特尔。一个极好的证明就是全美大学体育协会（NCAA）——一个有将近800所高校及100多个协会和相关组织的团体。一些大学的教练、教员和管理者的确很关心大型体育项目对学术质量和运动员所受教育的影响。然而，NCAA的监管制度，通过削弱争取运动员、电视转播合同和锦标赛等方面的竞争，来增加成员学校的利润或减少它们的损失，利润和损失均来自体育项目。

1984年，美国高级法院在某种程度上看穿了NCAA所宣称的美好意图，因而宣布它在大学橄榄球比赛电视转播上实行的限制违反了《谢尔曼反垄断法》。法院称，"单凭良好的动机尚不足以证实反竞争手段的合法性"。

非法串谋

电视转播市场的反应证实，最高法院对NCAA的垄断权力所做出的判决是正确的。自从该判决生效后，在一线网络和有线电视上播出的橄榄球比赛的场次大幅增加，而每场比赛支付给学校的平均转播费用大大降低。此外，一些颇受欢迎的学校，比如俄克拉荷马大学和圣母大学，增加了学校比赛的电视转播场次，而那些不太受欢迎的大学则减少了电视转播场次。

与多数人意见不同，司法部大法官拜伦 R. 怀特（Byron R. White）认为：最高法院对NCAA做出了否决裁决，但又同意NCAA保留对大学生运动员的补偿权利，法院的大多数人对此没有达成一致的观点。我同意怀特法官认为的多数人意见不统一的观点，但是怀特法官本该要求废除补偿金方面的限制，而非保留NCAA在电视转播上的权利。

不管是否出于好意，NCAA限制运动员的薪水，明显削弱了对这些运动员的竞争。如果法院判定这些限制也属于非法串谋的话，那么无疑，运动员的奖学金及其他补偿金会有所增加，其涨幅对于那些顶级运动员来说会非常大，他们一般都来自贫困家庭。

很难相信

当今学校之间的竞争更加公开、公正，运动员薪酬方面的猫腻及其他欺骗NCAA的行径将会消失。如此一来，就不会发生所谓的破坏NCAA声誉的丑闻了,比如最近牵涉奥本大学的丑闻。

现有体系的捍卫者认为,如果大学在招收运动员时是自由竞争的话,那么运动员的培养效果会大打折扣,高收入会把他们毁掉,而且许多体育项目的财务稳定性也会受到严重威胁。很难相信,哪怕是NCAA的最坚定的捍卫者,也会把这些反对意见当回事。在现有体系下,许多最好的运动员根本毕不了业,而那些经常靠作弊手段过关或是被操作进入体育队的低水平运动员却没有什么培养价值。劳伦斯·泰勒(Lawrence Taylor)曾是纽约巨人队伟大的中后卫球员,他在最近所写的一本书中承认自己在治学严谨的北卡罗来纳大学的考试中作弊了。高薪不会伤害到年轻的专业运动员或者其他年轻人,同样也不会对学生运动员构成伤害。有人赞成给年轻的华尔街交易员设置工资上限来避免他们陷入因为太有钱而产生的麻烦吗?为了支持大学的体育赛事,为什么要强迫最好的运动员接受低薪,而不让校友和学生通过捐款和多花些门票钱来实现呢?

经济学家在对很多问题上的意见是不统一的,但他们高度一致地认为:卡特尔抬高价格,降低产出,对社会是不利的。像欧佩克这种公开的卡特尔组织对价格和产出的影响是直接的、明显的。而打着"美好意愿"旗号的卡特尔所造成的恶劣影响却难以发现,尤其是当非营利性组织形成卡特尔的时候,就更难发现了。NCAA就是这种卡特尔的极好例子。NCAA在竞争运动员和体育收入等方面设置了很多限制,是时候宣布这些限制违反了反垄断法,属于非法串谋的时候了。

■ 低油价依然是一件好事(1986)

正如自然界厌恶真空,利益集团和怀疑主义者也同样憎恶好的经济新闻。最近西方世界的许多地方,针对油价下降,怀疑情绪已经替代了最初的喜悦之情。重申一下与最近世界原油价格变动所带来的后果有关的简单经济学道理可能会帮助人们减少一些疑惑。

1985年，美国每天进口300万桶原油和200万桶石油产品。世界油价在过去几个月内每桶下降了14美元，如果美国进口数量不变、石油产品的成本每桶也降低14美元，那么美国每年的国民生产总值（GNP）将增加260亿美元，这个增量还不到GNP的1%。相反，石油输出国组织设法使原油价格在1973年每桶上涨了9美元，导致美国在1973年的石油进口量和进口石油产品每桶上涨9美元的基础上，GNP下降了2%。

与1973年油价上涨导致的损失相比，近期油价下跌所带来的初期收益在美国收入中所占的比重要低得多，原因在于，1973~1981年间油价飙升，降低了石油进口在美国经济中的相对重要性。油价飙升刺激了美国国内石油生产，并降低了石油消费。同样，世界油价走低将抑制美国国内的石油生产，促进家庭和企业的用油。生产和消费方面的这些反应将增加对石油进口的需求。美国会扩大石油进口的预期反映出美国将有利可图：用成本较低的进口石油来代替高成本的国产石油；用汽油、煤炭和其他资源来代替价格更低的国外石油。

有些组织深受其害

油价暴跌很明显有利于全部依赖进口的大多数国家。然而，即使是日本这种完全依赖进口的国家，按照它现在的原油和石油产品的进口水平，油价每桶下降14美元，GNP也仅仅增加2%。这意味着，虽然油价下降对石油进口国和贫穷国家有利，但并不能从根本上决定这些国家的通胀率或者真实的收入水平。

显然，油价下跌已经对工业国的一些组织造成损失。但即使是同一个行业内部，影响也是参差不齐的。例如，美国国内的石油生产商损失惨重，但精油炼者却因为主要原料价格下降而受益。那些大量贷款给美国国内石油生产商或者墨西哥及其他产油国的银行将会遭受损失，然而那些贷款给使用重燃料的行业或者巴西及其他石油进口国的银行将会获利。某些组织遭受令人惋惜的实际困难，但我们不能因此就忘记工业国家从能源降价中获得的全部收益。并且，美国的国内石油生产企业在20世纪70年代油价暴涨的时候曾获利良多，目前油价的真实价格仍然高于1973年的时候。

放松心态,乐享其降

曾经有一段时间,石油输出国组织比大多数卡特尔组织做得更成功。但是,如果组织成员不遵守卡特尔协议,外部生产商提高产量且价格上升压制了消费,即使是成功的卡特尔,最终也会瓦解。在这些压力面前,石油输出国组织最终屈服了。卡特尔组织有时候会在瓦解之后又重新形成,但很少能完全恢复当初的经济影响力。正是基于这些原因,我不相信当前油价暴跌是沙特阿拉伯实行的短期策略,如同我不会相信最近锡卡特尔组织的崩溃是马来西亚和其他主要锡生产商的权宜之计。沙特阿拉伯也许认为,15美元一桶,每天出口450万桶油要比28美元一桶,每天出口200万桶更好。

美国应该采取措施来维持甚至扩大从低油价中所获得的利益。对国外生产商越来越依赖确实会激起一些针对国家安全的立法考虑。有人担心,在将来的石油禁运、中东冲突等威胁面前,美国会不堪一击;但是,美国可以通过增加石油战略储备,也可以通过鼓励继续勘探国内石油储备等手段来消除人们的担心。对石油公司征收的所谓的暴利税应该取消。最重要的是,对天然气的定价和销售实行的各种残留的、异常复杂的控制也应该取消。

里根总统反对征收石油进口关税的主张是正确的。正如"稳定世界油价"只不过是通过提高全球油价来帮助石油生产商的一种委婉说法,征收关税不过是补贴国内石油生产商的一种巧妙的借口罢了。20世纪六七十年代,石油进口配额、控制国内油价、定量配给和暴利税等措施破坏了美国对高的燃料价格的适应能力,但是却维护了石油输出国组织对原油市场的控制力。与其重复这些错误或者继续犯下新的错误,我们为什么不放松心态,好好享受低油价带来的好处呢?

■ 大学生运动员理应得到应得的工资(1992)

春天,小伙子们的幻想或许会化成一次热恋,而到了秋天,这种幻想几乎注定会转向橄榄球赛场。年轻人期待大学生橄榄球新赛季的比赛精彩纷呈,但是,有些学校受到公开指控，说它们违反了NCAA制定的运动员薪水方面的相关规定。这无疑给小伙子们的期待蒙上了阴影。

1984年，美国最高法院裁定NCAA违反了反垄断法，因为它对会员院校举办的橄榄球赛的电视转播实行了种种限制。那当然属于垄断行为，但至少，大学橄榄球比赛面临着观众方面（现场观众和电视观众）的竞争。NCAA真正的垄断力量体现在对运动员的控制方面。

正因如此，该联合会对大学生运动员实行的薪酬规定比它对橄榄球赛事转播做出的限制性规定更严重。NCAA不仅限制了运动员奖学金的奖项和额度，而且限制了身为高中毕业生或有资格打比赛的转校生运动员参加暑期比赛的薪酬等问题。做出这些规定，主要就是为了削减大学之间在争夺橄榄球和棒球运动员方面的竞争，而这两项运动是最赚钱的大学体育项目。

有些公司组织成一个联盟，来限制员工报酬并惩罚违反工资约定的公司，这种联盟通常会被视为劳动力市场上的卡特尔。而NCAA有近800所院校要在运动员方面展开争夺，为什么这种限制竞争的措施会得到不同的对待呢？特别地，既然这些限制措施首先影响的是在大联盟橄榄球比赛和篮球比赛中占主导地位的低收入运动员，其中大多数是黑人或其他少数族裔。

减薪

一种答案是，如果必须对运动员支付市场薪水的话，有些高校将不得不放弃橄榄球等运动项目。显然，也是出于同样的理由，要保证很多学术计划的顺利进行，就得降低教授的薪水并增加教授的教学任务。

但是，要保证某些计划的进行，不应该通过人为压低对运动员、教授等其他人的薪水的方式来实现。为什么要把体育赛事的生命力与从运动员身上节省下来的补贴捆绑起来，而不是寻求其他途径呢？比如，获得更多的校友捐助，提高学生的学费，获得纳税人的更多补贴，或者提高门票价格等。

为NCAA辩护的第二条理由是，运动员选择大学的时候，应该以教育质量为标准，而不应该考虑这所大学将给自己支付多少比赛报酬。按道理，学习成绩优异的学生得到的奖学金，以及教员和校长得到的薪水，都应该压低且保持统一，以保证人们在择校的时候以学术质量而不是以经济报酬为依据。有人武断地认为，大学生运动员不如其他学生，他们不能结合经济报酬和教育质量这两个因素来选择最能发挥自己的才能和兴趣爱好的大学；当然，也不应该认为大学生运动员比其他同学的水平更高。

大型体育赛事

这种说法还表明：学校为运动员的教育付出了很多。尽管有些大学在这方面的表现的确很不错，但很多开展大型体育项目的大学似乎并不太关心运动员的教育问题。事实上，根据美国东北大学的体育与社会研究中心的理查德 E. 拉普齐克（Richard E. Lapchick）的研究，参加比较赚钱的大学体育项目比赛的运动员中，大学毕业率不到1/3。

大法官怀特本人就曾经是一位大学生运动员，他在1984年对大学橄榄球比赛的电视转播的判决中提出了异议。怀特指出，应该限制对大学生运动员的竞争，以保存大学体育运动的业余性质。但是，为什么所有的大学生运动员都应该是业余的？目前，常春藤大学对运动员的成绩要求比体育顶尖大学（Division Ⅰ schools，即举办有大型体育运动赛事的大学）的严格。芝加哥大学属于从本质上讲完全禁止颁发运动员奖学金的学校。如果放开对运动员的竞争，只会对这些学校及诸多其他实际上使用业余运动员参赛的大学产生轻微的影响。

放开竞争的话，还会扩展大学体育运动的项目，也会使学校在让那些可能也拥有学生身份的专业运动员参赛时不必再遮遮掩掩。事实上，很多学校已经让专业运动员参赛了。它们经常违反NCAA规定的字面意思或隐含意图，所采取的途径包括：向运动员的父母送礼物，为运动员提供轻松却又待遇丰厚的工作，说服老师让运动员考试及格等。

NCAA努力证明其对争夺运动员的竞争实行限制是合理的，这么做是值得怀疑的，原因在于，这些努力增加了大学在橄榄球、棒球等体育运动方面所得到的经济效益，却降低了运动员的收入。我本以为，国会及法院会强烈地反对一项削减年轻黑人运动员及其他运动员收入的政策的，因为他们的机会本来就很有限。

■ 管理者为什么会在乎股东的利益（1985）

目前的收购浪潮让人们愈发关注这样一个问题：大公司的高管们到底是要增加他们自身的利益还是股东的利益？阿道夫 A. 伯利（Adolf A. Berle Jr.）和加德勒 C. 米恩斯（Gardiner C. Means）在1932年合著的《现代企业与私有财产》一书中认为，广泛分散的股权使得高管在追逐与股东权益相违背的目标时，拥有相当大的回旋余地。

早期的经验研究发现，公司的利润和收入与高管的收入之间只有很微弱的联系，这支持了伯利-米恩斯命题。但是近来的理论和经验证据做出了强有力的反驳，伯利和米恩斯严重夸大了管理人员与股东之间利益的冲突，而当代经济学家仍继续撰文夸大这种冲突。

1985年4月期的《会计学与经济学杂志》中有一篇文章对这项新研究做了很好的介绍，这一文章中所做的研究把关于法人股定价的重要的理论发展以及减少高管和股东之间冲突的契约考虑了进来，因此要比早期的研究有更坚实的基础。

将经理人激励和股东利益密切联系起来的一种有效方式，就是把管理人员的奖金和公司业绩联系起来，而公司业绩可以用其股票市值来衡量，同时还要鼓励高管人员大量投资于这些股票。研究表明，高管的总收入来源于与公司业绩有关的红利以及他们对公司股票的投资收益。然而，根据伯利–米恩斯的理论，通过强大的股票市场来调节经理人激励与股东利益却使得管理人员更加独立。

强大的影响

美国罗切斯特大学的教授凯文·墨菲做过一项研究，他考察了管理层报酬和公司业绩之间关系的证据，该研究观察了1964～1981年间70多家制造企业中400多名主管赚取的总薪酬，而后发现卓越的公司绩效对高管的薪酬有很大的影响，公司股票回报率增长10%会使给予高管的奖金增加12%，销售额增长10%也会使高管的收入提升大约10%。薪酬的数额甚至和那些同处一个行业的其他公司的股票回报率也有关。此外，一些研究还表明，如果公司股票业绩表现不佳的话，会加速高管在65岁之前离职。

如果高管人员用以牺牲股东利益为代价而使自己获益的股利发放制度，那么在引入新的奖金制度后，公司股票的市场价值将会下跌。然而，《会计杂志》却持相反的观点，即当新的奖金制度公之于众时，股票的市值总体看来会上涨。

兼并、收购以及代理权争夺战也会有助于制约那些地位稳固但又未能让股东满意的管理者，近年来有很多研究表明，公司将要被收购时，其股票通常会在被收购之前大幅升值。被收购公司的股价上涨这么多，以至于高昂的收购战只有在公司的表现远低于其潜在水平时才会打响。

黄金降落伞

的确，管理层有时候会抵制那些看起来是为了股东利益而进行的合并或收购，然而，在大多数情况下，因为管理层通常大力投资于本公司的股票，他们有动机接受那些能够使公司股票升值的交易。黄金降落伞进一步阻止了对合并或收购的反对意见，同时为那些长期服务于本公司却即将离职的管理人员提供了补偿（那些服务在其他公司里派不上太大的用场）。尽管黄金降落伞受到了批判，但《会计学杂志》所做的一项调查表明，当公司宣布与其高管签订黄金降落伞的合约时，其股价通常会上涨。

要评估伯利和米恩斯对于持有公司股票会在多大程度上提高管理层的独立性这一观点，有一个很明显的办法：看那些持股更分散的公司的高管们是否能得到更优厚的奖金补偿。有关这一主题的少量现有研究，包括芝加哥大学教授斯蒂格勒在20世纪30年代针对奖金补偿所做的一项研究，都表明事实并非如此。而且，可以合理地假设：在过去20年里，管理层相对于股东的独立性已经降低了，因为随着养老基金及其他持有大量股份的机构的增长，股权的集中度已经提高了。

简言之，尽管有关管理层利益与股东利益紧密相连的情况尚未得到证实，但越来越多的证据表明，二者之间的冲突没有很多公司所设想的那么严重。

人力资本与学校教育
The Economics of Life

在教育及其他形式的人力资本上进行大量投资，对经济增长来说，是不可或缺的。由于大部分的教育支出由政府来承担，因此本部分侧重讨论发达国家和发展中国家的政府在教育方面的政策问题。

在美国及部分欧洲国家，高等教育的投资回报率一直在增长，其原因主要在于，现代经济的运转靠的正是知识的有效运用，因此在这些国家，知识广博的人可得到应有的报偿。然而，大部分国家制定出的教育政策却是有利于富家子弟的，因为他们比穷人家的小孩更有可能去公立高等院校就读，也就更有可能享受到政府提供的高额学费补助。这是一种不当的收入再分配模式，因为政府提供的补助给了那些富有家庭的学生，而他们未来的收入，又普遍比平均水准高出许多。我们所讨论的是，政府应该以提供学生贷款的方式来取代政府补助的做法；同时，还比较了学生贷款在以下两种利率情况下的效果：事先确定一个固定利率，或根据学生未来所得决定利率。

在本部分，还有几篇文章讨论应该如何加强中小学之间的竞争，从而更好地满足学生，尤其是满足来自较贫困家庭的学生在教育方面的需求。我们认为，促进竞争的最好方式就是政府给家庭提供教育券，以帮助他们缴纳孩子的学费，学校由他们自己来选择，公立学校或私立学校都行，教会学校或普通学校也行。遗憾的是，在教师工会强烈反对之下，教育券的提议至今还没有被采纳。教师工会有理由担心：政府提供教育券以后，工会对教育政策的控制力量会削弱。

人力资本投资
The Economics of Life

■ 收入差距未必是坏事（1995）

在里根总统和布什总统任内，民众的收入不平等现象明显加剧，但这次中期选举的结果表明，选民并没有就此反对共和党，其原因可能是选民知道收入不平等程度加剧与经济增长有关。如果收入不平等是由于人力资本的投资报酬率提高所造成的，那么这种现象反倒是加快经济增长的推动力。

自法国思想家让·雅克·卢梭（Jean-Jacques Rousseau）完成《论人类不平等的起源及基础》（1755）一书以来，不少人在谈到收入不平等的问题时，几乎都是强调不好的一面。但是，在现代经济里，增长离不开受到良好教育且训练有素的劳动力。不论是电脑及其他电子产品的生产，还是大部分制造业和服务业，都需要知识丰富的员工。当人力资本的投资报酬率上升，或是教育投资增加时，经济增长就会加快。

过去20年来，美国收入差距扩大的主要原因，是教育训练的投资报酬率提高了。这不是因为总统或国会制定了什么政策，而是企业为了争取熟练劳动力而提高这部分员工工资所造成的结果。

学历越高，收入越高

从20世纪70年代开始一直到80年代末，大学毕业生和中学毕业生的周薪差距由原来的40%上升到70%，而完成中学学业者与中学辍学者的薪水差距扩大到

40%以上；同样，年纪较大、经验较丰富的员工工资，也比年轻、没经验的员工增长得快。虽然在过去几年里，收入随着知识的积累而增加的现象有所减缓，但整个趋势并没有转变。

大多数西欧国家也出现相同的趋势，收入差距受到教育水平及劳动技能高低的影响。不过，这些国家的劳动力市场不如美国的弹性大，因而知识水平较高者和较低者之间的工资差距，并没有扩大得那么快。而在美国，年纪轻而又较少受过训练的员工，其失业率上升的幅度则大得多。

收入差距扩大，以及市场对熟练员工需求旺盛的现象，也间接刺激了经济增长，因为年轻人更觉得有必要进行自我投资。正因如此，官方数据显示，美国黑人完成高中教育的比例，从20世纪70年代后期开始就大幅度上升，现在已经接近白人的水准了。

就读大学者越来越多

尽管自20世纪80年代以来，大学的学费一直在快速上涨，但高中男生毕业后继续念书的比例却增长了好几个百分点，而女学生就读大学的比例增加得更快。联邦政府在80年代削减了大学教育补助，这对贫困学生造成了不小的影响，但哈佛大学教授托马斯 J. 凯恩（Thomas J. Kane）的研究显示，黑人就读大学的比例虽然在80年代初期有所下降，但到了后期就大幅度回升了。

遗憾的是，伴随着人力资本投资回报率提高的是，底层员工的收入状况不断恶化。相对受过更多教育和培训的人而言，中学辍学者和没有什么技术的人不仅相对收入下降了，而且绝对收入也下降了许多。因而，虽然70年代后期以来就业机会大大增加，但欠缺技术者的劳动参与率却明显下降了。

由此可见，要想帮助家境不好的年轻人克服种种人为的障碍，改善教育及培训机会就显得更为重要了。各级政府可以通过制定不需要大幅增加公共支出的政策来帮助他们。州政府可以通过加强学校之间的生源竞争来提高低收入地区的中学教育质量。我认为，最好的方法就是为贫困学生提供教育券，让他们自己选择在公立学校或私立学校就读。

联邦政府在提高劳动者技能方面能起到的作用有限，但还是可以助他们一臂之力。应该扩大大学生助学贷款的覆盖范围。但与此同时，过去学生贷款的拖欠率高得令人难堪，有必要下大力气把它降下来。

从政府到学者，大家都要对收入不均的好处和坏处重新加以评估。

■ 第三世界要提高经济实力，更应关注基础教育（1994）

墨西哥的恰帕斯州一直饱受贫困之苦，最近发生了叛变。这个国家热切地期盼经济快速增长，但生活水平不平等的问题，却因为这个事件而呈现出来。第三世界国家如果不重视穷人的教育、培训和医疗保健，这个问题就会一直持续下去，且有可能摧毁整个社会结构。

我最近在巴西举办的一次教育研讨会上指出，如果国家忽视占人口很大比例的贫困民众的基础教育，其经济发展就无法持续下去。接受教育，可以让出身贫穷的年轻人获得劳动技能，从而出人头地。同时，上一代财富分配不均的现象延续到下一代的趋势，也会因为教育而减缓下来。亚洲四小龙——中国香港、韩国、新加坡以及中国台湾的例子，就很具有参考价值。他们在发展初期，大量消除文盲，并明显地提升了社会底层人员的教育水准。

哈佛大学教授罗伯特 J. 巴罗（Robert J. Barro）的统计资料显示，25岁以上的巴西人，有2/3以上接受正规学校教育的时间不足4年，另有1/4则是根本没有学过；墨西哥的情形几乎同样糟糕。虽然两国在过去20年里，穷人接受教育的状况已经大有改善，但即使是现在，10来岁的巴西青年的就学比例也不到1/3。在里约热内卢的贫民窟里，到处都可以看到没在学校念书而在街头游荡的小孩，有些不是偷就是抢，让当地居民及外来访客都感到异常恐怖。

由于教育机会不平等而产生的社会问题，往往会因为种族差异而变得更为复杂。在巴西、墨西哥及其他很多国家，财富分配、教育机会以及就业状况等问题，都因为种族隔离而呈现两极化的差异。墨西哥的穷人大部分是印第安人，而巴西的穷人则大多为非洲农奴的后代。

校园营养餐

父母亲不识字、家境又贫穷的小孩，必须针对特别的需要来接受学校教育。里约热内卢市长莱昂内尔·布里佐拉（Leonel Brizola）曾经邀请我和我太太去参观一所专门为穷人家的小孩而建起来的学校。像这样的学校在巴西有数百个，都是在过去10年里设立的。学生三餐都在学校里吃，上课和游戏的时间加起来将近10个小时。功课大多是在学校里做，不用带回家。不过，每所这样的学校的造价高达100万美元，而管理的费用也很可观，对穷人家的小孩来说，这不是解决问题的办法。

要帮助第三世界（及其他地方）的贫穷家庭，学费代用券制度是一个更好的办法。低收入的父母拿到学费代用券后，就可以向孩子就读的任何一所政府认可的学校支付学费。按规定，参与学费代用券计划的学校得提供营养餐并对学生进行体检。学费代用券制度能够刺激公立和私立学校之间的竞争，以改善这些需要得到救助小孩的教育程度和健康状况。中上收入阶层的家庭不太需要学费代用券，因为不管他们住在哪个地区，都能为子女找到不错的学校。

贫困的家长通常都希望下一代能比他们过得更好，因此很多人在选择学校的时候会特别慎重。不过，有些父母即使关心家人，还是会强迫小孩提早辍学以帮助家计，有时候甚至不惜违反禁止雇用童工的法律和义务教育法。

不要再浪费

如果政府能给这些家庭一笔补助金，以抵消小孩不去工作而造成的收入损失，那么这些贫困的家长就更能照顾到小孩的利益了。如果小孩能定期去上学，补助金可以提高；如果小孩取得了好成绩，补助金会增加更多。

支持现行政策的人声称，贫穷国家的资源有限，不足以把每个公民的教育都提高到一定的水准。他们还认为，世界银行等国际组织应该负担落后国家的教育费用。不过，贫穷国家的政府在弥补经营不佳的国企亏损并维持过于昂贵的大学运转等方面，通常就要花掉1/4以上的国内生产总值（GDP）。总之，很多时候政府把钱浪费掉了。

第三世界国家要加大在基础教育、打击犯罪及其他重要公共活动等方面的政府支出，真正的障碍不在于资源有限，而在于政府没将钱用在最重要的事情上；这些政府所做的事，要么是根本就不该做的，要么是应该让民间来做的。

巴西和墨西哥等国拥有庞大的人力资本和经济潜力，但是，如果这些国家继续忽视低收入家庭的教育和健康问题，那么想跻身于第一世界，只怕时间还得往后顺延。

■ 克林顿的助学贷款计划应该得"不及格"（1993）

克林顿总统最近提议，要改变目前联邦政府对大学生的补助方式。他的建议包括：不再让银行参与助学贷款业务，为承担所谓社区服务的学生提供报酬，让学生以其他方式来偿还贷款。不过，从几个重要的方面来看，他的这些想法都是不正确的。

为了削减贷款中间人的费用，克林顿总统想要绕过银行，由联邦政府直接放贷给学生。众议院教育与劳工委员会已经核准了这部分建议。不过，如果政府在提供贷款方面能够比银行做得更好，那么企业投资贷款以及家庭购房买车贷款等，也应该全部由政府来包办。虽然民营银行经营出问题的报道不少，但在贷款方面，政府机构的表现还是差了许多，正因如此，在全球民营化的趋势下，不少银行及金融业会成为众所关注的焦点。我不知道，哪一个由联邦政府负责的贷款计划在效率上是很突出的，包括面向小企业和农户的贷款计划在内。

银行在助学贷款对象的筛选和偿还贷款的监督方面，都能提供不错的服务。不过，在现行制度之下，银行没有履行这些职能的动机，因为任何助学贷款方面的亏损，都由联邦政府予以补偿，这是造成呆账比例高达10%，并且有更多借款人拖欠债务的原因。近期发生的银行存贷丑闻表明，当政府保证银行对不当放款不需要负责的时候，会有什么情况发生。在这样的情形下，银行往往会从事风险很高的贷款，因为如果顺利，所有的好处都归银行所有，一旦发生问题，责任则由纳税人来承担。

年轻的起步者

因此,这个方案不是要把银行排除在助学贷款计划以外,而是要求银行对不良的学生贷款承担更大的责任。事实上,银行很是觊觎学生贷款业务。如果助学贷款的呆账率上升,那么银行就该支付较高的保险金。

克林顿总统所提的另一项变革是,学生在完成学业后,如果愿意从事为期两年的社区服务工作,就能抵掉部分的助学贷款,最高的抵消额度为1万美元。而所谓的社区服务项目,则由州长及相关官员从教育、环保、公共安全以及人道服务等方面挑选出来。不可否认,这四个领域的确都有问题存在,但是这些年轻的毕业生为了拿到奖学金,而从事由政府官员选定的工作,是不能解决这些问题的。而且,为什么仅限于这四个领域呢?其他的慈善活动,以及以赢利为导向的民间就业机会,为什么不能涵盖在内?

克林顿总统所提议的做法给年轻人发出了一个含糊而暧昧的信息,即把时间花在帮助无家可归者兴建房舍等所谓的社区服务上,要比当工程师、电脑程序设计师或建筑师等提高美国经济生产率的事,来得有价值。不管在什么时候,这对经济发展都是个危险的信息,特别是美国在国际市场上的竞争力受到挑战的时候,更是如此。

目前,接受联邦政府助学贷款的学生在完成学业后必须根据固定的利率来偿还贷款。克林顿总统希望在保留这种还贷方式的前提下,还能给学生提供另一种方式,即让收入较高者负担比较高的利率。

固定利率,还是浮动利率?

新方案旨在做出某种平衡:高收入者的偿还额度大,低收入者的偿还额度小,从而对收入在平均水准的人来说,其偿还额度和目前相差不多。该方案的本意是,面对未来收入的不确定性,确保贷款能如期偿还。但是,由于经济学家所谓的自我选择现象的存在,这个良好的愿望可能无法实现。因为,凡是想念法律或企业管理等未来收入较高专业的学生,一定会选择固定利率的偿还方式,这样利率较低。相反,如果学生念的是未来收入不高的专业,则会选择根据收入高低来决定利率的还贷方式。由于申请助学贷款的大多数人是选择了某个专业的学生或研究生，因此他们都很清楚自己未来的收入水平究竟是高还是低。

如果单独实施，固定利率或浮动利率都是可行的方案，但同时实施，就不行了。整体来看，现行的制度很可能更好，原因在于，如果利率是根据未来所得来决定的，那么知道自己可以获得高薪的学生就不会加入这项计划。耶鲁大学在20世纪70年代就曾经实施过类似的方案，结果发现，选读法律、企业管理和医学等专业的学生都没有向大学申请助学贷款。

克林顿总统提出的助学贷款改革方案，从政治的角度来看，或许是个不错的计划，因为它提出了社区服务、削减银行作为中间人的费用、让较低收入者较少偿还等理念。但从国家整体的观点来看，则未必是好的改革方案。

■ 有关人力资本的辩论：布什胜出（1992）

为了提高美国经济的生产力水平及其在世界市场上的竞争力，布什总统和克林顿州长在总统竞选辩论中提出了针锋相对的计划来增加对美国工人在技能、培训以及其他有关人力资本方面的投入。谁的计划更完美呢？

双方都十分重视教育改革的问题。他们都认识到，许多公立的中小学校的情况很糟糕，在教育学生方面做得很失败，但是他们提出的补救方式却大相径庭。克林顿州长认为应该仅仅加强公立学校之间的竞争，而布什总统倡导的是政府资助的教育券制度，这项制度会把私立学校包括在内。

布什总统的教育改革方案看起来更胜一筹，这是因为，当前教育体制的最大缺陷就在于缺乏来自私立学校的有效竞争。仅仅加强公立学校之间的竞争可能会提高效率，但效果不会很明显；而私立学校发挥自身的主动性会释放出巨大的能量，这些能量的利用对创新和学校生产力会产生很大的影响。公立学校和私立学校的学生在标准化测试中所取得的成绩相比，尤其是芝加哥大学社会学家詹姆斯·科尔曼（James Coleman）等人对天主教学校所做的研究，都清楚地表明：与公立学校相比，私立学校提供的教育质量往往更好，但花的钱却更少。

收入差距在拉大

在进入高中的学生中，超过20%的人无法毕业，而且大多数中途辍学者不具备足够的工作技能，这也凸显了公立教育制度的失败。我主张在我为贫民区青年提出的"权利法案"（G. I. Bill）中，应该把对辍学青年提供补贴以提高其工作技能的规定写进去。布什总统要求出台"孩子们的权利法案"，其中包括一项向所有没念完大学的人提供学习指导和在职培训的实习计划。

克林顿州长对培训和实习也提出了类似的计划，但他同时还要求公司支付不少于工资总额1.5%的资金用于员工教育和培训。他提出，政府要对包括健康保险在内的企业支出做进一步的规定和要求，这是一个大错误。过去10年里，诸如此类的规定不断增加，是对联邦立法危害最大的变化之一。他还提出，企业要对员工进行培训，这说明克林顿希望在许多领域里扩大联邦政府对企业决策的影响。

辩论双方都赞成加大对大学生的资助力度并扩大学生贷款的受益范围，但是双方均未对政府增加补贴提供充分的理由。美国的大学毕业生和高中毕业生的收入差距一般是在60%左右，这在过去50年里是最大的。考虑到收入不平等的现象越来越严重，对那些以往发展得更好的高收入群体增加津贴的做法是不适宜的。

家庭事务

如果美国的高中毕业生继续念大学的比例下降或者落后于其他国家的比例，也许就更容易理解人们为什么会关注帮助大学生的问题了。但事实上，美国有超过一半的高中毕业生继续念大学，这个比例在全世界是最高的。从20世纪70年代中期到90年代，高中毕业生上大学的比例显著增加，在这一期间，甚至连大学入学率中的种族差距也略微缩小了。

从业人口的人力资本不仅由学校教育和工作培训决定，也取决于父母为他们的孩子在增强体质、培养习惯、数量价值观和增加技能方面所付出的努力。绝大部分家长做得很好，但也有小部分做得很糟糕，尤其是那些瘾君子、酗酒者以及孩子数量过多的父母，有的干脆对孩子不管不顾。为了强调家庭的责任，辩论双方提出了福利改革等措施,这些改革更加强调工作福利,而且对家庭享受福利的期限提出了限制。

让一些家庭享受不到福利固然有其道理,但目前最需要的改革是改变现行制度,从而让那些对孩子们进行人力资本投资的家长得到奖励。现行的福利制度需要改革,不能主要根据孩子的数量而要根据父母对每个孩子的付出来决定福利的发放标准。如果孩子正常上学、定期体检,对父母的补助标准就应该提高。反之,如果父母吸毒,孩子在校表现差,补助标准就应该下调。这些并非不切实际的建议,包括威斯康星州和康涅狄格州在内的好几个州都已经参照这个思路提出了改革方案。遗憾的是,两位总统候选人都不支持这一方案。

不过,两位候选人对美国民众的技能、培训、健康和价值观等方面都很重视,这是值得赞扬的。尽管双方的提案各有优缺点,但我认为,布什总统的学校教育和职业培训提案明显更好,原因就在于,它们更加坚定地支持私人的自愿选择,而不是强迫他们做出选择。

■ 高中辍学者,应该接受完整的职业训练(1989)

自20世纪70年代初以来,年轻的高中辍学者的实际工资水准已经降低了30%以上。对任何教育程度的人来说,这样的工资降幅都是20世纪最大的。在七八十年代,高中的辍学率一直维持在15%。不过,来自低收入地区的男性黑人学生的辍学率则要高得多,接近25%。

由芝加哥大学的凯文M.墨菲教授所做的研究显示,在过去15年里,在校成绩排在倒数25%的男性高中毕业生,工资收入的降幅和高中辍学者的不相上下。对比之下,高中毕业生的实际收入在这段时期内却是上升的。

对于这种趋势,有几种解释。其中之一是,目前的适应现代经济的生产方法以及产品服务明显有利于受过良好教育的熟练劳动力。另一种解释是,来自国外商品的激烈竞争对美国的那些没受过什么训练的员工造成了冲击。

美国,尤其是低收入地区的高中教育所面临的改革压力,正反映了人们对上述统计数据的担心。虽然很多城市和地区的高中教育可以得到大幅改善，但是，由联邦和州政府提供充足的经费，实施课程训练和实地操作相结合的职业训练计划，应该更为重要。

有用的模式

普遍认为，在校成绩排名在倒数25%的高中生，并没有为未来就业做好准备。如果为高中辍学者设计出一套完整的培训和就业计划，就能够大幅度改善其未来的经济状况。最理想的状况是，每位辍学者都能选中某种技能，接受长达两三年的就业培训。可由纳税人来负担成本；如果公司愿意雇用这些接受训练的年轻人，特别是在计划开始的阶段，则这些公司可以获得适当的补贴。

这项计划如果实施，则可以部分取代现行的计划，尤其是《职业培训伙伴关系法》（JTPA），因为有些现行计划从表面上看，能让参与者找到不错的工作，但却只有部分年轻的辍学者能参与其中。

在这一方面，西德当年的模式很值得参考。在该国，几乎3/4的年轻人可以从400多种职业中挑选出一种来接受课程训练，并接受实际的在职培训。这些训练通常是在十五六岁的时候开始，为期3年。而美国高中生差不多也就是自这个年龄段辍学。西德的政府负担学校课程的费用，大概每周上一天课，而由雇主支付实习的工资，平均每个月超过500美元。也许正是因为实施了这种职业训练计划，在经济合作与发展组织（OECD）中，西德年轻人的失业率最低。

如果美国也实施职业训练计划的话，参加者的比例可能会比西德的少得多，因为美国高中毕业生的比例要高出许多。不过，西德的经验明显表明，完整的就业训练的确可以大大改善高中辍学者在劳动力市场上的表现。

更好的选择

面临预算赤字的政府必须削减支出，因而这项计划可能会增加政府的支出。但显然，目前每年用于每个高中生的教育费用大约是4 000美元，而用于高中辍学者培训就业的费用却只有一点点，这种做法既不公平，也没有效率。而且，如果学校不强行把一些学生留在学校里，则高中教育的开销还会降低。有些年轻人不想留在学校，宁愿接受职业训练，因为那样更符合他们的志趣和专长。

部分目前成绩处于下游、本打算把高中念完的人，会为了参加这种职业培训而选择退学。这是不必担心的，因为工资收入的相关证据表明，这些学生不会因为把高中念完就得到什么好处。他们最好能接受更适合就业的职业培训和工作锻炼。而且，他们提前退学还可以省下一部分经费，这样政府支出总额未必会因为推广职业培训而增加。

教育部部长劳罗 F. 卡瓦佐斯（Lauro F. Cavazos）最近也同意让学生有更大的自由来选择自己想念的公立学校。参加职业培训的高中辍学者中，大部分来自于低收入地区或是少数族裔，这些人目前不能自己选择上哪一所高中。不过，如果他们参加了职业培训计划，就可以自己选择去私立的职业学校就读，也可以选择去民营公司接受就业培训。虽然有些职业学校的培训质量的确很差，但我相信，在竞争的压力之下，这些职业学校和民营公司在为学生提供服务方面一定会比低收入地区的高中表现得好。

美国必须提高劳动力的素质，才能在国际市场上更具竞争力。这是关系到国家人力资本投资的问题。目前高中辍学者的前景黯淡，但如果他们参加完整的职业培训，并在大有可为的职业项目里获得实际工作经验，他们的未来一定会大加改善。

▪ 为什么美国不能像亚洲国家那样重视教育（1988）

从经济增长的角度来看，日本、韩国、新加坡等国和中国台湾、中国香港等地区的崛起，肯定是过去30年里最重要的发展成果之一。很多书籍和文章都对它们的崛起提出了各种相互冲突的解释。我认为，它们取得成功的一个关键因素就是，它们比美国更注重教育、培训、工作态度以及其他提升员工劳动技能的途径。

美国一直没有重视人力资本的问题，不少城市中小学的教育质量就反映出这一点。美国高中肄业生的比例超过14%，而日本的只有6%。另外，美国大城市里的男性黑人学生，辍学比例则超过20%。自1975年以来，美国高中毕业生的实际工资下降了10%以上，而辍学者的工资降幅更大。这表明，不仅辍学者没有为未来的就业做好准备，连不少从学校毕业的年轻人也是一样。

从娃娃抓起

日本等亚洲国家的学校相当注重数学等学科，这些是在现代工业、农业及服务业必须具备的知识。除此之外，亚洲国家的学生在做家庭作业以及平时上课的时候，也比美国学生要用功得多。难怪在1984年针对20多个国家或地区的高三学生所做的测验中，日本和中国香港学生的成绩排名靠前，而美国学生的表现则靠后。

日本父母除了送小孩到学校以外，还送他们参加私人开办的补习班（Juku），学习数学、自然科学、语言及其他学科。这些营利性补习班的数量在过去10年里快速增加，目前总数已经超过了35 000家，都在争取生源。父母想通过这些补习班来提高孩子的学习成绩，从而挤进最好的大学。在所有的初三学生里，几乎半数参加补习班，这笔支出在每个家庭的教育总支出中约占20%。

美国的中小学教育虽然不如亚洲国家，但美国的大学却不差，顶尖高校更是明显优于亚洲水准。正因如此，越来越多的亚洲学生到美国来念研究生，专攻工程、自然科学以及经济学等学科。事实上，由于有太多人涌入美国念研究生，美国国家科学院还曾经因为亚洲学生在这些领域拿到博士学位的比例过高而感到担心。

虽然没有确切的统计数据可以看出各国提供的在职培训有多少，但由实际情况来推断，亚洲国家远比美国更重视这些培训。大多数日本、韩国等亚洲国家的员工在同一家公司里终其一生，因此公司愿意在员工身上投资时间和金钱。我最近造访韩国和中国台湾期间，看到很多员工在教室里上课，实在印象深刻。相反，美国员工换工作的比例很高，公司也就不愿意在员工身上投资那么多了。

请你留下来

最近的研究显示，即使日本公司在美国设厂招工，也比美国同行要谨慎得多。可以想象的是，由于来美国设厂的日本公司会让员工长期为公司工作，而且打算下大力气培训他们，因此在招工的时候，会和在国内一样特别上心。

在日本和韩国，有经验的员工工资上涨速度要比美国快。由这种工资涨幅可以看出员工以前接受过多少在职培训及课程学习。年纪较轻的员工因为把时间和精力花在学习而不是生产上，因此工资比较低；较为年长的员工则因为在年轻的时候已经做了很多投资，因此工资要高出很多。

如果员工没有良好的工作态度和使命感的话，那么培训和教育就没什么用。这是亚洲各国比其他国家强的地方。亚洲国家的员工通常都对工作相当投入，对雇主的忠诚度也很高，很多日本员工甚至不愿意休假。日本等亚洲国家的男性员工平均每年工作时数远远多于2 000小时，而美国则仅在1 800小时左右。

在经济状况较差的国家，员工的工作时间普遍更长。不过，日本比不少欧洲国家更富裕，但日本员工的工作时间却还是长出许多。在过去10年里，日本员工的收入已经大幅度上涨，但工作时间却没有缩短。

人力资本投资属于非生产性投资；没有合适的激励，职业道德也将沦丧。无疑，民营企业的活力是亚洲国家在经济方面能有傲人成就的主要原因，但这些国家也知道人力资本才是现代化经济的根基。

▪ 为什么候选人在大学成本问题上不得要领呢（1988）

大多数高校的学费及其他成本快速上涨，引起了人们的普遍担忧，乔治·布什和迈克尔·杜卡基思（Michael Dukakis）对此的关注反映了这一点。然而与之矛盾的是，大学入学人数却在以前所未有的速度增加，对此需要进行解释。

事实上，自1980年以来，学杂费的增长比家庭收入的增长快得多。更糟糕的是，在学费快速上涨的同时，联邦政府对大学生的实际补助金额却没有增长那么多。联邦补助也从直接补助转向了依赖于学生贷款，并且新法律降低了中产家庭学生可以获得的贷款的最高额度。

拥挤的校园

鉴于学生费用的增长，有人可能会预测大学的入学人数会下降。但是在20世纪80年代，白人高中毕业生继续接受大学教育的人数增长了10%，达到56%以上。在此前的70年代，该比例则一直在下降。黑人高中毕业生继续念大学的比例也上升到了48%以上，只是相对于白人高中生而言，增速较慢。

虽然现在18岁的学生人数比1980年的要少一些，但是许多高校的入学人数创下了历史新高。由于入学人数比预期的要高很多，今年秋季学校一直报告说教室拥挤，师资短缺。在过去的20年里，大学适龄的年轻人数量已经成为了令人惊讶且糟糕的未来升学指标。

更高的教育程度所带来的好处增加了，这就解释了高费用与高入学人数之间的矛盾。大学文凭所带来的货币性收入在20世纪70年代降到了史上最低，而现在，货币性收入却比过去40年的任何时候都高。大学毕业生与有11~15年工作经验的高中毕业生之间的平均收入的差距已由1980年的不足40%增长到了1987年的接近60%。对于有更多工作经验的人来说，收入差距更大，而对于较年轻的员工来说更小了。

遗漏的因素

此外，上大学的总成本要比学杂费涨得慢得多，总成本甚至已经降低了。由于所有的注意力都集中在了学费上，人们就很容易忘记一点，那就是上大学的成本有一半以上是没有全职工作而放弃的收入。20世纪80年代，因为市场对高中毕业生的需求已经降低了，所以这些放弃的收入也随之下降了。因此，当从本科教育中获利的增长远远超过总费用的增长时，入学人数增长到出乎意料的水平还令人感到吃惊吗？

如果从这个角度看待收入和入学人数的话，参议员泰得·肯尼迪提出的教育储蓄公债计划或副总统布什提出的通过父母为他们孩子的大学教育进行奖学金储蓄的类似建议显得毫无意义。如果大学生最终要比普通工人挣得更多的话，为什么要给他们增加补贴呢？

我们先不强调提高补贴的必要性。学费上涨意味着值得需要贷款的学生应该更容易获得贷款。在现行的联邦计划下，来自中产家庭和贫困家庭的学生都能获得更多的贷款。然而，在监督谁可以借款和谁可以收取到期未偿还贷款的利息等方面需要做出更大的努力。自收取以前的学生的还款方面，可以让大学承受更大的压力，或者，可以采用官员杜卡基斯的建议，那就是依靠美国国税局（IRS）来收取这类款项，同时还连带收取所欠的所得税。现在，约10%的学生贷款处于拖欠状态，却没有让这些欠款人承受丁点压力，这种做法是可耻的。与私立学校相比，公立学校的问题更大。两年制大学和私立职业学校的问题尤为严重，其贷款违约率超过了17%。

缺失的技能

由于这些学校的毕业生的收入跟高中毕业生的收入相差无几，因而他们的违约率高也就不足为奇了。那些预期收入适中的学生将会被一些计划所吸引，比如杜卡基斯提议的学生学费与偿还系统（STARS）。在这个系统里，收入水平决定偿还贷款的多少。但是诸如商科生、工程师、医学预科生和法律预科生等这类学生的预期收入会不错，因而必须偿还很多，所以他们不愿意参加该计划。

由于"按收入比例还款型"贷款（income-contingent loan）计划的主要参与者是那些预期收入较低的学生，所以关于违约率方面的证据让我相信该计划在财务上是不可行的。因此，增加贷款和对现有计划的其他改进很可能是帮助值得获得贷款的学生支付其高额教育费用的一个更好的办法。

不得要领者，不单单只有候选人。真正的学习危机不存在于我国的大学里，而是存在于由众多中小学所提供的教育里。在过去的10年里，高中毕业生的实际工资正在下降，高中辍学者工资则出现更大幅度的下滑。这些都表明，教育程度较低的年轻人并不具备现代经济所需要的职业技能和其他知识。

■ 用免税债券来解决学费问题是错误的（1988）

大学教育成本过高的问题，已经成了这次美国总统竞选的一项议题。例如，副总统布什就承诺要提供免税债券,来帮助父母支付孩子的教育费用。

在过去10年里,美国大学学杂费的年均涨幅接近10%,远远超过6%的平均通货膨胀率。以四年制的公立大学来说,目前每年的教育费用平均超过1 500美元,而私立大学则要7 000美元。如果念顶尖的私立大学,则每年的费用为10 000美元。对大多数大学生来说,还有一笔更大的成本:待在大学念书而不去就业所造成的收入损失。如果把这笔机会成本也算在里面,那么在公立学校念四年书的成本超过35 000美元,念私立学校的成本则为60 000美元。

不过,必须从经济学的角度来看待高额的教育成本,因为接受大学教育可以带来不错的经济回报。芝加哥大学教授凯文·墨菲和加州大学洛杉矶分校(UCLA)教授菲尼斯·韦尔奇最近所做的研究表明,大学生和高中毕业生的工资差距,虽然在20世纪70年代缩小了,但1979年以后就快速扩大,目前已经比30年前要高得多。这两位教授认为,80年代念大学之所以能够获得那么多的好处,主要是大学生进入就业市场的相对人数减少所造成的。另外,重工业的衰退也是原因之一,因为高中毕业生原来在这些产业干得还算不错。

在工作11年~15年以后,大学毕业生的平均工资比同等资历的高中毕业生多出60%。如果以整个职业生涯来算,大学毕业生要比高中毕业生多赚60万美元左右。把这笔收入差额拿来和接受高等教育所需的成本相比的话,则其投资报酬率差不多在10%以上。因此,即使不考虑社会地位及知识上所能得到的好处,念大学本身已经算是相当不错的投资。这也是在大学学杂费急速上涨,而达到就学年龄的人相对不多的情况下,申请入学的人还会剧增的原因。

抵押不足

哈佛大学经济学家理查德 B. 费里曼(Richard B. Freeman)在其1976年出版的《过度教育的美国人》一书中说,美国人在20世纪70年代,或许是接受了过多的教育,当时念大学的经济回报还不高。不过,到了80年代以后,这样的说法就不恰当了。现在大学教育的问题,不再是念大学的投资回报率低,而是在于,教育成本需要提前支付,而接受教育的好处则必须在未来的人生中才能逐渐享受得到。

虽然念大学可以享受到生活上的照顾,也可以获得优厚的奖学金和就业机会，但这些好处并不能满足很多未来的大学生的需要，对于来自小康家境，却没有资格申请高额奖学金的学生来说，尤其如此。这个问题，用商业术语来说，就是投资能力还未经过验证的人，想从事高额且长期的投资，但又无法提供太多的抵押品的时候，应该如何获得融资的问题。

过去20年里，联邦政府以提供培尔助学金（Pell grants）、实施半工半读计划、直接助学贷款以及保证银行提供低息贷款等方式，来帮助学生获得念书所需的资金。目前刚进入大学就读的一年级新生里，有一半以上或多或少都接受过联邦政府的资助。在里根总统任期内，联邦政府对学生的补助方式，由提供助学金慢慢转到提供贷款的方向。我认为这样的趋势应该持续下去，而布什提议给大学生家长提供教育补贴的计划，是不正确的做法。因为，大学毕业生未来属于高收入阶层，为什么还要通过免税的方式来获得纳税人的补贴呢？

转移负担

美国各州还把州立学校的学费压低至远低于实际成本的水准，这种做法等于对大学生提供补助。不过，很多学生在毕业以后就搬到其他州去了，对当初资助他们念大学的地方根本就没有贡献。因此，州政府应该把补助学生的负担由纳税人转移到学生自己身上，应该把学费大幅度提高，以弥补教育成本。为帮助学生应对学费调高的状况，州政府可以提供贷款给学生，以此作为对联邦助学计划的补充。

就算为了念大学而必须向银行的借款高达25 000美元，在大多数情况下，大学毕业生是能够通过就业后的收入轻松偿还本息的，因为目前毕业生的平均借款额度还远低于这个金额。毕竟不少年轻人为了买房子或公寓，会毫不犹豫地向银行借50 000美元以上。而买房子除了可能会有资本利得外，是不会有什么经济回报的。可以根据学生未来的收入情况来设定一些贷款条件，例如可以要求拿出收入的一部分来分批偿还，每次偿还5 000美元的借款。而毕业后就业状况不佳，或从事低收入职业的学生，也可以要求他们相对少偿还一点借款。

学生不应该因为父母经济拮据就念不上大学。不过，有些未来可以从大学教育获得很高的投资报酬率的人，例如工程师、企业家、律师、医生、电脑程序分析员及其他专业人士，则不应该从政府那里得到就学补助，因为他们的收入已经远远高于平均水准了。

■ 上大学难道不是一项明智的投资吗（1986）

新学期的开始提醒许多家庭要为孩子上大学做出经济上的牺牲。上一流私立大学，每年学费高达12 000美元左右。在食宿方面要花费，还有路费以及因读书而每年要放弃至少8 000美元收入，算下来大学四年的总成本达到80 000美元。

念公立大学的年均学费仅在1 500美元左右，但是，无论上的是公立大学还是私立大学，学生都要去兼职。而且很多公立学校还要求学生支付食宿费用。除此以外，越来越多的学生毕业后还要读法律、商务等专业的研究生，这又要花费一笔钱。

过去，高等教育成本并不是什么棘手的问题，因为那时送孩子上大学的基本上都是有钱人家，可是现在，有超过一半的高中生毕业后会继续读大学；在所有大学生中，黑人、西班牙裔及其他少数族裔学生占到将近20%。使问题更严重的是，自1980年以来，大学的学杂费几乎翻了一番。

无须缴纳首付款

其实仔细想想，上大学的成本似乎并不是太离谱。在一流大学读四年书跟买一栋漂亮房子差不多，都不算贵。大多数大学毕业生最终都拥有自己的房子，并且近来购买一栋单体住宅的平均价格超过了上大学所需的成本80 000美元。而且，业主自用住房不产生经济收益，只是有时会实现资本增值，而高等教育通常会大大提高终身收入。典型情况下，投资于四年大学教育，收益回报率平均是7%～10%。

确实，上大学属于高风险投资。但是，如果精英高等教育的成本跟一栋好房子的价格差不多，而且上大学是有利可图的投资，为什么个人能买得起房子，却承担不起自己应缴的全部或部分大学学费呢？其中一个原因是，多数大学生还年轻，没有太多的时间来攒够大学费用的首付款。更重要的是，房屋可以用来作为抵押品而得到抵押贷款，但大学学历不能用作抵押品而获得贷款。如果房屋抵押贷款持有人违约，贷款人可以接管他的房子。但显然，教育贷款违约人的大学学历是拿不走的，除非贷款人以某种方式要求他们从事非自愿的服务，但这是非法的。

为了支付大学学费，很多学生在暑假期间打工，在校期间兼职。此外，大多数家长以礼物或贷款的形式帮助子女支付学费，同时，所有大学都提供奖学金和工作机会。近年来，联邦政府已采取了积极措施，为大学生提供培尔助学金、直接贷款、联邦担保学生贷款、半工半读项目和教育机会补助金等。刚上大学的所有新生中，半数以上都享受某种形式的联邦直接援助。

这简直是在送礼

学历对于严格的商业贷款来说算不上合格的抵押品，因此我认为，联邦政府应该对学生提供帮助。但现行的计划存在严重的缺陷：用纳税人的钱来补贴大学生，而大多数纳税人在收入上赶不上典型的受过大学教育的人。这些补贴的形式包括：低于市场利率的贷款、直接赠与以及允许借款人无条件违约。目前，联邦担保学生贷款的违约率超过10%。

要消除补贴，有效的助学贷款利率应等于具有相似风险的商业投资回报率。要起诉那些贷款违约的学生，让学生贷款不再打水漂，并不再浪费纳税人的钱。

绝大多数情况下，对学生收取的贷款利率与他们最终的收入没有关系。学生贷款计划要考虑到大学教育的经济回报具有不确定性这一点，可以要求未来收入较好的贷款人承担较多的还款（即接受更高的贷款利率）。试点计划可能会要求借款人在指定期限内，按固定比例拿出一部分收入来偿还贷款。实际上，政府要分担大学投资的风险，可以通过购买学生借款人的无投票权的普通股。发行股票通常是为大学教育之类的高风险投资提供资金的恰当方式。对于发展得不好的学生来说，偿还的贷款较少，而收入更高的学生则承担了较多的还款，这起到了平衡的作用。

联邦援助可以帮助大学生应对高额的且不断上涨的大学学费，且不会增加纳税人负担。为学生贷款制订出适当的固定利率，并根据借款人未来的收入状况来决定还款金额，做到这两点，就可以实现这个值得为之奋斗的目标。

教育券与学校之间的竞争
The Economics of Life

■ 教育经费改革：不要放弃教育券（1993）

被称为《174号提案》的加利福尼亚州教育经费计划，原定将向全州每个学生发放价值2 600美元的教育券，以帮助他们去他们所选的私立学校里就读。该提案遭到了两大全国性的教师工会、诸多政治家以及其他组织的反对，结果在11月的全民投票中遭到彻底否决。尽管相关提案在俄勒冈州和华盛顿也遭到了排斥和拒绝，但教育经费大改革似乎势在必行。

尽管我支持《174号提案》，因为它对现状有所改善，但如果该提案想要吸引绝大多数选民的话，就必须修补其中的严重缺陷。教育券应该只提供给低收入家庭，因为他们的孩子几乎都是在贫困区里较差的学校读书。这些家庭没有经济能力去选择好社区，不能就读于那些社区里不错的公立学校，然而中产阶级和上层家庭在众多学校中有很多选择。他们可以搬到配备有好学校的郊区或城区，或者如果他们有能力，还可以把孩子送到私立学校。

选民们的反对是有根据的：如果所有的家庭都能得到教育券，那么富裕家庭肯定会把他们的孩子送到私立学校而成为教育券的主要使用者。如果只向贫困家庭发放教育券，反对意见就站不住脚了。密尔沃基市已经开启了一项试点计划，即只向来自贫苦城区的孩子们发放一定数量的教育券，以供他们念私立学校。

当前公立学校的财政体系繁杂且低效，先是通过向家庭征税来为公立学校提供资金，然后又间接把这些税收返还给那些孩子在公立学校上学的家庭。加州的教育券提案是直接把税收收入的一部分返还给所有选择私立学校的家庭。更好的制度应该是这样的：不仅向来自贫困家庭的学生发放教育券，并且还要求公立学校通过收取所有学生相当于教育券水平的学费来实现部分自给自足。

学费收取有先例

比如说，如果教育券的价值是3 000美元，那么公立学校的学费也应该达到这个标准。税收应该只用来弥补公立学校支出超过学费收入的那一部分。公立学校收取学费是有先例的，例如，美国早期的公立学校就收，州立大学最近也进行了评估，要收取高额学费。

教育券具有公共融资的特性，因而一旦政府减少对公立学校的支出，学校将通过学费收入得到弥补。过去25年，公立学校在学生方面的支出不断增加，目前已经增加了一倍多，而学费收入也将使得这项支出的持续增长更加容易。

部分选民对公立学校不满，他们反对加州提案，因为他们担心，该提案的实施会增加加州的预算赤字。但是，如果教育券只发给贫困家庭，并且公立学校收取学费，那么州政府预算的财政需求就会不升反降。这样一来，给予那些最需要学费资助的贫困学生更多帮助的财政压力就会小很多，具体做法是，提升教育券的价值，使之超过加州提案中的2600美元的标准。这个数字还不及公立学校中学生的全国平均学费的一半。

减税

如果提案得到实施，继续把孩子送到公立学校就读的贫困家庭在经济状况方面并不会比现在的情况有所恶化，因为教育券将弥补这些学校收取的学费。而有孩子在公立学校上学的中产家庭可能会因为他们得同时缴纳学费和税费变得拮据起来。但是，因为这些学校现在有了学费收入，所以会降低资助公立学校的税收需求。因而，应该先强制减少学校的税收，以便认识到学校也可以从学费中得到收入。

现行的公立学校经费体系容易导致学生因为收入、种族和其他特征而出现明显的隔离。只向贫困家庭发放教育券的做法将减少这种隔离，这是因为，在有些私立学校里，不少学生家境宽裕，如果来自不同背景的学生带来的教育券能弥补部分学费，这些学校是愿意多接受这些持教育券就读的孩子的。即使是现在，与公立高中相比，罗马天主教私立学校中因种族、收入和家庭教育不同而发生隔离的情况要少得多。

如果公立学校收取学费的话，那么家庭在决定送孩子到哪里就读的时候，会比较公立学校和私立学校的教学质量及学费差异。这样不仅会让公立学校为争取那些有资格持教育券就读的学生而展开竞争，而且还会加强私立学校和公立学校之间的竞争。

争夺生源将迫使公立学校改善教育质量。美国的高等教育体系是世界最好的，主要就是因为竞争——私立大学和收取学费的公立大学之间的竞争使得双方的水平都得到了提升。

■ 教育券：一张摆脱贫困区的通行证（1992）

对于洛杉矶骚乱已经有很多种解释，但我还想再做补充。不管内在原因如何，骚乱都强调了一点：需要让更多的贫民区青年融入到经济体系中。我认为，做到这一点的最好办法是，为他们出台一部相当于"退伍老兵权利法案"的法规，由联邦政府和州政府提供经费。

如果该计划得以实施，那么，在符合条件的家庭中，所有年龄在14～19岁之间的年轻人都将得到当地政府和州政府提供的教育券。等到了16岁的时候，年轻人选择自己喜欢的中学念书，就可以使用这些教育券了，很多教育券几乎都是这样执行的。与贫民区的公立学校比起来，教区中学及其他私立学校的教育水平更高，因此，它们将有资格加入该项计划。

为了限制成本，这项计划起初只面向贫困家庭的孩子。中产阶级家庭的孩子从他们进入郊区和小镇的学校就已经接受了相当不错的学校教育和职业培训，而且，他们更了解如何找到更好的工作。

通常的教育券提案即便能让众多来自贫困区的年轻人上更好的学校，但并不会对他们起到帮助作用，因为他们在高中学不到什么东西。而且，这些提案不能保证学生读完高中就能学到有助于他们找到工作的有用技能。正是来自贫民区的青年工作技能有限，才使得他们在求职竞争中处于不利地位，与种族歧视等因素相比，这方面的影响要严重得多。

工资跳水

真实收入的统计数据呈现出令人沮丧的趋势：自1975年以来，高中辍学者和成绩排在倒数25％的毕业生的工资收入已经下降了25％以上。这个工资降幅不仅适用于黑人及其他少数族裔，也完全适用于白人，不过，黑人学生和西班牙裔学生辍学或者念完高中但成绩很差的比例却要大得多。人们总是将这一趋势归咎于里根政府和布什政府，但下降趋势其实是在卡特总统任期内开始的。在很多欧洲国家，没受到良好培训的工人的待遇也不好。

按照我所提议的计划，高中没念完就辍学参加工作的年轻人可以在19岁之前使用教育券来接受私人企业的在职培训。那些高中毕业生也有为期一年的教育券来获得额外的培训，无论是在工作中还是在职业学校，他们都会接收一些诸如计算机编程或木工等方面的技能培训。为了防止这些学校为了招收学生而夸大其辞，它们能否继续参与培训计划将取决于：它们的大部分学员在完成培训后，是否获得了小时工资超过一定水平的或者超过最低工资一定比例的工作。

计划中包括在职培训是必要的，因为在职培训对黑人区及其他贫困青年来说，尤为重要。他们面临着经济问题，部分原因就在于他们很难获得有前途的工作职位。有资格参与教育券计划的公司需要提供有关其培训计划的详细信息，其中包括有关成功的参与者可资利用的各种工作阶梯的信息。

经济上更划算

美国普通公立学校每年在每个学生身上的花费超过5 000美元。然而，许多教会学校和其他私立学校提供的教育质量更好，但人均花费却要少得多，职业学校的花费通常也只有公立学校的一小部分。教育券制度对学生的资助力度很大，但花费仅仅占公立学校的花费的一半——甚至比那些工作培训和职业学校教育计划的花费还要低。

住房及城市发展部部长杰克 F. 坎普（Jack F. Kemp）和纽约市民主党代表查尔斯 B. 兰热尔（Charles B. Rangel）等人主张由联邦政府提供补贴，帮助贫民区兴建企业园区。我认为，兴建企业园区的做法是错误的，因为政府提供的补贴难免成为政治"猪油桶"⊖，而且不能解决贫民区年轻人所面临的主要问题。贫民区的黑人男性普遍缺乏工作技能，即使在他们自己的社区所建的工厂里，也得不到薪水不错的工作。相比之下，生活在贫民区的韩国人和其他许多移民，正是因为他们具有宝贵的技能和良好的工作习惯，往往能得到好工作。

在联邦政府和地方政府的财政状况已经很糟糕的情况下，向贫困青少年提供五年期的教育券制度将进一步加大政府的预算压力。然而，让学生使用教育券就读于私立学校、职业学校并接受在职培训的花费远比让他们就读于公立学校的花费少。这是因为，教育券的平均成本远低于公立学校学生的人均开支。

此外，即使会增加地方政府的预算压力，为贫困青年提供全面的学校教育和工作培训的计划还是值得一试的，它致力于解决年轻人在经济上面临的困难。没有哪一项计划能解决贫民区的所有问题，但这项计划的实施，将为迫切需要得到更好的工作技能的人员改善就业前景。

■ 公共资金用于宗教学校，无可厚非（1991）

布什总统提议，给予私立学校与公共学校展开公平竞争的机会，以争取纳税人的资金。尽管一些州和城市已经出台了向私立学校提供有限资金的计划，但仍

⊖ pork barrel，俗语，指政府为讨好选民而用于地方建设的拨款。——译者注

然有很多人不管计划的内容如何，而对是否应该允许由宗教组织主办的学校吸引公共资金的问题持有异议。

许多人认为，纳入教会学校会违反美国宪法第一修正案中有关政教分离的条款，该法案开篇即规定："国会既不能立法支持宗教的建立，也不能禁止宗教的自由活动……"但我认为，只要具有宗教背景的学校能与其他所有私立学校平起平坐，它们就应该获得公共资金的支持。

詹姆斯·麦迪逊（James Madison）等人拥护宪法第一修正案，明显是想保护信仰自由，但他们的真实用意到底如何，宪法专家们持不同意见。我不是宪法专家，但我认为，开国元勋们认识到了宗教观念和信仰百花齐放、百家争鸣的好处，从而在修正案中做了增补，以防止美国像当时的英国那样设立类似的国教。这样一来，那些能够充分满足人们精神需求的信仰就会在一个没有国教统治、开放竞争的环境中茁壮成长。

第一修正案中"自由市场"的观点意味着，在教会学校与公立学校或其他私立学校公平竞争的条件下，教会学校可以将公共资金用于其非宗教活动。同时，这一观点还解释了一种矛盾现象：许多政府计划实质上允许将公共资金用于宗教团体的非宗教活动。例如，病人可以像在私立医院里那样，在宗教团体赞助的医院中使用医疗补助和医疗保健金。而且，任何宗教团体，只要符合起码的标准，即可获得非营利地位的认证，从而获得当地财产税及其他税种和管制法规的豁免。

在"学生选学校，纳税人出钱"的教育券制度中，也不乏宗教赞助的学校使用公共资金的先例。第二次世界大战后颁布的"退伍军人权利法案"规定，由政府承担退伍军人进入教会学院或大学学习的学费。获得培尔助学金、联邦助学贷款以及其他社会资助的大学生，可把这些钱用于攻读由宗教组织资助的学院。

美国最高法院的一些判决也表明，司法制度允许将公共资金用于教会学校。举例来说，在1983年穆勒诉艾伦（Mueller vs. Allen）一案中，最高法院裁决明尼苏达州的一项法律具有合宪性，该法律规定，父母送孩子就读于教会学校的学费可以免缴州个人所得税，这明显属于一种间接补助。早前的一些判决则允许把公共资金用于教会学校学生的交通补助，还可用于购买非宗教类教科书。

尽管有过这些判决的先例，依然有人强烈反对在小学和中学层面上将教会学校纳入教育券计划。有人担心进入教会学校学习的学生会受到宗教教化。但是计划可以做出明确规定：如果学校要求学生必须参加宗教仪式或接受某一特定宗教，将得不到公共资金的资助，而且公共资金也仅限于非宗教学科及学术性的宗教研究。

把教会学校纳入教育券计划的反对者也认为，这一举措会加深学生之间因种族和信仰不同而形成的隔阂。詹姆斯·科尔曼和他芝加哥大学的同事们在其合著的《高中学业成就》一书中做出了一项重要研究，发现在天主教高中里上学的孩子，90%都来自于天主教家庭。但研究也发现，这些高中因种族和家庭收入而产生的隔阂比普通高中里来得要小。当然，参加教育券及择校计划的教会学校及其他私立学校，不得根据种族、宗教信仰和家庭背景来歧视性地选择学生。他们开除问题学生的权利也可能受到限制。

品学兼优的学生

如果宗教组织主办的学校质量较差的话，将它们纳入择校计划在教育方面的价值便值得商榷。但科尔曼及其同事的研究总结得出，平均来看，天主教学校的教育质量要好于公共学校。虽然天主教学校在学生身上的人均教育花费要低得多，来自不同种族和家庭背景的学生在学业测试中取得的分数要远远高于公共学校中的同类学生。这种优势在教育水平不高和家庭贫困的学生中尤其显著。天主教学校能做得这么好，部分原因是他们使家长和社区与学校活动联系得更紧密。

总有一天，提升中下阶层教育质量的需求会迫使美国的社区将私立学校纳入择校计划。宗教学校能够提供更好的教育，却被拒之门外，实在令人遗憾。

■ 竞争是学校教育健康发展的良药（1989）

势力庞大的利益集团总是要在对社会造成极大的伤害后，才会丧失其政治影响力。许多年来，正是因为有很多美国学生接受了恶劣的学校教育，才刺激各州及地方政府在制度上大幅度改革，迫使公立学校必须接受竞争，以争取学生。

明尼苏达州正逐步推动一项计划，只要学校愿意接受，而且又不违反有关取消种族隔离的法令规定，学生就可以进入任何一家公立学校就读。另外，在东哈林区、马萨诸塞、密尔瓦基以及西雅图等地，也在推行类似的计划。除此之外，目前大约还有20个州的议会在审查相关计划，以便让学生在确定学校时，能拥有更大的选择权。

让学生在择校时拥有更大的自由，主要的受益者是来自低收入城区的小孩。中上等收入家庭如果不喜欢辖区内的公立学校，本来就有很多替代方案可以选择。不少人将孩子送到私立学校就读，有的人则会搬到学校较好的地区去。贫困家庭则既负担不起私立学校的花费，也没有钱搬到昂贵的学区里去。

失去控制

反对扩大择校权的人，主要是教师工会、校方主管、学校董事会成员以及担心大量差等生涌入的社区居民。他们担心到时候无法控制局面。教师和校方也对未来必须面对竞争感觉不舒服。劳工部所属的劳工素质委员会（我是委员之一）最近提出了一份报告，对各校之间的竞争并没有发表意见，因为有好几位委员本身就强烈反对这个想法。

让学生在选择公立学校时拥有更大的自主权，这是很正确的重大举措。不过，应该也让家境较差的学生有机会选择到私立学校就读。整体而言，私立学校的教学质量更好，芝加哥大学教授詹姆斯·科尔曼针对全美公私立学校所做的研究就证明了这一点。天主教学校的花费远低于大都市里的公立学校，但它们的教育却办得更成功，原因在于，它们相对不受政治力量的干预，因而在纪律维持方面受到较少的管制。另外，它们也让学生的父母及社区更多参与学校活动。

虽然教师和校方管理人员等很多团体坚决反对将私立学校纳入自由择校的计划，但有几个州却已经在这方面走在前面。明尼苏达州推行了中学后选择计划，让学生在高中最后两年可以自己选择到公立学校、私立学校或职业学校就读，学杂费由政府支付。而威斯康星州州长汤米 G. 汤普森（Tommy G. Thompson）也在去年春天的时候提议，密尔瓦基低收入家庭的小学生如果去私立学校就读，政府可以代缴学费，人数最多1 000名，学生可以从参与计划的学校里自己选择学校。

密尔瓦基实行的计划是正确的：政府应该只为私立学校的贫困生代付学费。

至于哪些人有资格获得政府补助，则应该依家庭收入的高低来决定，就像决定谁有资格享受政府提供的医疗及居住援助计划一样。家境较为贫困的学生，最需要拥有可以选择私立学校的自由。

次要问题

反对这项计划的人说，私立学校只有先遵守各种有关民权的法令，才有资格获得政府资金，但即使如此，他们依然声称，这种制度会加重学生之间在种族、宗教信仰以及社会地位等方面的隔离问题。但这项计划是由政府出钱，让贫困生到私立学校就读，怎么会让隔离问题不减反增呢？当然，某些私立学校原来是以有钱人家的白人学生为主，只要政府愿意帮他们出钱，它们应该是会参与这项计划，并多收一些属于少数群体的学生的。

无论如何，不管学生的种族、家庭收入等状况如何，学校制度都应该努力为学生提供良好的教育。如果像东哈林区等地的状况一样，自由择校计划能让家境较差者得到更好的教育，那么肤色及家庭背景等因素，难道不就成为次要问题了吗？有些很棒的学校就只有黑人及其他少数族裔的学生。东哈林区的学生现在已经可以到区内的任何一个公立的中小学就读。在实施这项计划之后，该地的学生成绩已经从原来的最差水平提升到纽约地区的中等水平了。

我并不指望学校之间的竞争会产生奇迹式的效果。不少报告表明，如果学生的家庭不稳定，或父母对教育漠不关心的话，那么即使是最好的学校，教学效果也会大打折扣。不过，科尔曼教授的研究显示，天主教学校就成功地提升了贫困生的在校表现，并降低了他们的辍学率。

公立学校和私立学校之间展开竞争，将会让更多学校变成好学校。家长会把子女由较差的学校转到更好的学校来。想改善贫困家庭的中小学生教育质量的话，这种制度会比大量委员会或学术团体所提出的任何提议都更有效果。

■ 让所有家长在择校问题上有话语权（1986）

实施医疗保险、医疗补助以及其他联邦和州的健康保障计划后，政府用来帮助穷人和老人支付住院费用的总支出已经超过了800亿美元。该款项直接拨付给了数千家医院，其中大约2/3属于私营的营利性与非营利性机构。穷人和老人们得到了相当于教育券的凭证，这些凭证可以在公立或私立医院用于支付医疗费用。

最近，教育部长威廉 J. 贝内特（William J. Bennett）提出了一个类似的但更受限的财政教育补助方案。参与该方案的学生家长将每年获得价值600美元的教育券，这些抵用券在私立学校和公立学校均适用。贝内特的提议迈出了正确的一小步。在未来的9年中，他预计以提供在私立与公立学校均可兑现的等值教育券的方式，向每一所公立学校在校生每年提供超过3 000美元的教育补助。那些希望孩子接受更加昂贵教育的家长，可自己出资来补足教育券的不足部分。

目前，中产阶级和富裕的家庭对他们孩子的学校教育施加了许多控制手段。如果这些家长对公立学校不满意，他们有办法让孩子进入私立学校就读。或者他们可以搬到他们更喜欢的公立学校所在的社区去居住。事实上，城郊的社区正是将该区公立学校的教育质量作为吸引居民的亮点之一。

生源竞争

不富裕的家庭负担不起私立学校的学费，也不能搬到设有好的公立学校的社区。通常，他们只能接受眼前可上的公立学校，不管那所学校有多糟糕。教育券制度可以给予这些家庭一些择校机会，去选择目前只有中产阶级和富裕家庭才上得起的学校。只有少数家庭意识到了这一点。1985年的盖洛普民意调查显示，对比白人的43%，有59%的非白人赞同教育券制度。

一个全面的教育券制度要求公立学校竞争生源，通过学费收入自负盈亏。公立学校只能通过扼制校园暴力、灌输纪律、引入家长参与、开设具有挑战性的课程以及控制成本等方法来保持竞争力。如果一所公立学校生源匮乏、入不敷出，那么要么关门大吉，要么被出售给私人老板。强制公立学校提升竞争力，对旧城区的家庭尤为有利，因为他们目前必须面对公立学校的教育垄断。

那么，通过实施教育券制度，政府可以帮助旧城区居民和其他贫困家庭的孩子去上那些没有公共补贴的私立学校。诚然，一直以来我们都认为公立学校应该是对所有学生开放的，无论种族差异、宗教信仰、家庭收入如何。但是贫困黑人、西班牙裔和其他家庭的孩子在公立学校就读的比例要比私立学校的大，主要是因为他们的父母负担不起私立学校的高昂学费。教育券制度将使选择私立学校的少数族裔和低收入家庭的数量大大增加。

减少隔离

此外，因种族、收入和其他因素而造成的地理隔离也延伸到了公立学校之中。詹姆斯·科尔曼教授和其在芝加哥大学的同事在他们所著《高中学业成就》一书中指出，与公立学校相比，私立学校的学生尽管更多因为宗教信仰而分裂隔离，但因为种族和收入分裂隔离的情况更少。

这项研究还表明，家庭越贫困，孩子在私立学校的表现比起在公立学校的表现就越好。尽管考虑到越是贫穷的家庭越想让孩子上私立学校，日后出人头地这一趋势，情况依然如此。实际上，穷人家的孩子在私立学校中学习，要比在公立学校中收获更多。在这一点上，他们的进步效果要比富人家的孩子更为显著。

一些人担心，教育券制度的实施会导致学校设立无价值的课程。然而，芝加哥大学教授菲利普·杰克逊对同样属于精英级的一所公立学校和一所私立学校做了一份调查，该调查发现私立学校的课程设置结构更为合理。大部分因教育券制度而获得择校机会的贫困家庭，应该会理性地使用手中的教育券。为了防止无价值课程数量过多，更多的州和当地政府可以根据具体形势，为一些科目设置基本能力测试，并要求所有在校生通过。

大约30年前，米尔顿·弗里德曼提出了针对学校教育的教育券制度。尽管类似的体制已经在医疗系统付诸实施，而且加拿大的卑诗省正在筹备采用教育券制度，弗里德曼的提议依然遭到了许多非议，称其过于狂放、不切实际。如今看来，比起邮政、监狱、公共住房、联邦土地的私有化政策，教育券制度显得温和多了。教育券制度的构想终于迎来了它的春天。

劳动力市场和移民问题
The Economics of Life

本部分研究的内容包括最低工资、社会保障及其他劳动税收、员工认股、移民以及有关劳动力市场的其他问题。60多年来，经济学家们一直在争论最低工资对就业、利润和贫困等构成何种影响的问题。但提高最低工资标准的压力持续影响到保守派和自由派的政治人物。尽管法国的失业率超过11%，但保守派政府仍然在1995年夏把最低工资调高到每小时7美元（合36法郎）以上。同期，美国也在讨论是否提高联邦最低工资，因为每小时4.25美元的最低工资水准已经维持了数年。在美国大选年，把最低工资调高1美元是很有可能的，因为国会中的共和党议员不想让人觉得他们和穷人之间是对立的。

最近有些研究最低工资问题的美国学者宣称，小幅提高最低工资不仅不会降低，相反还有可能会提高就业率。这些研究结果增强了欧美等国要求提高最低工资的呼声。不过，有人针对这些研究在证据上的瑕疵而提出了严厉的（我们认为是致命性的）批评。在本部分中，有一篇文章对这些批评意见进行了讨论，并提出从经济学的基本原理来看，不应该提高最低工资。

有关移民问题，有一篇文章最具争议性，它提倡各国政府以拍卖的形式把移居至本国的移民权卖掉。这个提议起初受到了一些人的抨击，因为他们认为向公民出售权利是一种貌似"无情"的做法，令人无法接受。不过，现在越来越多的人支持这样的做法，甚至包括克林顿总统成立的移民委员会；该委员会建议授权企业雇主替外国技术工人购买美国签证，就是部分接受了这种做法。

在美国和西欧国家，移民问题已经成为一个重要的政治问题：为了改善自己的经济状况，越来越多的人想移居到更富有的欧美等国。面对人数众多的申请移民者，欧美国家在筛选时的取舍标准一直是自相矛盾的。

出售移民准入权的做法可以让这个取舍过程变得合理化、秩序化。这种做法对年轻而又有技术的移民申请者有利，他们愿意以较高的代价来购买移民权，因为在富裕国家工作，可以大大改善自己的经济状况。同时，这种做法让人难以提出这样的批评：移民享受优厚的社会福利和其他好处，这样是不公平的。由于这些移民实际上是花了钱才得到移民权的，因此有资格享受一些社会福利。

劳动力市场
The Economics of Life

■ 道理很简单：提高最低工资，会减少就业（1995）

劳动力成本上升会减少就业。正因如此，克林顿总统打算调高联邦最低工资的计划不应该被接受，因为提高最低工资将进一步减少低技能员工的就业机会。

克林顿总统提议将最低工资提高到每小时5.15美元。事实上，对十几岁的青少年、中学辍学者、外来移民及其他低技能员工来说，时薪通常是低于该水准的。他们在比较小的店里，尤其是在快餐连锁店和其他零售店里找到工作。如果真如总统所愿，提高了最低工资，那么有些人就会因此而失去工作，因为雇主会认为他们的生产率没那么高，不值得花那么多钱雇用他们。

过去几十年来，很多研究证实，提高最低工资的确会减少青少年及其他低技能员工的就业机会。不过，最低工资法一直是某些工会及政治人物之间的热门话题。同时，有一些经济学家也偶尔会对调高最低工资所可能带来的负面效果提出质疑。

严重的缺陷

最近由普林斯顿大学经济学家大卫·卡德（David Card）和阿兰 B. 克鲁格（Alan B. Krueger）所做的几项研究，就经常被拿来作为反对上述看法的依据。其中，克鲁格是现任劳工部部长罗伯特 B. 瑞奇（Robert B. Reich）所任用的首席经济学家。他们的研究显示，在低工资员工比例较高的几个州里，就业状况并没有因为提高最低工资而出现较大的变化，而低工资员工是最容易受最低工资提高这个因素的影响的。

瑞奇和其他官员也经常拿另一项研究来支持提高最低工资不会减少就业的论调。该项研究比较的是新泽西州和宾夕法尼亚州快餐店的就业变动情况。卡德和克鲁格认为，在1992年提高了最低工资的新泽西州和没有提高最低工资的宾夕法尼亚州的就业都下降了，且降幅相同，因而两州的就业减少必定另有原因，与最低工资的调整无关。

有些人认为这些研究存在严重的缺陷，我同意这样的看法。得州A&M大学的唐纳德 R. 迪尔（Donald R. Deere）教授和菲尼斯 R. 韦尔奇（Finis R. Welch）教授，以及芝加哥大学的凯文·墨菲教授等人，在提交给美国经济学会一月会议的研究报告中，就指出这些研究本身犯了严重的错误。

他们举例表示，联邦最低工资于1990年、1991年提高之后，新泽西州的青少年就业减少的幅度，就已经比宾夕法尼亚州的大了许多，因此，新泽西州在1992年自行提高最低工资后，就业的降幅没有比其他州来得大。新泽西州的资方在联邦最低工资提升之时，就预料到该州的最低工资还会再次调升，因而先行大幅度削减了工作机会。

相矛盾的研究

很多研究证明，提高最低工资会对就业状况造成很大的负面影响，卡德和克鲁格的研究是有缺陷的，不能拿来作为反证。相反，由迪尔、墨菲和韦尔奇所做的研究显示，联邦最低工资于1990年、1991年分两次由3.35美元调高到4.25美元以后，青少年、中学辍学者及其他低收入群体的就业机会的确是降低了。

这些降幅应该是符合实际情况的，特别是在这三位经济学家已经考虑到当时的经济衰退因素后，更应如此。在最低工资提升27%后，青少年男女的就业机会分别减少了12%和18%。而中学辍学者的就业机会，则大约减少了6%。根据这些数据来看，如果国会将最低工资提高18%，达到每小时5.15美元，那么低技能员工的就业机会，可能还会减少5%以上。

克林顿总统认为，之所以有必要提高最低工资水准，是因为目前的最低工资尚不足以让最低工资标准线上的贫穷家庭享有适当的生活。不过，连卡德和克鲁格都不能证明"提高最低工资，就能有效地改善贫穷的问题"。事实上，对这些贫穷家庭来说，个人所得接近最低工资的家庭成员，其收入通常只占整个家庭所得的一小部分而已。

同时，克林顿总统也希望增加低技能员工在就业培训方面的政府补贴。但是，倘若克林顿总统没有倡议提高最低工资的话，那么这些补贴或许是没有必要的。因为在提高最低工资后，低技能员工会降低在职训练的意愿。"提高最低工资会降低就业机会"的定论，连神通广大的人都很难驳倒。既然政治人物还没有那么高的功力，就不应该试着提高最低工资。

■ 欧洲社会福利制度的惨痛经验，美国应引以为戒（1993）

美国及亚洲国家的众多学者认为，各国在制定社会福利政策时，应该以欧洲国家的做法为仿效蓝图。不过，欧洲国家的福利政策，是建立在高税率的基础之上的，而且强迫企业界承担不少义务。在20世纪八九十年代，欧洲的失业率出现大幅度上扬，与这些福利政策不无关系。

在20世纪80年代初期，法国、德国及其他西欧国家的失业率都在4%以下，而现在平均都超过了10%。其中，年龄在25岁以下者，失业率更是几乎达到20%。相反，美国的失业率在过去15年里并没有上升多少，现在仍不到7%，而日本的失业率增长也很缓慢，目前还不到3%。

从美国和日本的经验可以看出，欧洲失业率之所以大幅度上扬，不能简单地说是欠发达国家加剧了竞争所致，也不能归因于那些影响到所有国家的其他因素。事实上，整个欧洲的劳动力成本快速增加，似乎与失业率的爆炸性增长大有关联。

德国目前的平均劳动力成本是每小时27美元，其中大概有一半来自于社会保障、健康医疗、失业补助、残疾救济以及其他税赋项目的支出。而在法国、意大利、西班牙以及瑞典等国，劳动力总成本中必须缴给政府的比例也与德国差不多。相对而言，这个比例在日本和美国还不到25%，在韩国及中国台湾则更低。

欧洲国家在解雇员工和法定假期以及带薪休假等方面也设下了重重的限制，这些措施使得欧洲的劳动力成本远超过原本就已经很高的员工工资和税赋水准。在瑞典，员工很容易以生病或其他理由申请到假期，结果缺勤率竟高达10%，而德国也达9%。比较之下，日本及美国则分别只有2%和3%。

地下经济

很多欧洲企业为了降低劳动力成本，越来越喜欢聘用临时工，因为临时工容易解聘，而且不用为他们负担福利和缴税。在西班牙，把正式员工解聘几乎是不可能的事，因而目前有1/3的员工都是临时工。即使是在法国和德国，临时工所占比例也超过10%。

欧洲的地下经济之所以出现大幅增长，部分原因就是规避因政府的种种规定而强加的那部分劳动力成本。虽然没有可靠的数据，但粗略估计，意大利及西班牙也许有25%的员工至少曾以兼职的方式从事这种地下经济工作。而在比利时、法国、德国及瑞典等国，该比例则在10%左右。

如果劳动力成本很高，解雇员工又很难，那么公司就算有人离职，也只是会慢慢找人来填补空缺。即使在经济有起色的时候，企业也不愿扩大规模。所以在欧洲，如果你是首次出来找工作，或是生过小孩再想回到就业市场，或者你是外来移民的话，那么找工作所花的时间，会比10年前长得多。这是为什么年轻人失业率那么高，而且失业人口中失业超过一年的比例超过1/3的原因。过去20年来，欧洲共同体的民营企业就业人数几乎没有增加，多数的就业增长是出现在官方机构里。但美国和日本的状况则相反，民营企业的就业大幅度增长，但政府部门的聘用人数则增加不多。

吸取教训

长期失业者、年轻人、临时雇员以及从事地下经济的工作者，都没有接受任何专业技术训练的机会。而这些人的数量急剧增加，正说明为了要在现代社会中找工作，接受适当训练的人越来越少。但现代社会对员工技术和知识水准的要求却很高；因为缺乏适当的训练，他们要找到满意的长期工作可谓难上加难。

值得庆幸的是，有些国家已对此做出了反应。瑞典的保守党政府已经对带薪病假实行了更严格的规定，不过新规定仍然过松，是个错误的决策。德国财政部长魏格尔希望能降低失业津贴及社保补助，也打算废除女性休产假还继续领取薪水的做法，以及建筑工人在临时性解雇期间享有工资给付的规定；另外，法国政府冻结了社会保险优惠措施，并提高了员工申请退休金所需的年限；而荷兰的基督教民主党则希望能暂缓制定最低工资法；西班牙的社会党政府也正在想办法让企业在解雇员工时，可以更容易一些。

可惜的是，克林顿总统提议资方必须为员工支付医疗税，新出现的这个例子，表明美国政府再次想通过行政手段来要求企业额外增加支出。其他类似的例子还包括过高的社会保障及医疗保健税，以及为了雇用伤残人士而设立难以达到的高标准等。另外，政府还规定女性员工生育时，公司必须主动给假期等。对美国和其他国家来说，欧洲的经验应该是个教训：政府如果减少对劳动力市场的干预，就业市场就会活跃起来。希望这个教训不要等到付出了高失业率的代价后，才能学到。

■ 让家庭购买医疗健康保险（1993）

联邦和州政府的预算吃紧，导致政府在20世纪80年代对很多企业行为指手画脚，比如，要求企业在工作场所设置托婴设施，或要求给予特殊群体就业照顾等。然而，让企业承担责任的做法，并没有创造出什么东西来，不过是把负担转嫁到雇主和员工头上，让企业去从事它们并不擅长的活动罢了。

马萨诸塞州民主党参议员爱德华 M. 肯尼迪（Edward M. Kennedy）提出的一项提案要求，企业得为员工提供健康保险。全面的健康保险是可取的，但我认为，应该由家庭而不是企业来购买健康保险。

如果健康保险的目标是为尽可能多的市民在重大医疗费用方面提供保障，那么，要求企业来提供健康保险是做不到的。那些失业人员、退休人员以及其他没有工作的人将不得不通过其他渠道来得到保险。而且，对于并非自愿提供保险的企业来说，那样做会提高其劳动力成本，尤其是低工资员工的成本。

尽管团体健康保险有助于分散重大疾病的风险，但是很多公司还没有大的实力，能给员工提供足够的保险。对于小公司而言，哪怕只有一个员工提出一笔高额的索赔，也经常会导致保险费用的大幅度增长，有时候还可能导致保险被取消。正因如此，雇主都不愿意雇用那些可能出现大额医疗费用的人。

搭便车

目前在美国，健康保险主要由企业老板提供，但这仅仅是因为，美国国内税收署（IRS）并没有把这部分费用计入员工的应缴税收当中。它只是一种补贴。如果对企业的健康福利征税，会使联邦政府和州政府的收入每年增加600亿美元左右，并取消企业过度投保的税收优惠。而且，会有更多雇员会从工会、教堂、专业协会以及俱乐部等渠道得到保险，这些组织将会跟小公司进行有效的竞争，从而能提供更低廉的保险。

在发达国家，人们生病需要长时间住院并需要大量医生照顾时，他们即使没有保险或者支付不起医疗费用，也会得到治疗。在这种情况下，一些不交保险费也不缴税的人会产生搭便车的想法，为了消除这种现象，联邦政府应该要求所有有支付能力的家庭购买基本保险，保险范围包括重大医疗费用和一些预防保险费用。当然，任何家庭都有权选择范围更广的健康保险。

对于无力支付保险费的家庭，将由联邦政府来承担保险费。家庭是否有资格享受这一待遇，是根据家庭的收入和获得私人保险的成本来决定的。长期患病且没有加入定价合理的团体健康保险计划的人，将被统一纳入到政府计划中，因为不这么做，他就只有支付很高的费用才能获得私人保险。

收入增加

目前，美国约有3 400万人没有任何形式的健康保险，他们要么得自己买保险，要么符合社会资助的条件。但是这些无保险人群的问题，其实并没有总人口显示的那么严重。国家卫生统计中心（NCHs）的数据表明，他们中的大多数是年龄在15~40岁之间、患严重疾病概率很小的员工。如果适当增加个人及政府在健康保险上的支出，他们是可以被纳入所提议的健康保险计划中的。

没有参加医疗保险的人往往在小企业里工作。这些小企业被排除在医疗保健市场以外，一个原因是保险费过高，另一个原因是州政府要求所有健康保险计划都必须涵盖一些不必要的医疗服务，如按摩和针灸等。一个常见的说法是，保险公司拒绝给最弱势的人群提供保险，导致没参加保险的人如此之多，保险公司对此难辞其咎。据说保险公司受到指责是因为他们拒绝为体弱的人投保以致很多的人没有保险。国家卫生统计中心的统计数据显示，这一指责有些夸大其辞了。

对于经济状况不错的老年人，也应该要求他们购买私人保险以防范重大疾病。65岁以上的老年人中，超过3/4的人已经购买了个人保险和医疗保险。尽管很多老年人需要社会的资助，因为个人重大疾病健康保险对他们来说是非常贵的，但是，与工作无关的团体保险计划的增加应该会降低他们购买保险的成本。

如果联邦政府的帮助范围包括60%的老年人、目前享受医疗补助的家庭以及一半当前没有个人保险的家庭，那么，占总人口20%的人将享受到健康保险补贴。这和目前享受医疗补助和医疗保险的人数比例是相同的，因此联邦政府的健康保健支出并没有增加。如果对雇员的健康保险征税的话，联邦政府的收入还会增加。

我所提倡的健康保险办法并不是要联邦政府加强干预。现行体系的问题不在于政府干预得太少，而在于干预的方式不对。联邦政府的作用应该是，确保所有的家庭在重大疾病面前得到保障！

■ 长期失业者需要得到长期救助（1991）

美国目前的失业保险制度不能保障工人应对长期失业的风险。20世纪60年代末以来，超过26周没有工作的失业者增加了一倍之多。这次长期失业的爆发有助于解释为什么现在有那么多的失业者没有资格获得福利。1988年，在这些失业者当中，失业时间超过半年的比例占1/4强。

根据现行法律，员工失业一个星期后福利制度就开始启动。符合条件的失业人员会得到最长可达26周的失业补助款，其金额通常略少于他们从前薪水的一半。但除非该州投保的失业人口高于总就业人口的5%左右，福利即停止发放。这种情况不太可能出现，而且，由于全国失业率至今仍维持在7%以下，仅有几个州在当前经济缓慢衰退的形势下扩大了福利政策的覆盖面。

许多短期失业人员通过提取存款，从亲戚朋友那借钱，或延迟返还按揭贷款及其他账单等方式勉强度日，不会遇到太大的难关。那些季节性失业或被临时裁员的人经常期待着重返工作岗位。

常识表明，长期失业是很难应付的，因为失业者会耗尽积蓄，失去信用，连基本的日常所需都不能应付，更别说其他的了。

反对增税

显然，现行的失业补助制度没有履行它应尽的职责：保护那些最需要受到保护的失业者。正确的做法是把失业补助的领取期限从26周延长到一年。而那些失业持续时间超过这一期限的失业者是不太可能再次找到固定工作的，应该通过其他方式帮助他们，例如社会福利制度。

目前，失业补助金由各州的信托基金负担，这个信托基金是通过抽取薪水中的头7 000美元的工资税而建立起来的。有些国会议员要求提高税率或大幅度提高当前7 000美元的工资基数来延长目前为期26周的失业补助领取期限。但在参议院和众议院中，也有很多人反对提高工资税。

然而，如果取消一些短期失业者获得福利的资格，现行体制在不新增税收的情况下，就可以产生足够的收入来满足所有长期失业者的福利需求。因为那些仅仅失业数周的失业者通常都能安然度过失业危机，这笔钱将能更好地用于那些更需要援助的人。

如果福利发放的等待期从当前的一周延长至五周，那么所释放的税收就足以使福利领取期限从现在的半年延长为整整一年。如果不给那些失业6~8周以内的人发放福利，该信托基金将有足够的资金来让一些本没有资格获得福利的人也获得福利。在20世纪70年代经济衰退期内，领取福利的失业者比例为60%，现在，这一比例下降了很多。现在许多没有资格获得福利的失业者正是那些已经失业数月且可能入不敷出的低技术工人。

从哪里开始

失业后仅仅一周就有资格领取福利的制度往往遭到滥用。有些公司更愿意解雇那些几周后就可召回的员工，因为他们知道此时将由信托基金承担失业补助的负担。季节性就业也平添了一份虚假的吸引力，因为该制度照顾到了定期性的失业。如果在失业几个星期之后才有资格领取失业补助的话，就能在很大程度上遏制对该制度的滥用。尽管福利延长至一年可能会使一些长期失业者干脆不去找工作，但是绝大多数工人为了避免自己的技能生疏，仍然尽快找工作。

政府的其他安全保障计划在早期都非常大方，但在后期较为困难的阶段就不会这么大方了。福利制度应该让家庭等待更长一段时间才有资格领取，给那些长期贫困且未来条件也得不到改善的家庭提供更多的福利。社会保障和医疗保险的目的在于，为老年人在晚年面对长期疾病和其他严重的老年风险提供保障。相比之下，对那些富裕的长者和那些短期疾病患者，我们太慷慨了，而对病人和穷人，我们却又太吝啬。

在寻找更有效的政策时，税收和预算方面的压力迫使我们重新审视政府的所有计划。在失业补助制度中，取消对短期失业者的补偿并加大对长期失业者的帮助力度，这算是一个良好的开始。失业保险基金应该减轻这些工人的经济困难，因为，他们面临着长期的甚至是永久的贫困，而这些贫困不是因为他们自己的过错而造成的。

■ 员工持股制度不能做到一劳永逸（1989）

几乎每个人都喜欢员工所有权的概念。有些社会民主党人虽然对国有企业制度不再心存幻想，但对资本主义能否保护员工权益仍持怀疑态度，这些人就很赞成员工持有公司股票的做法。有些保守派人士为了推动"全民资本主义"的理念，也喜欢这个制度。然而，这种一厢情愿的想法，未必经得起严格的分析。员工持股的好处被夸大，其缺点却被忽略了。

过去10年里，在西欧、南斯拉夫以及中国等地，实施员工持股的企业数量快速增加。美国在1974年实施这种制度的公司还屈指可数，现在则超过了5 000家，原因是政府在这期间对实施这种制度的公司给予了税率优惠。公司如果借钱成立"员工持股计划"（employee stock ownership plan，ESOP），就能以税率优惠、低成本的方式给员工提供福利。

支持减税的普遍看法是，当员工持有公司股票时，会更加努力工作、更加本着良知投入工作。员工持股的做法，的确可能会间接地激励员工，但是直接激励员工的好处却很有限：员工更加努力地工作所创造的新增利润几乎都分散到其他员工及股东身上去了。

更大的风险

员工持股是不是比利润分享和其他激励工资的做法更能激励员工，这个问题并没有定论。持否定态度或许更能让个别员工依据他们对公司的贡献，直接享受到利润增加所带来的好处。有些公司已经部分地以员工持股计划来取代或补充利润分享的做法，完全是为了享受税率优惠等好处而已。

事实上，员工持有公司股票，会因公司经营状况的波动而让员工承担更大的风险。即使不持有公司股权，大多数员工的财富已经遭到分散，因为员工的财富表现为自己的人力资源，而其财富的多少是和公司的经营业绩息息相关的。对于那些还在公司上班的人来说，他们必须承担公司经营的风险，算不上是件好事；而对于已经退休的人来说，情况可能更糟，因为他们的收入来源以及退休金的多寡，都取决于公司经营的好坏。同时，实施利润分享计划，在激励员工的同时，还可以避免让其退休后的收入与公司股价的涨跌相挂钩。

员工持股计划经常被管理阶层拿来当挡箭牌，以抗拒其他公司的强力并购，也可以用来抵制别人想把他们赶下台的企图。例如，联合航空公司（United Airlines）驾驶员所主导的67亿美元员工持股计划，就成功地对付了马文·戴维斯（Marvin Davis）所提出的并购案。不少大型的员工持股计划，是在有人想并购后才推出的。员工持股计划经常与管理层联手抵抗收购，但事实上，有些收购计划对股东来说是有好处的，但有可能撤换现有的管理层，也可能调整公司的经营状况。当然，国会让实施员工持股的公司享有税率优惠，大大减少了政府收益，其目的自然不是让没有效率的公司管理继续维持下去。

国家会计局（GAO）在1987年10月发布了一份报告，从中可以看出员工持股的措施究竟能否改善公司的经营绩效。该研究显示，在实施员工持股计划后，企业的赢利状况和生产率几乎维持原状。另外，巴尔的摩大学教授迈克尔·康特（Michael Conte）以及匹兹堡大学教授简·史维尼雅（Jan Svejnar）最近针对不同国家的员工持股计划加以研究，也获得了类似的结论。

流失的收益

国家会计局估计，在1977年到1983年间，因实施员工持股计划而产生的税收减免使联邦政府的收益损失超过120亿美元。在1984年和1986年两度改革后，推出了新的税率优惠办法。公司若以借贷方式实施员工持股计划，可以在缴税时扣除借款的本金和利息，而贷款方对其放款收入缴税时也实行减半。与其他股东的股票分红不同，员工持股计划中的红利部分也可以抵税。这些新的税收优惠导致联邦政府自1983年以来，收益减少了数十亿美元，而在此期间，美国的预算赤字是相当庞大的。

员工即使不持有公司股票，不参与政策制定，也可以参与公司的某些决策。日本公司为了解决员工在工作时遇到的问题，而成立了所谓的"质量管理委员会"。这种做法很成功，促使越来越多美国及西欧的企业，也想办法让员工能够在生产方式、积怨发泄、产品开发及其他问题上有直接参与的渠道。国家会计局等相关的研究显示，员工参与决策过程有助于提高公司的生产率。

去年（1988年）6月我到波兰首都华沙和团结工会举行会谈的时候，我就劝告那些支持员工持股的人，当波兰经济百废待兴、正走向民营化之际，不应该只顾及自己的好处。判断员工持股是否有利于企业员工和企业生产率的唯一方法，就是强迫它们和实施利润分享制度的私有企业和上市公司展开公平的竞争。

基于现有证据，我认为，实施员工持股计划的企业，在和其他公司展开全面竞争时，漏洞实在太多了。为了确保公平竞争，欧美各国应该取消那些鼓励企业实施员工持股的税率减免等优惠措施。

■ 劳动力市场也应该推动自由化政策（1986）

在过去10年里，美国曾在航空、货运、电话通信和金融业等领域推行了大规模的自由化措施，因而让人误以为美国的自由化运动方兴未艾。然而，政府对这些产业的管制虽然减少了，但在其他领域的管制却越来越多。以劳动力市场来说，政府通过行政、立法以及司法渠道所进行的干预都在急速增加，就是很好的例子。

英美等国的普通法传统推动了这样一条原则的发展：在自愿基础上签订劳动合同。根据这一原则，员工不需要提出什么理由，就能辞职不干，而资方也可以任意地解雇员工。不过，美国在20世纪30年代对该原则进行了改动——资方必须先和合法的工会组织进行集体谈判。最近，这项原则再度得到修正。目前，工作条件是由政府法规而非员工及雇主来决定的。比如说，政府要判定企业雇用行为是否违反平权行动⊖和反歧视政策的目标；同时，企业在雇用员工时，不得询问求职者有关过去的犯罪记录，以及是否曾经吸食毒品等问题。而且，雇主想解聘员工的话，必须提出"正当理由"才行。另外，政府也规定某些场所必须在工作地点设置非吸烟区，并要求企业在员工离职后继续提供健康保险，最长期限达离职后18个月之久。

政府在就业机会及工作条件方面设立某些规定，的确有其必要，但目前美国的做法已超越了合理范围，美国人忘记了自由化带来的教训。最近，越来越多的人提议美国政府规定企业在员工生孩子或领养小孩时，应允许他们

⊖ 平权行动（affirmative action），该计划是美国政府为了消除就业和教育等领域的种族和性别歧视，20世纪60年代中期以来实施的政策。该术语有"反优先雇用行动"、"反歧视行动"、"平权行动"等多种译法。可参见：http://www.mzb.com.cn/res/Home/0911/1/53%E6%9C%9F.doc 和 http://stph.com.cn/mybbs/announce/announce.asp?BoardID=18&id=165748。——译者注

带薪休假，并提议企业应该在工作地点设置托婴设施。在美国，多数企业在员工为了照顾小孩而请假后，并不保证一定能恢复原来的岗位。另外，美国经济咨询商会（Conference Board）最近公布的研究结果也显示，没有几家企业给员工提供托婴设施，也没有给子女仍然年幼的员工在其他方面提供什么实质性的帮助。

转移负担

有人认为企业应该提供这些福利措施，因为大多数欧洲国家已经有了相关规定。以瑞典为例，员工可以休整整一年的带薪产假，并且保证员工在18个月以内，都可以回到原来的公司上班。赞成这些做法的人表示，这些政府规定能让子女年纪尚小的妇女，在找工作时不会处于不利的地位，同时也能让职业女性在怀孕时不会遇到那么多困难，而职业女性的下一代也能获得较好的照顾。

有些人赞成法定休假和托婴设施，他们事实上是想把父母照顾子女的部分负担转移到雇主和纳税人身上。不过，这样的法令规定，使得企业在雇用子女年纪还小的妇女时，必须付出更大的劳动力成本。因此，雇主反而不愿意雇用她们，也较不愿意录用比较可能怀孕的年轻妇女。其结果是，年轻妇女的工资水平降低，失业率则提高了。因此，实施给假的措施，以及在上班地点设置托婴设施的负担，一部分会转移到每一个年轻妇女身上，这当然是和原来提出这些建议的用意不符的。

或许有人会说，这不过是象牙塔里的经济学家的想法而已。不过，英国、德国，以及法国等西欧国家的失业率，原来都远低于美国，但在过去10年里却不断上升，并且已经大幅度超越了美国。欧洲国家在有关所得和就业条件方面的法令限制，增加的速度也比美国来得快。伦敦政治经济学院教授理查德·莱亚德（Richard Layard）及牛津大学教授斯蒂芬·尼克尔（Stephen Nickell）在最近发表的"英国失业问题"研究报告里指出，英国男性员工的失业率由1975年的5.05%上升到1984年的15%以上，主要就是英国在就业保护方面的法律规范越来越多所造成的。

要采取更公平的办法

我们实在看不出父母照顾子女的责任,为何应该转移给别人来承担。但如果真要这么做,也应该把这些责任转给纳税者和离了婚的爸爸,这会比转给年轻的职业妇女要来得有效而公平。例如,针对照顾小孩的开销,可以增加免税额度。参议院财政委员会的税制改革法案里,就提高了工资所得的免税额度,这对职业妇女会有帮助。还有,目前离婚或处于分居状态的父亲,在支付子女教养费用上没有尽到责任的比例相当高,应该想办法让这个比例降下来。这可以让离婚的妇女为子女提供更好的教养。

政府在员工工资和就业条件上所设的限制越来越多,但不能因为有人对此趋势感到担忧,就说他们鼓吹政府实施放任政策。某些产业已经因为推动自由化的政策而享受到好处。由此可见,政府如果对劳动力市场过度干预,所带来的坏处会比好处多得多。

移民问题
The Economics of Life

■ 加利福尼亚187法案不错,但联邦移民法应该修改(1995)

在近期的国会中期选举期间,加利福尼亚对第187号提案进行公民投票之事,引起了激烈的辩论。该项提案如获通过,非法居民将不再享有教育及医疗方面的福利。目前要求大量减少非法居民的压力实在很大,不过政府在评估哪些人可以合法居留时所使用的标准,则有必要加以修改。

在20世纪20年代,合法移民的数量得到了严格的控制。但最近几十年来,由于旅行成本降低,加上西方国家提供的福利措施等因素,使得移民倾向大幅度提高,从而造成了非法居留人数剧增的现象。不过,政府为了减少非法移民而采取的措施却非常少。

严格控制非法移民

非法入境者被抓到后,会被强迫搭飞机或巴士返回原籍地,其中大多数是回到墨西哥。不少人在遭到遣返之后,转身就会继续尝试非法进入美国——有些人被抓过十多次。这种象征性的惩罚,鼓励了外国人以非法方式入境,因为合法居留权通常要等上好几年才拿得到。

1986年通过的《移民控制及改革法》力图在合法移民及非法移民之间做个严格区分。该法案要求,国内企业在招聘员工之前,必须确定求职者是否拥有合法居留权。如果企业雇主明知求职者是非法移民而仍加以雇用，就可能受到高额罚款的惩罚，甚至要坐牢。不过，由于贩卖伪造移民文件的行为十分猖獗，使得这些惩罚措施的效果大打折扣。

为了解决这个问题，第187号提案的起草人在加州的处罚条例中增补了惩罚条文，对使用或贩卖虚假居留文件者，不管是为了求职还是为了其他目的，都要接受很长的刑期或高额的罚款。

该项提案最有争议性的部分，还在于规定不让非法移民享有进入公立学校或接受非紧急性医疗救助的权利——非法移民仍然可以接受紧急性的医疗救助，并要求学校和医院主管检查学生及病人是否拥有合法居留权。在我看来，这部分规定是可以理解的：既然已经要求企业雇主做这些事，那么要求学校或医院主管做这些事，也就没有特别的反对理由了。而且，这些人原来在外国的时候无法享受这些权利，为什么在非法入境美国后，就有权享受这些权利呢？

虽然加州主要的报纸大多反对第187号提案，但在公民投票中，该提案获得了60%的民众支持率。有些反对者认为，这只不过是政府为了减少墨西哥移民人数使出的障眼法而已。我最近到墨西哥访问的时候，针对这项法案的提问比针对有关北美自由贸易协定等议题的提问还要多。为了减轻这方面的疑虑，并抑制非法入境动机，美国可以在严格限制非法入境的同时，让申请移民美国的墨西哥人拥有特别优先权。

不过，虽然对非法移民采取严格的管制措施极有必要，但这并不表示应该减少移民的总人数。移民对美国及不少西方国家的文化及社会活力，都有很大的贡献。对美国而言，目前外来人口占整个人口的比例，比起50年或100年前都要小得多，因此实在不应该认为移民对美国文化构成了任何威胁。

给予更大的优先权

然而，我们应该对移民标准做出改变，使之有利于那些对经济贡献最大且不需要纳税人付出补贴的移民申请者。一个方法就是让年轻且有技术背景的移民享有更大的优先权——1990年移民法在这方面的措施太过平庸。在失业、领取福利、生病或养老方面，这些人都不太可能成为社会的负担。

一些共和党籍众议员正在推动移民政策上的大幅度变革，改革完成后，入境移民必须等上数年，才有资格享受医疗救助及其他社会福利。不过，如果真能对现行移民政策进行大幅度改革的话，那么我在1987年3月2日的《商业周刊》专栏里所提出的建议是个更好的方法：把大部分移民许可权拍卖给出价最高的人。这种政策自然会让具有技术专长的人享有优先权，因为他们往往会为了移居美国而出比较高的价钱。

如果非法入境得到遏制，而年轻又具有技术背景的移民申请者能直接或间接地享有优先权，那么，即使移民人数增加了，美国也会从中受益。

■ 非法移民潮：如何扭转（1993）

白宫提名检察长雇用非法移民的事件闹得沸沸扬扬，再次将人们的注意力集中到贫困国家的工人非法入境美国这个问题上。不仅美国，法国、德国、意大利、日本等其他富裕民主的国家也同样面临着这个令人头疼的问题。我认为，大幅度提高合法移民的数量，同时加重对非法入境者及其雇用者的惩罚力度，可以有效抑制这类问题的出现。

鉴于发达国家和贫困国家在收入水平上的巨大差距，只要通过非法渠道或者持旅游护照进入发达国家仍然这么容易，非法移民问题就不会轻易消失。发达国家之所以吸引工人，是因为这里的工资比他们在自己国家里从事任何工作获得的工资都要高。即便他们入境后在餐馆端盘子，给人家当佣人，或在农业或制造业中从事一些低收入、低技术含量的工作，情况也是如此。

由于非法移民从事的大多是本国人不愿做的工作，因此有些经济学家反对惩罚他们。相反，他们主张所谓的"善意的忽视"——如果这些移民尚没有资格领取由纳税人支持的社会福利，更应如此。但是民主国家发现，不让这些人享受医疗保健、子女教育等由纳税人支付的福利的话，在政治上是行不通的。而当一国的非法移民多到一定数量时，政治压力往往会给予他们大赦，这种情况在20世纪80年代的美国就发生过。一项政策，如果鼓励雇主和非法入境者违反法律，同时却让数百万苦苦等待合法入境的移民申请者无法得到移民机会,那么这项政策的道德性就该打上问号了。

很少受到处罚

正因如此,民主国家不能仅仅将非法入境者逮捕并遣返回原籍,而必须采取更严厉的措施。不对非法移民或者雇用他们的公司采取严厉的惩罚,非法入境的人数不会减少。雇主不会自己停止雇用非法居民,因为他们认为自己没有做错任何事。1986年颁布的美国移民控制与控制法案中有条例规定,雇用非法移民的公司要受到处罚,但是家庭和小企业却很少受到处罚。有人认为,家政服务行业吸收了相当大比例的非法工人,但是佐伊·贝尔德(Zoe Baird)似乎是第一个受到罚款处罚的。

我提出要对非法入境者采取更严格的限制措施,其原因要与那些声称他们从本地人手中抢走工作或者经常受到剥削的错误说法区别开来。研究发现,当移民进入当地劳动力市场时,当地员工的就业机会只是略有降低。尽管有些非法工人因害怕被驱逐出境而不敢抱怨待遇不好,但在竞争非常激烈的劳动力市场中,大多数非法工人都能找到工作,并不存在普遍剥削一说。比如说,那些不给非法雇员缴纳社会保障税和失业补偿税的家庭和小企业,迫于劳动力市场的竞争压力,不得不支付更高的工资。在一项对被关押起来的非法员工的研究中,芝加哥伊利诺伊大学的经济学家巴里 R. 奇斯威克(Barry R. Chiswick)发现,他们的平均工资其实远高于最低工资标准。

理智的庇护

我并不主张竖立一面墙来阻止移民。相反,更宽松的移民政策应当与对非法入境者更严厉的惩罚措施相结合,包括罚款,甚至可能监禁。合法的移民措施在他的权力上不仅是可取的,而且还会降低非法入境者的数量。拥有更多的合法移民,不仅就其本身而言是好事,而且还会减少非法入境的人数。如果一个国家压缩合法移民的人数时,非法入境者的人数通常就会增加,这不足为奇。

如果法国、德国等国家认为通过削减政治避难权利，或堵死其他合法入境渠道就能减少移民问题的话，那就错了。如果削减合法移民的名额，偷渡客或通过旅游签证留下来找工作的人数会增加——除非国家愿意对非法移民以及雇用他们的家庭或小公司都实行严厉的惩罚。

我在较早的一篇专栏文章中提出，最合理的办法是出售移民许可权，但是，如果采取改善现行政策并打击非法移民这种不太激进的做法，会吸引一大批有技术背景的年轻人合法入境。不过，为了防止移民从政府救济物中获得好处，在成为入籍公民前，他们没有资格享受福利、食品券、政府出资的医疗保健以及其他待遇。各执一词的政治家应该会支持这一要求，因为它不会把合法移民永久地排除在由纳税人支持的福利之外。与此同时，还会激励他们为尽快成为公民而做出自己最大的努力。

■ 是野蛮人登门，还是经济的福音（1991）

如果东方开始出现移民潮，德国、法国、意大利以及其他欧共体国家肯定会是移民们的第一站。而且，如果苏联共和国开放边界，那么会有更多的人谋求移民西方国家，以改善自己的经济状况。

虽然所有的国家目前依然对国籍问题实行严格的限制，但由于边境逐步开放，东欧与西欧之间旅游越来越方便，从北非进入意大利和法国越来越容易，这些都使得发达国家难以控制移民的入境。柏林已经大多是来自东德的移民，还有来自土耳其、波兰、匈牙利等东欧国家的移民。美国也开始感到移民难以控制的问题了。在20世纪90年代，美国大约有1 100万非法劳工，其中大多数是持旅游签证进入美国的。此外还有约100万左右的人因试图非法进入美国而被拘留。

这些国家里的非法移民以及很多游客身份的合法入境者是来找工作的。尽管没有人知道在美国从事非法工作的移民的准确数字，但可以确定有几百万。在柏林，建筑工程、家政服务、酒店餐饮以及工厂等越来越依赖来自土耳其和其他国家的移民，其中有很多是非法移民。

如果德国及其他西欧国家加强边境巡逻，严惩那些雇用非法劳工的企业和遭到逮捕的从事非法工作的移民，那么就可以阻止那些非法入境者的进入。但是，由于在西欧工作能带来经济上的巨大经济优势以及地下经济的强大实力的影响下，即使采取这些严厉的措施，也很难奏效。

有些非法移民从事的是不受欢迎的工作，对他们持宽容的态度才是明智之举。不过，也没有任何理由提供不必要的激励措施来吸收这方面的非法移民。非法移民除了不能享受社会福利和其他的社会资助外，还不得通过定期的特赦程序获得合法的移民身份。与此同时，由于东欧剧变，接受政治难民的数量应该大幅度减少。

不让非法入境者享受社会福利而且拒绝对他们的身份合法化，这可能显得残酷，带有剥削的味道。但是，如果阻止他们入境，或者把他们找出来并大面积遣返，对他们来说境况会更好吗？这正是我所主张的可能采取的替代途径，因为许多西欧人不仅仅反对非法移民所带来的外来文化，还反对移民享受了纳税人提供的福利。如果东欧经济不出现繁荣的奇迹，无论我们怎么做，移民问题在西欧都会成为一个政治问题。诸如法国的让·玛丽·勒庞（Jean-Marie Le Pen）和德国的新纳粹组织等极端主义者主张封锁边界并阻止外国人进入，他们的呼吁将得到很多选民的支持。

极端主义者的部分呼吁是因为误解了移民对当地人所产生的影响。虽然普遍看法是，没有技术背景的移民在很大程度上抢走了当地人的饭碗并降低了他们的工资水平，但是也有证据表明这些移民普遍从事的都是当地人不愿干的工作。圣地亚哥大学的经济学家乔治·鲍哈斯（George Borjas）在其1990年出版的《朋友或是陌生人》（*Friends or Strangers*）一书中对若干研究进行了总结，他认为，无论对当地居民的收入和还是对就业来说，美国移民都没有太大的影响。

善意忽视

非法移民会格外遭到雇主等人的剥削的观点也是非常荒谬的。从美国被捕的非法劳工的相关证据可以看出，他们的收入大大高于最低工资水平，而且失业率很低。他们克服重重困难来到一个陌生的国家打拼，只是因为他们这样比回到墨西哥、加勒比、拉丁美洲或者亚洲能挣到更多的钱。他们只有在长时间失业或积累了一笔积蓄可以买房子，或者创业时才会回家。

如果对技术移民实施开明的政策，同时对非法入境者善意忽视，这样将使欧洲可以更好地应付大规模移民的压力。西欧国家允许大量年轻且有技术背景的人才入境，可以更好地利用来自东方的人才。年轻的移民不仅仅会带来很高的生产率，而且能更快地适应外国的文化。此外，当他们成为本国公民时，对社会保障、失业补助、社会福利、医疗保险等社会福利的要求也比较少。

如果蛊惑民心的西方政客没有竖立自己的铁幕，那么对于西方国家及其国民来说，东欧及苏联的开放是很好的福音。

■ 为技术新移民大开方便之门（1990）

1986年通过的法律惩罚了那些雇用非法移民的雇主，但并没有阻止非法移民的涌入。不过，美国政府可以采取有效措施来减少非法越境行为的发生，同时，还应该加大技术人才的引进力度。

据移民规划局估计，每年被逮捕的非法入境者超过750 000人。其中大多数是被边境巡逻队发现的，然而只是把他们从边境遣送回原籍了事，那些在工作场所和其他场所被发现的非法移民也会被遣送回去，但他们中的许多人会再次非法入境。

其实，不用通过检查身份证件和无端侵犯个人隐私等手段，就可以遏制非法移民问题。具体做法就是，在遣返之前对他们进行惩罚。如果他们有钱，就应该接受罚款，有时甚至要入狱服刑。对于初犯，惩罚可以从轻，但对于累犯，要加重惩罚。这会让很多为了高工资而非法入境者打消念头。

现行法律已经失败了，部分原因在于，雇主通常会承认非法移民在黑市上购买的虚假证件。尽管美国总会计署的一项研究表明，一些公司在雇用外国人的时候为了安全起见会把那些明显有外国口音的人打发走，但显然，有大量雇主既不查看所招收雇员的证件也不详细询问相关情况。如果非法移民会受到惩罚的话，公司就没有理由不敢去雇用那些西班牙裔移民及其他有外国口音的员工了。因为，违反法律的责任将落在非法移民的身上。

伪造的文件

看起来，惩罚非法入境者的提议可能会让美国欢迎外国移民的传统毁于一旦。捍卫这一传统的人开始质疑，惩罚那些在美国求职却几乎不享受政府福利的男男女女到底是不是有道理。但是，这样的反对意见是把重视合法移民与鼓励非法移民两个概念混为一谈了。

移民为美国做出的巨大贡献是确定无疑的，但是，现行的移民制度对合法移民构成了歧视，他们为了得到一张绿卡（每年发放几十万张）要等待多年。

1986年移民法中的特赦条款让许多非法移民受益，结果使这种歧视更加严重。那些入境时间足够长的人可以根据该法律继续待下去，而其他移民则通过入境时提交虚假证明也获得了特赦。

移民新政策应该包含处罚非法入境者的规定，同时允许接纳很多更年轻的技术工人。这些新移民可以缓解在工程、护理、电脑编程及诸多其他领域里的人才短缺。由于他们将获得高出平均水平的收入，因而就会缴纳高出平均水平的税收，并且在社会福利、医疗保险及其他转移支付计划方面不会提出什么要求。这些年轻的移民要经过多年才有资格享受社会保障福利，而在此期间，他们需要一直为这一体制做出贡献。

经济的发展需要有更多受过良好培训的工人，但是当前的移民几乎都没有什么技能。他们要么是没有技能的非法移民，要么是某些优惠待遇的受益人，这些优惠待遇本是提供给现有居民的父母、孩子或其他直系亲属的。1988年，在64万合法移民中，只有不到4%的人是因为他们的劳动技能而允许入境的。

无论如何，给予没有技能的非法移民优先权是一项很奇怪的政策。澳大利亚和加拿大在接受移民时，会优先考虑那些有技术背景的申请人。由爱德华 M. 肯尼迪（马萨诸塞州民主党参议员）和阿兰 K. 辛普森（Alan K. Simpson，怀俄明州共和党参议员）发起的两党联合参议院提案规定，把每年接受技术移民的人数扩大到15万，这是在正确方向上迈出了一大步，但是，还应该进一步加大技术移民的引进力度。

遗憾的是，由康涅狄格州民主党人布鲁斯 A. 莫里森（Bruce A. Morrison）发起的一项众议院提案却开了一把倒车。该提案若获得通过，会加强而不是削弱家庭成员所得到的优先权。要把技能考虑在内的话，劳工部将不得不确定特定地区或特定产业可以接受多少移民的问题。

拙劣的表现

全世界有数以百万计的工人都想来美国。当前有将近100万名犹太人和苏联人提出了离境签证的请求，他们中很多人具有很好的技术背景，但是美国取消了他们的政治难民的地位，并严格限制了接受这些移民的人数。结果，其他不计其数的来自东欧、爱尔兰、南非、非洲等地的技术工人瞅准机会，移居到了美国。

美国政府应该运用惩罚措施来阻止非法入境，同时接受更多的技术移民。要制定一项明智的、对美国经济大有帮助的移民政策，还有很长的路要走。

■ 为什么不让移民为快速入境付款（1987）

在市场经济中，解决产品或服务供不应求这一问题的方法就是提高售价。这将减少需求并刺激供给。我认为美国应该采取类似的方法来帮助解决其移民问题。我的建议就是：只要愿意缴纳一定的移民费用，便可立即移民美国。

美国当前严格控制所接纳的移民数量，每年的额度接近50万。大多数的准移民者要等待多年，或者放弃希望，或者非法移民。按照新移民法，10 000份特别入境许可的发放是基于任意的、先到先得的原则。已经收到了100多万份申请，请求得到这种为数不多的特别许可，这足以证明入境美国的巨大需求。对于这种进入美国的许可权，采取出售而非分发的方式将为一些无法通过正常渠道移民的人提供立即入境美国的机会。

抱怨少一些

按照我的计划，移民归化局（INS）每年都将对永久居留美国的许可设定一个价格。只要支付这笔钱并且不存在某种入境障碍（比如有犯罪记录，或者患有传染性疾病），任何人都将获得入境的权利。而那些不能或不愿购买这种居留许可证的移民申请人将继续通过正常的移民渠道按顺序来等待入境。

当然，我们还得制定出许多细节性规定。我们是否应该为有小孩的家庭制定特殊的价格呢？那些在美国短暂居住之后又返回原籍的移民是否应该收到退款呢？经验将会为这种入境权最终确定一个合理的价格，我们假设是50 000美元。每年愿意支付这笔费用的人可能有40 000人，不到每年通过法定许可入境人数的10%。尽管这个建议的主要目标是改善移民程序，但每年几十亿的额外财政收入将是我们很愿意看到的，在目前的联邦预算赤字非常大的情况下，更是如此。

与现行制度相比，出售居留许可证还有其他一些好处。美国不愿接受大量移民，部分原因在于，这些移民将享受到社会福利、医疗保险和其他社会救济。而那些能够花钱购买入境权的移民不太可能要求得到政府的援助。即使他们提出要求，但因为他们已经交过了入境费，因此相对于那些看似在搭便车花纳税人的钱的新移民来说，不会引起太多的不满。

那些雄心勃勃、精力充沛的高技能人才在融入充满开放性和竞争性的美国经济之后，通常能够收获最多，而且美国也因他们的存在而受益。不过，这些人才却很难进入美国，因为合法入境者中，有超过3/5的人是当地居民的父母或其他亲属。愿意花钱快速入境的移民中，有很多是非常值得拥有的新移民，因为他们用几年的高收入就能够弥补较高的入境费用。

对出售入境权的一种反对意见可以总结为一句话，"国籍不应该拿来出售"。这种反对忽视了一个事实，即，美国的大多数早期移民都承受过沉重的负担。20世纪早期跨过大西洋的费用基本上相当于他们在殖民地一年的收入。在20世纪末和21世纪初，尽管相对于工资收入来说，交通方面的花费大幅度下降，但移民仍然要经受一段漫长的险途。除此以外，他们可能再也见不到他们的家人和朋友了。在20世纪中期，快速和廉价的航空运输的发展极大地降低了移民的成本和心理负担，但是现在想要进入美国的人必须在长长的队伍中等待。所以说，不管以哪种方式，移民通常已经为获得这种入境权付出了很多。如果说我所建议的这种缴费即可入境的制度有何不同的话，只是在移民的负担为税收做了贡献这一点上显出了不同。

根本性改变

千百万贫穷但又雄心勃勃的移民让美国受益良多。幸好，出售移民权并不会把穷人阻挡在国门之外。一些中等收入的人，可以通过储蓄或者向亲戚朋友借钱等方式筹集到立即入境的资金。其他的人可能从那些愿意雇用他们的公司那里借款。商业贷款人可能资助那些可靠且有能力的移民。联邦政府也可以像现在给有需要的大学生提供贷款一样，针对部分费用，向有需要的移民提供贷款。政府贷款可以规定：借款人只有在还清贷款后，才能成为美国公民。穷人则仍然可以通过排队等候这一方式来获得绿卡。

出售移民权的计划可能在政治上看起来不具有可行性，但是加拿大已经开始这么做了。移民美国的现行体制存在很大的缺陷并且需要做出根本性的改变。出售移民权将发挥价格体制的优势，从而大大改善入境美国的移民市场。

■ 真正的移民改革错过了一次良机（1986）

国会在通过一项移民法案⊖的过程中体现出来的政治技巧简直让人惊叹。这部移民法案经过多次否决，并平息来自美国商会、墨西哥裔美国人等团体的反对声音后，才获通过。由于美国当前的移民政策存在缺陷，需要做出全面调整，因此，这部新法案受到了美国民众的欢迎。不过，这部法律也存在着严重的缺陷，有可能会恶化而不是改进移民政策。

数百万外国人之所以想来美国，是因为美国的工资水平高，白手起家的机会多，以及美国在经济和政治方面的自由。但是，美国对合法移民的人数做出了严

⊖ 指的是《1986年移民改革与控制法》。——译者注

格的规定。在20世纪80年代，每年接受的移民人数只有50万左右，而且，这些人中，美国居民的亲属就超过了40%。其他大量的未获批准的潜在移民，只得放弃移民申请，排队等上数年，或者，以非法渠道入境美国。

潜在的移民之所以试图非法入境，美国诱人的工作环境和生活环境是一个方面，另一个方面，是因为他们如果通过合法渠道入境的话，要冲破严格的限制条件。在合法移民问题上保持沉默，是这部新移民法的主要缺点。它没有考虑通过增加合法移民数量和改变移民选择标准等途径来缓解非法移民越来越严重的问题。

美德没得到回报

这部法律让很多非法入境者获得了特赦的机会。能"证明"本人自1982年以来一直在美国居住的所有非法移民者，以及1985年在美国从事农业生产的大多数非法移民，都将获得合法的居民身份。这些人有资格获得特赦，但是，数百万遵守美国法律的潜在移民，却只得耐心等待移民的机会，或者干脆放弃移民申请。大量非法移民获得了特赦的同时，为数众多的学生及其他合法移民却因为不具备相关条件，而不得不离开美国。

遗憾的是，特赦计划往往会怂恿不道德的行为。如果当前的这次特赦是出于政治方面的考虑，那么，理性人肯定会指望未来还会出现特赦，从而盘算如何非法入境。本来，很多的潜在非法移民害怕在美国生活、工作一段时间后遭到遣返。一旦被遣返，他们就得回到原籍，重新开始，或者，再度非法入境美国，抛掉此前在美国打下的基础，从头做起。但是，对于出新特赦的预期减轻了他们的这种害怕心理。

为了应对将来可能出现的非法移民问题，这部新法律做出了罚款和入狱的规定，针对的是那些因雇用非法移民而获罪的雇主。和有些批评者的意见不同，我认为相关规定原则上并没有错，只是，它们并不能真正有效地控制非法移民。

把责任归咎于受害者

针对雇主的这种制裁违反了法律上的益格鲁—撒克逊原则：避免非法行为的

重任应该由最能做到这一点的人来承担。比如说，应该受到惩罚的对象是罪犯，而不是那些避免成为受害者的受害者。根据这部法律，雇主必须把非法的外籍员工和合法的居民区分开。如此一来，原本已经很火爆的身份证件（护照、出生证明、驾照等）伪造生意将变本加厉。其结果是，很多雇主将不愿意雇用有外国口音的员工，其中包括那些合法居民。

要打击非法入境，最有效的办法是逮捕并惩罚非法入境者。别忘了，还有谁比移民更了解他们是否属于非法入境的呢？在震慑违反移民方面，惩罚非法移民的做法要比任何制裁雇主的规定更有效。然而，美国历来的政策只是将非法入境者遣返回原籍而不进行罚款或入狱的处罚。美墨边境是非法入境者逮捕率最高的地方，那些人被逮住后，转身又企图再度入境。

这部移民法中的很多次要条款也不尽如人意。比如，迫于加州及其他各州的政治影响力，对季节性农业劳动力做出了特殊规定，但这些规定全无道理。还有，该法规定，获得特赦的非法移民将有资格立即享受医疗补助待遇，5年后将享受社会福利、食品券及其他联邦福利。这部法律会提高美国推出国民身份证⊖的可能性，并加强政府对居民的监督。

但该部法律的主要问题在于：强调的是制裁雇主，而不是非法移民；大赦非法移民；尤其重要的是，未能制定出能增加合法移民数量并改变移民准入标准的政策来。基于上述原因，我认为，这部法律很可能弊大于利，让美国错失了一次对移民政策做出合理调整的良机。

⊖ 在美国历史上，联邦政府从来没有发放过全国统一的身份证件。但在现实生活中，有3个证件（驾照、护照、社会保障卡），不同程度起到了身份证的作用。参见：http://www.360doc.com/content/13/0107/14/6795100_258762327.shtml。——译者注

家庭问题
The Economics of Life

家庭是整个社会的基础，因此，当家庭的稳定性和结构于近几十年来出现了巨大变化以后，自然引发了极大的关注。这些变化包括：富裕国家里的生育率大幅度下降；未婚生育的现象快速增加，其中不少要靠社会福利来维持生活；离婚率飙升；女性婚后就业率迅速上升；老年人在社会养老金制度之下，得以和子女分开而独立生活，等等。

本部分针对这些变化展开讨论。例如，我们认为，社会福利制度的所有改革都应该以孩子的幸福为根本。不过，现行制度反倒可能会鼓励夫妻离婚，从而剥夺了儿童经常和父亲接触的权利。目前的制度也鼓励穷人家的太太多生孩子，从而减少了母亲花在每个小孩身上的时间和金钱。

要帮助那些依靠社会福利的孩子，最好的方法就是对家庭可以领取救济金的时间加以限制。长期依靠社会福利，会渐渐养成一种"依赖心理"，让小孩和大人习惯性地依赖政府的救济。我们建议，为了让领取救济的妈妈们更加善待自己的子女，如果她们不定期送小孩去学校或带他们去接受健康检查的话，就要受到惩罚。

对于不积极承担抚养责任的父亲，我们提议由民间机构来收取他们对孩子的抚养费，这引来了很多读者的来信。其中有些人是赞同该提议的离婚女性，但大多数批评意见来自离婚男性。他们反对增加抚养费的收取力度，是因为他们声称，自己几乎接触不到孩子，而且，他们还在其他方面受到法院和前妻的不公平对待等。

我们很同情这些离婚男性，但显然，他们的怨气以及与前妻之间旷日持久的争斗削弱了他们对孩子的关心。我们的目的不是要矫正离婚家长之间的关系，而是要确保孩子得到更充分的经济保障。即便是充满爱心的父母，也经常会在相互之间的争斗中对孩子造成负面影响——有些男人为了发泄自己的怒气和表达沮丧，常常会以拖延支付抚养费的手段来惩罚前妻。

老人福利制度往往采取的是现收现付制○，即由政府对在职员工征收社会保障或其他福利税，然后把钱拿来赡养已经退休的人员。不过，很多国家的现收现付退休制正面临着严重的财务问题，这是因为，退休者可以享受的福利太多，而且，在低生育率和退休人员预期寿命延长的双重影响下，付钱支持他们的劳动力人数在不断下降。

我们认为，如果要对这一制度进行大幅度改革，就要采用智利在15年前开创实施，此后受到躲过效仿采纳的政策。智利放弃现收现付制，而让员工在工作期间，慢慢把钱存在自己的账户里，以支付退休后的需要。这笔退休基金则由私人投资公司来代为管理，这些公司必须通过竞争来争取管理退休金的机会。智利员工热切地支持这项新的做法，而该制度也运作得很好。由于退休基金被拿来投资股市及债券市场，因此投资报酬率比原来的做法高出许多。而且，个人设立自己账户的制度，相对而言，较少受到生育率降低的负面影响。

○ "pay-as-you-go（PAYG）system"：现收现付制，传统的养老保险制度，就是对在职劳动者征缴费用，以支付退休者的养老金；征缴费用的多少取决于需要支付的养老金数量，即所谓"以支定收"，体现的是代际抚养的关系。——译者注

家庭行为
The Economics of Life

■ 为什么人们应该减少对政府补助的依赖（1995）

以个人行为及市场竞争为基础的经济制度，要比政府实行全面控制的制度来得有效率。不过，自由市场制度有助于人们养成自力更生、积极进取等美德，长期来讲，这种影响可能更为重要。

正是这个原因，19世纪的经济学家和自由市场制度的支持者，通常更加注重制度对价值判断标准所产生的影响，而不太强调制度对效率的影响。法国的阿历克西·德·托克维尔（Alexis de Tocqueville）在美国长期旅行后，回到法国写成了著名的《美国民主》这本书。他在书中指出，"自利的原则……让不少人养成了守规矩、自我节制、慎重以及克己的习惯。如果人们不能靠着自我意志直接养成美德的话，也会因为习惯而逐渐养成"。

现行的社会福利计划会扭曲参与者的价值观，所以改革现行的政策，应该借鉴托克维尔在自力更生和良好习惯之间的关系方面的这些真知灼见。两党领袖都认为社会福利制度的执行状况不佳，需要有所改变，这就是个很好的例子。很多领救济金的家庭，真正申请补助的时间还不到一年，但大约有40%的家庭连续申领的时间超过两年，而且越来越依赖于政府的救助。

如果人必须自行做出决策，且一切都要靠自己，那么他们通常会变得更节俭、更自立，从而养成好的生活习惯。相反，如果一直享受着政府的资助，他们反倒会丢掉必须依靠自己的力量生活的习惯——就连按时上班这样简单的习惯可能都养成不了。原来在计划经济体制下的员工，在国家转变为自由市场制度后，很难把工作习惯调整过来，由此可以看出习惯的重要性。

申领时限过长吗？

很多家庭似乎知道靠救济金过活的坏处。若干研究显示，在有资格领取社会救济的家庭中，有1/4的家庭没有加入这个行列。我认为，众议院最近通过的社会福利法应该更大幅度地缩短家庭可申领救济金的最长时限。该项法案规定，家庭申领救济金的最长年限可以长达5年。还好，很多州政府将利用该法案所规定的分类补贴项目把领取救济的时限缩短。

克林顿总统已经表示会否决众议院的这项法案。原因是，该法案会像目前几个州的做法一样，对正领取救济金却又婚外生子的妇女，不提供额外的金钱资助。克林顿等批评人士认为，相关的规定等于让出生在贫穷家庭而父母又离异的小孩因上一代所犯的错误而受到惩罚，因为如果没有政府的资助，这些父母是没有足够的能力来照顾好自己的子女的。

扭曲人们的价值观

在改革福利制度时，最应该优先考虑的是改革会对孩子造成什么影响。但是，批评该法案的人并不了解现行制度对一些传递给孩子的价值观造成了何种扭曲。如果改革能增强贫困家长的责任感和生活积极性，哪怕他们接受的政府补助大为减少，对小孩也是有益的。因为孩子们会把父母当成道德榜样，并且接受他们的价值观。当他们长大成人以后，这些从小形成的价值观，对他们未来就业及教育方面的影响，要比父母能拿到多少政府补助重要得多。

尽管我已经通过福利制度证明了政府计划会对参与者的价值观造成负面影响，但是，如果政府的其他措施不能顾及穷人的情况，通常也会渐渐消磨掉参与者的责任感和其他美德。相关的例子包括：政府制订的平权行动计划，使得参与者不是因为自己有好的表现，而只是因为自己属于受照顾群体就能获得就业或升迁机会；政府对大型或小型企业的利润补贴，保障他们不会发生亏损；制定法令，不让企业因为竞争而受到威胁等。社会保障制度也是同样的情形，因为它鼓励很多家庭依赖政府来提供退休后的收入，而不需要在工作期间就为年老后的生活而提前储蓄。研究显示，这样的做法不利于培养人民的储蓄习惯。

在选票压力之下，州议会和国会在制定政策及相关法令时，必须得让人们相信这些措施所带来的好处大于成本。不过，如果这些政策会对民众的进取心及责任感等美德造成影响的话，在计算政策的成本效益时，也应该将这部分的效益算在里面。

■ 让逃避责任的父亲承担起子女抚养义务（1994）

美国有1/5以上的孩子生活在贫困之中。这主要是因为未婚母亲当家的单亲家庭数量急剧增长所造成的，同时，无监护权的父亲不支付或只支付极少的抚养费，更使得问题雪上加霜。对于这些孩子和未婚母亲来说，幸运的是，让更多的父亲承担起抚养责任是有办法做到的。

这年头，父亲把抚养孩子的经济负担和精神负担转嫁到母亲头上简直太容易了。如果他们知道自己很难逃脱抚养孩子的义务时，会有更多的男人犹豫是否要孩子。

如果得到父亲的抚养，孩子们会在情感上和物质上受益良多。而且，要是有更多的父亲不得不全额支付抚养费，他们将更可能花时间来陪孩子，因为这样他们将不会再被追查出自己没有尽到抚养义务。

城市研究院（Urban Institute）1993年所做的一项研究估计，如果抚养孩子的义务得到全部履行的话，很多单亲家庭的收入将会上升到贫困水平以上。但是儿童抚养费支付组织——美国父亲联盟（AFC）指出，由于母亲们没有报告她们收到的款项，父亲不履行子女抚养义务的数字被高估了。该联盟还认为，父亲有时会拖欠子女抚养费，但原因是抚养费太高了。

该联盟也提出了一些有效的意见，但是加强子女抚养义务的履行还是很重要的。国会在1984年、1988年通过立法，要求各州政府加大子女抚养费追缴的力度，所需费用主要由联邦政府承担。现在，即便一些父亲搬到其他州，扣缴工资和把那些拒绝付抚养费的人投进监狱也越来越容易。有了电脑系统，各州能更好地记录这些父亲的住所以及他们拖欠抚养费的金额。

父责难逃

作为克林顿总统福利改革一揽子计划的一部分，他最近提议要加强这些法律的实施，主要途径包括：建立全国性的清算所来跟踪跨州案件；对于那些没付清抚养费的父亲，不发放职业证和驾照（有些州已经出台了相关法律）；要求医院给每个新生儿的父亲建立相关档案。

尽管通过联邦立法和各州的努力，缴付子女抚养费的父亲数量有所增加，但是，健康及人类服务部下属的儿童抚养强制执行办公室提供的数据表明：州政府机构收缴抚养费的比例不足19%，许多父亲仍然能够避免被查到，他们有的时候就是通过逃到别的州而避开的。

抚养费缴付比率如此之低，一个原因是州征收机构把精力主要集中在帮助那些享受福利的母亲身上，包括确认父亲身份的努力。州政府之所以重视福利案件，是因为如果家庭接收足够的儿童抚养费后，就不再享受福利，这样就减少了政府支出。

但是，众多女性没有享受到福利，却也得不到她们应得的抚养费用。那些没有得到州政府机构帮助的妇女都去求助于私人机构来向孩子们的父亲追讨抚养费。这些私人追讨机构经常做得很成功：他们可以代扣孩子父亲的工资，也可以要求机关拘捕那些不付抚养费的父亲，直到他们付清抚养费为止。

赏金猎人？

私人收缴机构通常会收取一小笔费用，不予退还，但是其主要收入来源是一些应急款项，通常为收缴金额的1/4~1/3。这看起来好像很离谱，但是这一比例与其他类型的债务追缴公司收取的比例并没有什么差别。然而，一些维护孩子权益的群体反对营利性收缴公司的介入，因为他们不愿意看到那些公司把本该属于孩子们的钱瓜分走。不过，母亲们通常也只是在她们通过普通渠道不能获取本该属于自己的东西的时候，才向私人机构求助。毕竟，从私人机构那里得到67%，比什么也得不到强多了。

政府追缴机构做不到的地方，私人追债机构往往能做到，因为政府官员往往没有足够的资金去追踪拖欠抚养费的父亲。因此，政府机构应该从一些母亲目前的做法中获得启发，进而雇用私人公司来找到那些违反法规的父亲们并向他们追缴抚养费。

由私人追债机构来帮助州政府寻找那些不付抚养费的父亲，这或许会让人联想起古代西方臭名昭著的"赏金猎人"制度，但是，在州政府机构束手无策的情况下，这种做法或许是最有效的应对措施。对政府追缴抚养费的任务实行私有化，在其他类型的债务追缴方面是有先例的，比如，有些州政府已经通过雇用私人追债公司来清缴拖欠的交通罚款了。

国会应该采纳总统的大部分建议，来加强政府在儿童抚养费追缴方面的作用。但是，如果州政府以及越来越多的母亲雇用私人追债机构来追踪那些不付抚养费的父亲，那么，在减少贫困儿童数量方面，白纸黑字的法律将发挥更大的作用。

■ 挑错"无过错离婚"（1992）

在这次竞选中，总统布什和总统当选人克林顿都反复强调了家庭观念的重要性，但两人都没有提出可以明显改善家庭生活的方案。媒体都在大肆报道《墨菲布朗》这部喜剧，没有人去关注同性恋和《家庭与医疗休假法》等问题，而这些问题正是离婚法在过去20年里出现重大变革所带来的严重后果。

1970年，加州首开先河，开始允许"无过错离婚"，即夫妻在双方都没有过失的情况下，可以办理离婚。在此之后，几乎每个州都制定了类似的法律。也就是说，夫妻可以在不征求对方同意的情况下离婚；也可以在尚未证明对方出现感情出轨等错误行为的情况下，结束婚姻关系。妇女团体等对加州的决定表示赞许，认为这是文明的做法，可以为遇人不淑的女性带来新的希望。

但实际的情况却并非如此。研究结果发现，虽然不能把20世纪七八十年代离婚率飙升的问题归咎于该条款（该离的总归会离），但很多离婚人士，尤其是带小孩的离婚妇女后来所遇到的诸多问题，还是与该条款有关系。

双方同意，方可离婚

根据现行法律，带小孩的已婚妇女并不能阻止先生和她离婚，不管她和小孩在生活上会碰到多大的困境。由于离婚后父亲承担的抚养费通常很少，因此这些妇女未来会面临极大的经济困难，必须长时间工作，或依靠政府救济才能勉强过日子。目前这样的家庭几乎占总数的20%。离婚妇女及其孩子所处的困境，在英国、加拿大以及美国等国已然成了最严重的家庭问题。

在20世纪60年代，如果不能证明对方曾经感情出轨、恶性遗弃或故意虐待的话，大多数州是不准夫妻离婚的。当然，我们不想也不可能穿越到那个年代。那么，应该怎样做才能改善这些家庭的状况呢？我认为应该放弃目前的"无过错离婚"的有关规定，通过立法来要求夫妻只有在双方都同意的条件下才允许他们办理离婚。

这一改变将大幅度增加不少已婚者的谈判筹码，对婚姻中的女方尤其如此，因为现行的无过错离婚制度对她们构成了伤害。假定一位丈夫很想离婚，而且根本不管这么做会给妻子和孩子造成什么伤害，在现行的法律之下，妻子可以说是无计可施。但如果要妻子同意才能离婚的话，她就有了谈判筹码。她可以在先生同意付出大笔子女抚养费，以及合理分配双方财产等条件下，才同意离婚。也可以在确定先生真的会付子女抚养费后，再同意结束婚姻关系。而且，在这种制度下，丈夫相对来说也就无法以离婚为要挟而肆意地为所欲为了。

孩子在父母离异之后通常会因为不能经常和父亲接触而在心理方面受到影响，特别是男孩子，受到的影响更大。这个问题并没有完美的解决办法，但根据我所提议的做法，妻子可以要求先生以书面保证会在双方共同监护的状况下，经常来探望小孩，否则就不同意离婚。

失败的改革试验

在"无过错离婚"制度之下,已婚妇女不愿意为了照顾孩子而好几年不工作,因为如果丈夫抛弃她们,她们必须要有好的工作才能维持生活。如果双方都同意才能离婚的话,已婚妇女就相对能够在生完小孩以后,留在家里一段时间,因为不用太担心未来会受困于经济问题。

法官们目前在审理离婚案件时,拥有很大的决定权。不过,他们有可能因为资讯不足,而没法将子女监护和赡养方面的法律条款很适当地应用在个案里。如果采取双方都同意才能离婚的做法,夫妻双方必须自己先谈好离婚的条件,那么法官所扮演的角色就小得多。有理由相信,由夫妻自行解决离婚的问题,会比通过法官裁决好得多,就像其他问题由民间自行处理,好处也比较多一样(《商业周刊》,8月17日,"经济视角"栏目)。

当然,没有任何离婚法律能够解决所有因婚姻失败而产生的问题。例如,不管对方开出的条件有多好,即使夫妇分居多年,婚姻中的另一方也可以因为心怀恶意而故意不同意离婚。要解决这个难题,可以规定在双方分居数年后,而其中一方仍不同意离婚时,允许将这个案子交付法院做终局性的仲裁。

家庭结构在过去50年来所发生的重要变化,大多是无法扭转的事实,因为它们是妇女就业率上升、生育率下降及其他因素带来的必然结果。我在《家庭经济分析》(*A Treatise on the Family*)这本书里,已对这些因素做过分析。但是,普遍采纳的"无过错离婚"制度,是失败的做法。如果代之以"双方同意,方可离婚"的法律,那么高离婚率就相对不会对年幼的小孩造成伤害,而对不想结束婚姻关系的男性或女性来说,其负面影响也会减小。

■ 孩子的幸福应该是改革福利制度的出发点(1992)

虽然联邦福利计划名义上是专门为有小孩的家庭而制订的,但计划本身没有鼓励这些家庭对孩子提供帮助。这样的制度应该加以改革,改革的重心应该是小孩,而不是家长。

过去实施的社会福利制度中，有些规定不仅没有考虑到小孩的情况，甚至还会对他们造成伤害。举个大家熟悉的例子。在美国各州，有半数以上的州一直到最近还规定，如果孩子的母亲仍然和丈夫住在一起，就不能领取救济金。这种做法产生了一个始料不及的结果：鼓励夫妻分离，因为这样才能拿到政府的救济金。然而，越来越多的证据显示，只由母亲单独抚养的孩子，特别是男孩子，会因为这种成长环境而受到伤害。幸运的是，1988年通过的《家庭救助法》得到了修正，已经要求各州让父母没有离异的家庭也能得到政府补助。

我们需要认识到，贫困家庭会对各种激励做出适当的反应。这是现行制度所没有想到的。为了让福利政策的受益家庭得到正面的激励，凡是照顾到小孩利益的家庭，都应该得到额外的补助。例如，假如父母定期带小孩接受健康检查，或孩子保持很好的上学出勤率的话，父母就应该得到更多的政府补助。另外，如果父母积极参与学校活动，或孩子在校成绩优异的话，也能额外得到政府的资助。相反，如果出现父母吸毒或孩子高中期间辍学的问题，这笔补助款就应该减少，甚至于完全取消。

很多证据显示，如果学生按时到学校上课，他们在学校的表现就能大幅度改善，特别是父母有兴趣参与学校活动的话，效果则会更好。由公立和私立学校的成功案例可以看出来，就算是出身于最贫困的家庭，如果父母乐意参与学校活动，孩子在校的表现就会明显地改善。

不愿申请福利救助

最近在加州、康涅狄格、威斯康星及其他州，有人提议修改现行的法规，让未能照顾到孩子权益的家庭接受惩罚。而从总体上看，这几个州所给的社会救助金是最多的。新泽西州最近则采取了不同的做法，该州通过一项法令，规定妇女在领政府救济金期间如果又生了小孩，其救济金额度不会增加。

而原来的社会救助办法是，如果需要抚养的孩子数量增加了，那么政府救济金的额度也会随之提高。这种做法会让这些家庭的孩子越生越多。新泽西州的做法则不再让这种状况出现。或许更重要的是，该州的做法传达了一个信息，就是如果妇女不能靠自己的力量来抚养子女，就不应该要孩子。当然，可能有些妇女在开始领救济金或暂时失业以前，就已经有好几个孩子了。

有些批评人士认为，各州提出的重大改革措施迎合的是中产阶级对贫困家庭和社会福利的偏见。这样的态度或许确实有助于让这些改革赢得支持，但是，很多贫困家庭显然也不喜欢现行制度，有统计数据为证：在符合社会救助金申领条件的家庭中，几乎高达40%的家庭没有提出申请。当然，有些是因为不知道自己符合资格，但这方面的信息到处都有。我认为，这些不领政府救助金的家庭中，大部分是觉得向政府领救济金的话，情况反而会更糟。

无限循环

家庭每个月领取政府救济金，怎么会有坏处呢？看得到的缺点就是：法令规定，只有从事兼职工作的家庭，才有资格领取，而且收入较高的家庭，所领的救助金就会减少。而且，假如现在减少工作量，那么未来能自给自足的机会就会变小，因为当一个人长期失业或只是兼职或打些零工的话，以后赚钱的能力就会大幅度降低。要获得工作技能，只有靠长期投入某个工作或职业才行。卡耐基梅隆大学的经济学家塞思·桑德斯（Seth Sanders）研究证实，这些缺点是有些家庭不愿意申请领取社会救济金的缘由。同时，有些家庭在领了几年救济金以后，就变得离不开救济金了：自己养活自己的能力越来越差。

另外，有些家庭之所以不申请社会救济金，是担心破坏家庭的价值观，失去自尊。这也许是因为，社会认为靠救济金过活是一种耻辱，但主要的原因是有些父母认为，向政府伸手要救济金的话，会严重影响自己和子女以后靠自己的力量站起来的意愿。他们觉得，为了得到政府的救助而必须付出那么高的代价，是不值得的。

如果真是这样的话，那么那些申领社会救济金的家庭往往是最不关心下一代、最不愿意靠自己的力量过日子的。这些家庭最需要去承受一定的经济压力和其他方面的压力，辅之以适当的福利救济，才能让他们对自己的子女多付出一些关心。

美国人民希望能为需要帮助的孩子们伸出援手，但他们也知道目前的福利制度做不到这一点。因此，大胆改革，把福利政策的重心放在改善孩子们的就业技能和健康上,才能消除人们对社会福利制度的成见或敌意。

■ 儿童抚养理当加大投入,但要理性为之(1989)

儿童抚养已经成了一个热门的政治议题。联邦政府已开始讨论,确实也应该参与其中。公众显然也十分关注美国的儿童抚育问题,尤其是那些来自贫穷家庭或无人照看的孩子。

遗憾的是,有些提案如果得到实施,会对父母有所帮助,但会牺牲孩子的利益,有些提案则帮不上那些最需要得到帮助的人。改善儿童抚育条件的提案有很多,其中包括:布什总统提出的,有小孩的低收入家庭可以得到税收抵免;科罗拉多州民主党代表帕特里夏·施罗德(Patricia Schroeder)提出的,小孩诞生或生病期间的父母和在公司做兼职的妈妈可以享受强制性休假,他还提出,政府要为儿童提供抚养补贴,那些职业女性的孩子,更应该得到补贴。

我们有充分的理由去关注过去几年里在美国的孩子身上所发生的事情。尽管在20世纪80年代,孩子们在学业能力测试中语言以及数学方面的得分略有提高,但在20世纪六七十年代却是急剧下降的,在此期间,青少年和年轻人自杀率也是急剧上升的,而成年人的自杀率却一直保持稳定。

随着离婚率的飙升,生活在单亲家庭里的孩子数量倍增,现在几乎20%的美国家庭是由参加工作的妈妈来维持的,而且大多数人的收入很低。未婚高中生的怀孕率也在上升,吸毒现象也在每一个社区蔓延,令人不安的其他统计数据也不断涌现,似乎没完没了。类似的现象在英国、瑞典及其他西欧国家也有发生,但没有这么严重。

关爱多一点

按照布什总统提出的税收抵免政策,贫困家庭每抚养一个4岁以下的孩子,将得到高达1 000美元的退税,但这些父母只会把这一笔额外收入的一部分花在孩子身上,因而这种做法对孩子们的帮助其实是很有限的。不过,这些孩子会看到父母对自己的关爱多了一点点，虽然这些父母主要在乎的还是他们自己。遗憾的是，由于总统的提案对离婚母亲的孩子的抚养问题提供了保障，这会诱使一些贫穷家庭解体。

此外，20世纪六七十年代的情况表明，在儿童抚育方面仅仅增加公共资金投入是不够的。在那几十年里，尽管联邦政府、州政府以及地方政府在儿童抚养方面的支出急剧增加，但儿童的抚育状况却显著恶化。表面上看，似乎需要在儿童抚育方面投入更多的资金，但在我看来，增加在所有这些项目上的公共支出，必须要针对具体的目标，比如，改善技能、培训、心理健康、价值观及其他人力资本。要降低这些支出惠及其他群体的可能性，这是最好的办法。

也许，要确保公共资金花得其所，最佳方式是采用一些类似教育券的制度，贫困家庭拿这些凭证抵值，来参加一些提升人力资本的活动，比如，凭证计划完全适用于医疗护理、咨询服务、儿童启蒙计划等服务。

如果说布什总统的税收抵免政策是有漏洞的，那么儿童抚育方面的其他提案也大抵如此：大多数提案既帮助了贫困家庭，又帮助了中等收入家庭和富裕家庭；或者，帮助了父母，却牺牲了孩子的利益。比如，政府对育婴设施提供补贴，受益的就不仅仅是那些贫困家庭，所有母亲在职的家庭都能受益。毫无疑问，那些母亲仍在职的孩子将从这些补助中获益，因为他们可以享受到更好的护理设施。但很显然，如果母亲们是待在家里的，该计划就发挥不了作用：待在家里的话，不管原因如何，但结果只有一个——她们无法参与到儿童抚养计划中。

妈妈不在家

儿童抚养补贴鼓励更多的母亲去就业。美国当前正在谈及的计划，在瑞典几乎全部得到了实施，其中包括对有小孩的父母实行强制性带薪休假，补贴儿童保育设施，对夫妻分开征税，鼓励母亲做兼职等。瑞典的经验表明，这些方案对于已婚女性参与就业产生了巨大的影响：瑞典已婚且有孩子的女性就业率超过80%，这个比例在美国是60%，而在西德，不足40%。瑞典实施了这些计划，而德国没有，因此此后两国在女性就业参与率方面的差距迅速拉大。

但是，鼓励母亲们参加工作是否对孩子们好，这的确是一个问题。许多精神科医生及其他儿童抚育方面的专家认为，年幼的孩子经常需要母亲的照顾，因此，关于是否有许多孩子因为得不到母亲的照顾而受到伤害这个问题，引起了激烈的争论。

孩子是国家最宝贵的资源，要保护他们，显然需要政府制定并落实一些公共措施。但国会及总统应该确保，出台任何新法规的真正目的是要帮助孩子，而不是仅仅为了改善中产阶级女性和其他具有相当大政治影响力的群体的生活方式。

■ 通过婚姻契约来降低离婚率（1985）

离婚率上升是西方国家在过去20年里最令人感到震撼的变化之一。如果这个趋势维持下去的话，那么在1975年以后结婚的美国夫妻，有40％会离异。有几个理由可以解释这个现象：首先，越来越多的已婚妇女在外面工作，因此财务上越来越独立；其次，自20世纪50年代以来，生育率不断降低，导致平均每个家庭的孩子数量减少了，因而减轻了妇女必须维持婚姻关系的压力。另外，在社会福利制度不断扩大之下，对经济状况欠佳的妇女来说，等于获得了一笔赡养费和子女抚养费。

与此同时，有关离婚的法律也有大幅度修改。加州在1970年通过了美国的第一部规定夫妻双方无过错即可单方面解除婚约的法律。其他各州实际上也随之通过了同样的法律。这些法律规定，夫妻一方在未经对方同意且对方犯错未经证实的情况下就能提出离婚。有人会想，对离婚法做如此改动，可能会提高离婚率。不过，科罗拉多大学教授伊丽莎白·彼得斯（Elizabeth Peters）等人所做的系统研究却显示实际状况并非如此。我在《家庭经济分析》这本书里也指出，如果夫妻能以向对方提供金钱等方式来维持婚姻的话，这项法律的修改可能不会对离婚率造成太大的影响。

然而，单方面就能要求离婚的法律变更，的确会对离婚妇女的经济状况构成负面影响。彼得斯教授的研究表明，在相关法律修改以后，丈夫所支付的赡养费和子女抚养费，都比以前要低。过去，离婚须经双方同意才行，要不然就得证明对方的确是犯了错。刚开始的时候，不少妇女团体很支持修改这项法律，但后来的实际发展状况却不应该令她们感到意外。因为，丈夫想离婚的话，再也不用提供优厚的条件来征得妻子的同意了。

有约束力的婚姻契约

如果夫妻双方都同意才能离婚，彼此在协议离婚之时，可能会先把金钱方面的条件谈妥。但在法律修改以后，法院里到处都是夫妻俩在离婚过程中，为了金钱而打官司的案子。过去10年来，专办离婚的律师大量增加，而法官也经常必须对一些复杂的问题做出判决。例如妻子离婚后在外工作，而丈夫去念医学院或商学院，如果未来收入增加了，妻子能不能分到一大笔钱？以及某个妇女曾经傍上一位大款，分手后她有没有资格从他那里得到很多钱？

每桩婚姻都有其独特性，每对男女之间的关系也都不同，显然法庭并不是针对这些问题做出判决的好地方。因此，通过法院判决程序来决定谁是谁非，并不是好办法，而应该以制定婚姻契约的方式，明确规定双方在离婚的时候，在金钱问题和孩子的监护权等方面要如何安排。如果我们把目前无法执行的法律条文放在一旁，那么使用婚姻契约的现象一定会相当普遍。在大多数情况下，这些婚姻契约应被视为具有约束力的法律文件，就像商业合伙人所订立的契约一样。未婚同居者之间订立的契约，也应该具有法律效力。社会学家列奥 J. 魏兹曼（Lenore J. Weitzman）在其所著的《婚姻契约》里就讨论了订立婚姻契约的种种好处，以及婚姻契约应该包含的内容。

恋爱中的人是盲目的

有人反对婚姻契约的做法，认为当两人准备结婚时，不太可能考虑清楚以后分手时在财务上应该如何安排。但在这样的状况下，两个人可以首先订立一个粗略的契约，具体细节可以等到以后再以书面形式写下来。当然，我承认人在恋爱的时候是盲目的，因此契约可能订得不公平。不过，如果等到两个人已经濒临离婚状态且双方都在气头上的时候，再来谈这些条件，难道就更好吗？

有些人反对婚姻契约，认为签订婚姻契约会让夫妻双方明确地把未来离婚的条件想清楚，因此可能会增加离婚的机会。然而，大多数现代夫妻都知道，将来离婚不是没有可能。比如，很多研究表明，如果妻子知道婚姻很可能解体的话，她就更有可能继续工作，并延迟生育计划。婚姻契约会增加妻子的安全感，会鼓励不想在职业上求发展的妻子尽早要孩子，花更长的时间在家相夫教子，这样反而可能会减少离婚的数量。

"草率结婚，事后悔恨。"这是17世纪英国剧作家威廉·康格里夫（William Congreve）总结出的人生智慧。婚姻契约可以当成经过双方同意而接受的长期协议，可以减少两人因为急着结婚而经常会尝到的苦果。这种方式也可以把每对夫妻的特殊情况都考虑进去。在婚姻契约里，双方的责任会讲得清清楚楚。这比法官在两人离婚时才来决定谁该给谁多少钱等问题，要可行得多。

老年问题
The Economics of Life

■ 如何保证社会保障的未来（1993）

在美国、德国及其他富裕国家，社会保障制度都面临着严重的财务困境：问题未必会在今年或明年出现，但在21世纪初或之前，一定会出问题。一个问题是，劳动力人数锐减，而他们却必须为越来越多的退休者缴纳税款。另一个问题是，政治人物让受益人享受优厚的福利，却又不强制他们长期储蓄。

如果让社会保障制度回归其本意，这两个问题可得到一并解决。社会保障的目的是，退休之前把钱存放在基金里，退休之后再根据个人储蓄的多寡来决定能享受多少福利。这个革命性的理念发端于19世纪末期的德国。其想法是，劳动者在退休之前必须先把钱存起来，免得退休后因为储蓄不够，而必须依靠政府接济。如果当今的社会保障计划是根据精算原则来制定的话，那么退休后的收入以及社会保障税率，就不该由政治因素来决定，而是根据退休者的储蓄总额、退休年龄、家庭成员的婚姻状况等来决定。

比如，如果某人在40年的工作期间把工资收入的10%存了起来，实际存款利率为3%。假设他在67岁退休，那么在此后15年里，他的退休金差不多等于过去收入的2/3。以这个比例来算，假如某个家庭的年收入为30 000美元，每年储蓄3 000美元，在40年后，每年可领到的退休金大概是20 000美元。如果孩子都长大成人了，那么这个家庭应该可以过得和退休前一样好，甚至更好。

未雨绸缪

不过，即使实行这种强制性的储蓄，有些退休人员还是无法过上体面的日子，因为他们在年轻的时候，可能因为长期失业或个人健康等因素，没赚多少钱。为了让这些人的生活能提高到大家都认可的最低水准，政府可以用税收收入来补贴他们的福利金。不过，在适当的强制储蓄制度之下，美国只有1/5的家庭需要接受政府的补贴。

发达国家都是以"现收现付制"为基础来制定社会保障制度的，亦即由工作者资助退休者的生活。因此低生育率降低的问题备受关注。未来的工作人数会减少，而他们要支持的退休者会越来越多。不过，若根据精算原则来制定社会保障制度，问题就没那么严重了。其做法是，每个家庭必须从本身的收入中拿出一部分做累积储蓄，以此来支付自己的退休福利金。

虽然这种方法有助于大力化解政治因素对保障制度的介入力度，但是这个做法还可以进一步完善，即，让民营企业通过竞争的方式，来为个人管理社保账户。不少国家已经通过这种方式让民营企业为公司管理退休基金而竞争。我自己就选择了先锋集团（Vanguard Group）来管理我的大学退休金，因为这家公司提供相当多的投资选择，而且还提供月度绩效报告。

安全第一

民营企业在效率方面具有竞争优势，对各种类型的政府事务实行民营化已经成了一种世界趋势，因此没有必要去怀疑将民营企业的效率机制引入社会保障制度里的种种好处。退休者如果不希望投资风险过大，可以要求民营基金公司先有足够的资本额，然后把投资限定在几种特定的证券投资项目内。

由民间投资公司来管理退休基金，并依精算原则制定老年退休制度，听起来或许让人觉得不切实际，也不符合政治现实。不过，智利在15年前就因为智利人民已经受够了政府的社会保障制度，而开始实施这种制度。另外，阿根廷也正打算效仿智利的做法。

很多民营基金公司积极争取为智利人管理员工的退休金。该国政府要求，为了应付员工老年以后的需要，员工在退休前必须把工资的一部分先预留出来，累积成

老年问题
The Economics of Life

■ 如何保证社会保障的未来（1993）

在美国、德国及其他富裕国家，社会保障制度都面临着严重的财务困境：问题未必会在今年或明年出现，但在21世纪初或之前，一定会出问题。一个问题是，劳动力人数锐减，而他们却必须为越来越多的退休者缴纳税款。另一个问题是，政治人物让受益人享受优厚的福利，却又不强制他们长期储蓄。

如果让社会保障制度回归其本意，这两个问题可得到一并解决。社会保障的目的是，退休之前把钱存放在基金里，退休之后再根据个人储蓄的多寡来决定能享受多少福利。这个革命性的理念发端于19世纪末期的德国。其想法是，劳动者在退休之前必须先把钱存起来，免得退休后因为储蓄不够，而必须依靠政府接济。如果当今的社会保障计划是根据精算原则来制定的话，那么退休后的收入以及社会保障税率，就不该由政治因素来决定，而是根据退休者的储蓄总额、退休年龄、家庭成员的婚姻状况等来决定。

比如，如果某人在40年的工作期间把工资收入的10%存了起来，实际存款利率为3%。假设他在67岁退休，那么在此后15年里，他的退休金差不多等于过去收入的2/3。以这个比例来算，假如某个家庭的年收入为30 000美元，每年储蓄3 000美元，在40年后，每年可领到的退休金大概是20 000美元。如果孩子都长大成人了，那么这个家庭应该可以过得和退休前一样好，甚至更好。

未雨绸缪

不过，即使实行这种强制性的储蓄，有些退休人员还是无法过上体面的日子，因为他们在年轻的时候，可能因为长期失业或个人健康等因素，没赚多少钱。为了让这些人的生活能提高到大家都认可的最低水准，政府可以用税收收入来补贴他们的福利金。不过，在适当的强制储蓄制度之下，美国只有1/5的家庭需要接受政府的补贴。

发达国家都是以"现收现付制"为基础来制定社会保障制度的，亦即由工作者资助退休者的生活。因此低生育率降低的问题备受关注。未来的工作人数会减少，而他们要支持的退休者会越来越多。不过，若根据精算原则来制定社会保障制度，问题就没那么严重了。其做法是，每个家庭必须从本身的收入中拿出一部分做累积储蓄，以此来支付自己的退休福利金。

虽然这种方法有助于大力化解政治因素对保障制度的介入力度，但是这个做法还可以进一步完善，即，让民营企业通过竞争的方式，来为个人管理社保账户。不少国家已经通过这种方式让民营企业为公司管理退休基金而竞争。我自己就选择了先锋集团（Vanguard Group）来管理我的大学退休金，因为这家公司提供相当多的投资选择，而且还提供月度绩效报告。

安全第一

民营企业在效率方面具有竞争优势，对各种类型的政府事务实行民营化已经成了一种世界趋势，因此没有必要去怀疑将民营企业的效率机制引入社会保障制度里的种种好处。退休者如果不希望投资风险过大，可以要求民营基金公司先有足够的资本额，然后把投资限定在几种特定的证券投资项目内。

由民间投资公司来管理退休基金，并依精算原则制定老年退休制度，听起来或许让人觉得不切实际，也不符合政治现实。不过，智利在15年前就因为智利人民已经受够了政府的社会保障制度，而开始实施这种制度。另外，阿根廷也正打算效仿智利的做法。

很多民营基金公司积极争取为智利人管理员工的退休金。该国政府要求，为了应付员工老年以后的需要，员工在退休前必须把工资的一部分先预留出来，累积成一笔基金。这些基金管理公司的投资收益率相当不错,而他们所抽取的佣金比例也逐年降低。我最近出访智利,发现没有人想恢复旧的制度。过去个人要把25%以上的收入拿来缴税,但所能拿到的退休金不仅不够,而且也不能由自己来决定。

当然,年纪较大的员工,多年来一直在原来的制度下缴税,也得把他们纳入我所提议的制度里。智利的做法是,员工可以自己选择沿用原来的退休制度,或是转到新的制度里来。如果想转过来,政府就会发给他们一张债券,价值相当于该名员工过去所缴纳的累积金额。智利顺利地实现了制度转移,几乎所有的老员工都选择了退出旧制度。他们以这种用脚投票的方式,表达了自己对政府的管理能力缺乏信心。

社会保障的原始目的是强迫每个家庭必须把收入的一部分先储蓄起来,以备老年生活所需。这个目标应该和目前政府事务民营化的趋势结合起来。这种结合将会带来一个有效的养老制度,而且这个制度不会受到政治因素、低生育率或资金危机等因素的负面影响。

■ 老年劳动力就业困难,原因何在(1990)

在过去几十年里,美国老年员工的就业和收入主要由政府和法院来决定。相关法律的逐步出台,让雇主渐渐失去了辞退员工的权利。而在联邦及州级法院里,则有一大堆案子是由自认为受到歧视的老年员工提出的。不过,我认为歧视问题只是问题的一小部分。政府的干预才是让很多老年人找不到工作的罪魁祸首。

年龄在60～65岁之间的劳动力参与率,在20世纪60年代为80%左右,但现在则大幅度降到55%以下。这个现象并非企业政策使然,而是政府法令及工资支付的规定所导致的。政府在残障给付及社会保障方面的规定,放宽了申请退休的资格限制,因此不少60岁以上的员工便决定提前办理退休,因为退休后的所得和退休前差不多,又可以从政府那里拿到福利金,为什么还要继续工作呢?

雇主在退休方面的规定,也没有办法解释为什么65岁及65岁以上的员工参与率会在过去50年里大幅度下降。日本人比美国人更愿意一直留在工作岗位上;日本65岁及65岁以上的员工，有36％还在继续工作，而美国只有16％。事实上，很多日本公司要求员工在55岁或60岁时就必须退休，这比美国的规定要早得多。

老年员工老有所值

差别就在于，日本员工在强制退休后，还能找到薪水不错的工作。事实上，只要美国政府不规定企业在雇用老年员工时，必须缴付高额的医疗保险费及退休金，那么退休后的美国员工一定能够获得更多的工作机会。

通过出台有关人权和其他反歧视的政策，联邦政府广泛干预到老年劳动力市场。但事实上，没有证据表明这些员工普遍遭到歧视。少数族裔群体面临着收入低、失业率高等问题，这的确让人怀疑他们受到了歧视，但这些现象却没有出现在老年员工身上。有些老人或许因为工资成本过高或生产率较低而找不到工作，但他们不会单单因为年龄问题就碰到挫折。60～64岁年龄段的全职员工，其工资水准和45～54岁年龄段的不相上下，但比24～44岁年龄段的高出许多。年纪在55岁以上而又想工作的人，其失业率也远低于年轻人的水准。事实上，资方会把年纪较长的员工视为精英看待，因为他们经验丰富、见多识广，而且可靠度和忠诚度都很高。

当然，有些老年员工的确会因为以下情况而吃亏：自身的生产率下降，无法和新老板和谐相处，或公司产品的需求下降。虽然被辞退的资深员工常常会被返聘到原来的公司，但如果必须更换新工作的话，其工资水准往往会遭到大幅削减。不过，约翰·霍普金斯大学教授威廉·卡林顿（William Carrington）所做的研究显示，老年员工如果在换工作时被大幅度减薪，主要是因为过去的经验和专长通常不会马上在新的公司或工作派上用场，而不是因为受到歧视。

政府在立法和管理方面对老年劳动力市场的干预，已经让问题变得很棘手了，而法院所扮演的角色，则让问题更为严重。由于法律并没有界定哪些情况构成歧视，法官和陪审团只好视当时的情况来做出判决。遗憾的是，这些人并不是特别清楚劳动力市场的实际状况，也不能提供足够的证据来确认原告员工是否真的受到不公平待遇，更无法判断其工资水准和生产率相比是否真的过低。

长期处于不利地位

员工的价值,尤其是年长主管的价值,有时候是由很多看不见的因素决定。这些因素使得法院所面临的问题变得更加复杂,难以解决。特别是在法官或陪审团对那些忽然失业或遭到大幅度减薪的员工充满了同情的时候,这些因素很难解释清楚。有时候资深员工是因为生产率下降而被降职,有时候则是因为不适应新公司,或其技能在新工作上无用武之地,而没有得到雇用。在这些情况下,就算公司是对的,也不容易向戴着有色眼镜的陪审团解释清楚。

因此,公司在遇到年龄歧视之类的诉讼案件时,出于对法院做出偏颇判决的担心,就算没有做错,往往也会寻求私下和解。有时候为了避免类似事情发生,则干脆不雇用年长者。不过,这些不获得聘用的老年人,倒是可以因为公司不录用他们而提出控告。这些原本是为了保护老年员工而制定的政策,到头来反而是害了他们。

政府帮助老年员工的最佳办法是,让他们能领到全额的社会保障金,即使他们仍在岗,也能领到这笔钱。同时,有些法令会让他们的工作机会发生扭曲,政府应该取消这些法令。如果老年员工的工资水平和就业条件能通过工会和劳资双方自行谈判解决的话,相信市场的运作状况一定会比现在好得多。

■ 只有贫困老人才有资格领取社会保障金(1989)

在预算赤字和税收负担的双重压力之下,美国等国家迟早会以新的做法来取代目前的社会保障制度,也就是只让真正需要帮助的老年人获得政府援助。这个做法虽然目前在政治上是无法想象的,但这么做应该只是时间问题而已。

很多老年人的家庭收入和资产都不少,如果政府还要给他们社会保障金,这实在讲不过去。目前的社会保障制度严重背离了目标,已经成为一种糟糕的养老年金制度,而且是一种效率低下的帮助贫困老年人的方式。

有些人反对把家境不错的老年人排除在社会保障制度以外,因为这个制度从根本上讲就是一种养老年金制度。他们认为,每个人在退休之前,都必须根据工资收入来缴付社会保障税，因此在退休以后，算算利息，多少把这笔钱拿回来，也是很自然的事。不过，这样的想法是大错特错的。目前的做法是，如果已婚老年人的家庭收入不高，且工作年限符合基本要求的话（10年左右），就可以分配到优厚的养老福利金。

在养老年金制度下，退休前缴付的金额越多，退休后所能领到的福利金就越多，差不多是成比例的。但社会保障制度并非如此。举例来说，根据1988年的福利金分发标准，年收入45 000美元的员工，也就是所得税征收级数最高的人，如果在65岁退休，那么他所能得到的福利金，与同样在65岁退休，但年收入只有7 000美元的人相比，只是多一倍而已。而前一类人每年必须缴付的社会保障税却是第二类人的六倍多。

可变卖资产

很多退休家庭的经济状况不错，事实上，被认定为贫穷家庭的比例还不到15%。以1985年社会保障金发放的情形来看，前40%的老年家庭所领取的社会保障金占家庭总收入的比例还不到40%，因此即使他们不领社会保障金，经济状况应该还是不错的，而且是远高于贫穷标准。

政府实施的医疗保险计划，已经大幅度减轻了老年人住院治疗等方面的经济负担。同时，不少老年家庭还拥有可以变卖的资产，可以应付紧急情况。而退休家庭的资产收入比，也远高于在职家庭。在退休家庭里，属于低收入而又没有资产的比例，还不到15%。虽然房子通常是这些人最有价值的资产，但不少老年人也拥有股票等金融资产。

如果只有更为贫困家庭才有资格申领社会保障金，那么政府的预算赤字和员工的纳税负担，都能明显地减轻，而且这些家庭也能得到更好的待遇。当然，到底哪些人属于"贫穷老人"，必须得到明确的界定，假定有一半的老年家庭领取社会保障金的话，联邦政府在1988年的支出就可以减少900亿美元以上。由于社会保障金和老年家庭的数目都不断在增加，因而这么做的话，未来支出会节省更多。

收入测试

如果只有贫穷老人可以申领社会保障金，那社会保障税就可以合并到收入所得税里。只要不把社会保障制度视为一种养老年金制，就没有必要分别征缴社会保障税和所得税了，这就好比，没必要为了给食品券计划筹集资金而单独征税。

那些反对通过"收入测试"（means test）来决定社会保障福利发放对象的人，必须解释一下：为什么要对贫困老人和其他不得不接受这一测试的贫困者实行区别对待。更何况，目前老年人必须符合一定的资格，才能领取额外的收入补助。当然，有些老年家庭可能会为了通过收入测试，而故意少储蓄一些钱，不过，通过某些方法，是可以把这些反应限制在可忍受的范围内的，比如，只提供一定的补助，使家庭达到贫困线标准即可。而且，很多老年家庭的经济状况实在很好，根本没办法达到领取贫穷补助的标准。

当然，将在未来几十年里退休的人，原本一直对社会保障金心存期待。因此，新制度的实施，必须循序渐进。

在过渡期间，会出现不小的政治阻力，因为年轻员工现在得帮忙付这笔账，但自己以后却享受不到好处。

不过，年轻的家庭至少还有时间可以在开销和储蓄方面做些必要的调整，以便应付退休后的生活所需。他们也可以更积极地参与民间的退休金和年金计划，或减少送给子女的礼物和遗产。有些人甚至可以大胆地等着在年老后让孩子来赡养。

现在要取消那么多老年家庭所领取的社会保障金，不管如何计划，显然在政治上都是行不通的。不过，终究还是得找到方法来克服这些政治上的反对力量，并且修改现行的制度，只让真正需要帮助的老年人得到政府的补助。

■ 破坏老年人就业市场的罪魁祸首（1986）

近年来，美国和欧洲政府在对航空、银行及其他行业放松管制的同时，不断加强对劳动力市场的监管，尤为重要的是，对老年劳动力市场的管制越来越多。

例如，1978年颁布的《就业年龄歧视法案》修正法案规定，除少数例外情况外，美国的公司和其他机构不得强迫员工在70岁之前退休。近期提交给国会的一项议案也将在很大程度上限制各种组织设定任何退休年龄的权力。

从诸如此类的法规中，我们不难得到这样感觉：私人雇主不愿保留老年员工。但以往的证据却证明情况恰好相反。在20世纪初，美国有大约60%的老年人受雇于私人雇主。英国同期的比例也差不多，在65%以上。从南北战争到20世纪30年代，老年人的就业人数逐年下降，这其中的原因很可能是财富的增长。随着身体状况的恶化和家庭责任的减少，有更多财富的老年人更倾向于选择退休。

从20世纪30年代开始，65岁以上男性的就业率迅速下降，现在已经大大低于20%了。55~64岁之间的男性就业率也从20世纪60年代的87%下降到目前的70%以下了。虽然许多年轻女性在这一时期加入了劳动力大军的队伍，但是立法部门却在讨论怎样防止老年妇女就业参与率的上升。这些迅速变化的原因不是现代工业化经济对老年人歧视的增长，罪魁祸首是就业政策不鼓励老年人就业。

走向地下

目前，许多年龄在65~72岁之间的老人不想工作，是因为如果他们继续工作赚钱，社会保障金反倒比他们不工作的时候少了。20世纪60年代早期采用的法律把男性获得领取养老金资格的年龄从65岁降低到了62岁，这就解释了在这一年龄段就业人数大幅下挫的现象。在一定程度上受到为延迟收入而推出的税收优惠政策的刺激，私人养老金计划快速增加，这也降低了老年人在劳动力中的数量。然而，更低的边际税率和新税收法案的相关变化将通过削弱退休在税收方面的优势来提高老年人的就业率。

社会保障和私人养老金计划影响老年人就业市场中的供应方，同时还有其他法律影响到对老年劳动力的需求。比如最近的一项法律条款要求公司保持前雇员长达18个月的健康保险。这项措施增加了雇主雇用老年人的风险，因为当员工离开之后，可能意味着企业要承担其沉重的医疗费用。这使得企业不愿雇用老年人，尤其是不能让他们在70岁之前退休。此外，联邦法律中有关雇员获得企业养老金计划资格的规定也降低了有明确福利计划的企业雇用将要退休员工的意愿。

这些规定导致一些年纪较大的人在地下市场中找工作。因此，对于在职老年员工人数下降的实际数字，官方必须夸大，而且水分可能会很大。

许多大公司倾向于用固定的规则来管理行政人员和其他员工的退休年龄。这些规则肯定会伤害一些上了年纪但工作仍然富有成效的员工，尽管公司制定这些规则的动机不是歧视这些高效率的老员工。相反，这些规则认同了相当一部分的老年员工在身体健康和工作效率方面的下降，与此同时，也承认了大多数公司不可能在他们的老员工中进行挑选来保留那些效率高的人。

特别对待

追求利润的公司乐意雇用老有所值的老年员工。在传统的日本大公司中，工人在55岁退休，但55岁以上的老员工的就业率一直高于美国，因为很多人被一个公司辞退后又被其他公司雇用了。

小公司通常采取灵活的退休制度，因为它们更容易区分出可发挥余热的雇员和应该退休的雇员。例如，在1978年修正案做出禁止规定之前，大多数大学规定教授在65岁退休。但是，许多富有成效的教授在到了65岁的时候通过特殊安排得以留任。

加强政府管制无法克服老年劳动力市场的扭曲现象。事实上，这样的管制和其他一些公共计划正是感染这个市场的感染源。我们应该减少对继续工作的老年人的经济处罚，降低现在施加在雇用老年员工公司的额外财务负担，而不是施加额外的干预。总之，我们需要的是对老年人劳动力市场的放松管制，而不是进一步的管制。

歧视问题
The Economics of Life

　　本部分主要讨论的是美国及其他一些国家的黑人和妇女在经济方面的进步。在这些国家，黑人和妇女在各方面都遭到歧视。不过，近几十年来，由于他们在教育和职业培训上获得了改善，所受到的歧视也减少了，因而在经济方面出现了长足的进步。虽然人权方面的立法有助于减轻对这些人的歧视，但我们认为，政府实施的配额制和其他一些严格的平权行动计划，对他们来说是弊大于利的。

　　美国目前的经济体系究竟还存在着多少歧视问题？各方面对这个问题的意见很不统一。在本部分，有篇文章针对波士顿联邦储备银行所发表的报告，就其分析方法提出了强烈的质疑。这份受到多家媒体报道的报告认为，黑人在申请银行贷款时，受到严重的歧视。如果银行在贷款给黑人的时候，因为歧视这些人而只把钱借给财务风险比较低的黑人，那么与白人贷款相比，黑人贷款的违约率应该更低，而收益率应该更高。波士顿联邦储备银行虽然在报告里引用了很多数据，却没有提供贷款违约率的数字，没有相对收益率的数字。由于这份报告缺乏最重要的数据，且后来有不少文章也把报告所犯的其他错误指了出来，因此该报告虽然广为人知，但人们知道的是，它证明了黑人普遍受到歧视的说法其实是没有根据的。

对黑人的歧视
The Economics of Life

■ 平权行动计划应该取消（1995）

平权行动计划成了这次总统竞选的热门话题。共和党候选人大多坚决反对，而克林顿总统则积极发言支持该计划。平权行动计划的实施，能够让来自不同背景的所有人都有机会公平地争取工资较高的工作；如果两党都支持这些计划的话，可能还来得及避开这场让彼此对立的争论。

民意调查结果显示，绝大多数美国人，包括很多少数族裔者，并不支持设定工作配额和预留岗位的政策。不过，他们还是支持人权立法的，因为这些法令能够降低少数族裔在学校教育、工作培训和就业机会方面所受到的歧视。

孩童时代的经历往往是长大后能否获得公平机会的决定因素。在这方面，恐怕连最有效的反歧视法律也派不上用场。有些孩子是在不稳定的家庭里长大的，而且社区环境恶劣，没机会接受好的教育和培训。这些人当中，有不少并不属于少数族裔。因此，如果政府想实施平权行动计划，正确的做法应该是提高他们的人力资本，让他们获得有用的技能，以便在竞争的社会中立足。

犯罪无益

很多种类的人力资本投资计划能够帮助这些孩子，让他们在长大成人后能有好的表现。例如，贫困家庭的小孩应该拿着教育券去接受良好的教育，而不用非得去当地水平很差的公立学校里就读。另外，有些福利救助制度会让贫穷的家庭维持现状不变，必须加以改革。打击犯罪也应该持续进行，因为这会让生长在贫民区的孩子知道犯罪其实没有好处。让弱势群体的小孩能够得到好的饮食和医疗照顾的计划，长期来说也会有很好的效果，因此应该加强，而不应该削弱。

要想达到最好的效果，照顾弱势群体的计划应该在孩子很小的时候就开始，因为他们所面对的困难会随着年龄的增长而愈发严重起来。政府为失业的成人所开展的再培训计划等，通常收效甚微，这是因为，过去养成的坏习惯和缺乏良好教育所产生的影响不会因为这些训练而消失。如果少数族裔自己没有打好基础，就算是最好的平权行动计划，也无法把他们提升到一定的水准。很多学生及员工是靠自己的力量获得应有的地位的。

大学就清楚地证明了这些影响。《纽约时报》1995年6月4日报道的数据显示，平均来说，那些靠平权行动计划进入加州大学柏克利分校就读的黑人和拉丁美洲裔学生的高中成绩和学习能力评估测验（SAT）的得分，都远低于白人和亚洲学生的水准。靠特别名额预留制而入学的黑人及拉丁美洲裔学生，也差了很多。这项数据显示，黑人和拉丁美洲裔的学生在六年内毕业的比例分别仅为59%和64%，而白人学生和亚裔学生的则分别高达84%和88%。

白人不满

特殊的录取政策导致黑人和拉丁美洲学生的成绩低于平均水平，这种现象反而使得这些学生在信心方面遭到打击。这些计划不仅会让人们继续保持对少数族群的成见，而且，对于那些因为这些政策而未被录取的白人及亚裔学生来说，还会加剧他们的不满情绪。

不过，因平权行动计划而得到入学机会的学生，之所以表现不佳，并不是自卑心态所造成的，与所谓的"钟形曲线"没有关系。事实上，平均素质比不上别人的白人男性，在学校和工作上的表现也是低于平均水平的。

在20世纪三四十年代，也就是在我成长的三四十年代，能够当上医生、律师或企业主管的黑人、女性及犹太人等，都被认为是优于平均程度的人才。因为当时的额度有限，只有最优秀的人才能进入这些行业。但平权行动计划的实施，反倒扭转了社会对其能力的评价。现在人们通常会认为，这些少数族裔及女性专业人士在平均水准上比不上同等职位的男性白人。这样的态度让表现优异的少数族裔感到不满，因为他们是在克服重重难关之后才获得目前的成就。黑人企业家沃德·康纳利（Ward Connerly）最近建议，加州政府应该取消让少数族裔进入公立大学就读的平权行动计划，或许原因就在于此。

现在的确是取消特别为少数族裔保留就学和工作机会的时候了。不过，美国政府应该付出更大的努力来改善少数族裔及其他弱势群体孩子的条件和机遇。

■ 证据对银行不利，但并不能证明银行有歧视（1993）

波士顿联邦储备银行最近所做的一项研究指出，银行在办理抵押贷款业务时，有歧视黑人和拉丁美洲裔申请人的现象。虽然在这项研究的推动下，货币监理署出台了计划，要对少数族裔是否真的受到歧视展开调查，但是，该项研究所使用的方法是有缺点的，而且也没有提供有说服力的证据，来证明少数族裔的确受到歧视。

市场上的歧视问题的确很严重，对少数族裔构成了伤害。不过，采用不正确的方法所做的研究无助于解决问题。我在《歧视经济学》（*The Economics of Discrimination*）一书中提出了几个原则，可以依据这些原则来判断少数族裔在劳动力市场、房地产市场和消费市场上是否真的受到了歧视。从本质上讲，如果有人因为偏见而自愿放弃利润、工资或收入，那就构成了市场上的歧视行为。如果某些人明明能为公司带来更多利润，但企业雇主却不雇用他们，反而去雇用别人，这算是雇主的歧视行为。如果有人明明在公司里能得到较高的薪水，但因为不想和某些人一起工作，就放弃这个工作的话，这算是员工的歧视行为。根据这个逻辑来看，如果某家公司不雇用某些人的原因，是别人的工资更低，或生产率更高，能为公司带来更多利润，那就未必构成歧视。

难以比较

在所有针对银行歧视贷款申请人这个问题的研究中，都存在一个错误：没有确定面向不同群体的贷款的收益率。相反，它们研究的是，与在收入情况和信用记录等方面都差不多的白人相比，少数族裔在贷款申请时遭到拒绝的比例是不是更高。这些研究一般会得出这样的结论：黑人及拉丁美洲裔的贷款申请人的确受到歧视，因为他们被银行拒绝的比例较高。在波士顿联邦储备银行的研究中，黑人遭到银行拒绝的比例是17%，而条件差不多的白人遭到拒绝的比例仅有11%。不过，有些研究发现，亚裔美国人遭拒的比例比白人低，如果银行会歧视少数族裔的话，那么这个现象便很难解释。

亚裔美国人的状况之所以不同，很可能和研究方法有关。这种"比较性"研究可能有助于找到确凿证据，而且在没有更好的方法时，可能是不得已而为之。不过，其研究结论不能当成定论。很多因素并没有在研究时加以考虑，例如有人习惯性地延迟还贷，这些纪录就没有加以考虑。而这可能是银行针对不同群体的贷款人，在贷款利率上面会有差异的原因。

研究银行贷款的歧视问题的正确方法是，把贷款违约率、延迟还款率以及利率等可能会影响贷款收益率的因素都算出来。如果银行歧视黑人贷款申请人，那么银行在放款给他们的时候，应该会设定比较严苛的条件，而且只会把钱贷给能让银行获利最多的黑人。如果真是这样，银行对黑人等少数族裔的贷款收益率，应该高于对白人的贷款才对，而不应该比白人的贷款低，哪怕是银行对这两种人的贷款获利率相同，也说不过去。

似是而非

波士顿联邦储备银行对歧视问题所做的研究，以传统方法来说，可说是最好的了。不过，它比较的只是最近的贷款申请，并没有太多的违约率及其他决定银行贷款收益率获利的资料。显然，该研究对波士顿地区不同族裔的平均违约率做了比较。结果发现，黑人和拉丁美洲裔的贷款违约率并没有相对更高。

不过，有关歧视的理论包含着这样一种似是而非：如果少数族裔真的受到歧视，那么黑人及拉丁美洲裔的违约率应该要比白人低才对，而不是比较高。原因同样在于，银行如果歧视少数族裔，那么只有条件最好的申请人才能借得到钱。因此，波士顿联邦储备银行所做的调查结果，不仅不能支持其结论，反而让人怀疑波士顿地区的银行是不是真的对这些申请人有所歧视。

我并不是说，这项研究证明了黑人及拉丁美洲后裔在申请贷款时，没有受到银行的歧视。相反，在整个经济体系里，有很多例子说明这些人是受到了不公平对待的。我在这个问题上想表达的是，这些研究的方法出现了严重的缺陷，因此能否成为政府制定政策的依据，实在值得怀疑。

简单的分析方法

而且，据我所知，某些由少数族裔所经营的银行，以及专门向黑人、拉丁美洲裔及其他少数族裔提供贷款的银行，其收益率并不是特别高。如果这个结论是正确的，那么是不是真的有很多能让银行获利的贷款申请人，只因为他们属于少数族裔就遭到普遍拒绝，是令人怀疑的。否则的话，那些专门给他们贷款的银行，收益率应该很高才对。

在具有重大社会意义的议题方面，经济学鲜能在数据的搜集和分析方面直接发挥效用。不过，有关歧视的经济理论的确能提供一种简单的分析方法，但糟糕的是，有关银行是否歧视某些贷款申请人的研究并没有运用这些准则。

■ 改善生产率是最佳的平权行动计划（1987）

根据最高法院最近所做的判决，公司老板仍然有权让女性员工优先获得升迁机会，即使男性员工的条件比她们更好，公司还是有权这么做。这个案例清楚地表达了法院对就业问题所持的想法。不过，当对美国妇女群体发现这项判决不会对大多数职业女性的经济地位产生太大影响的时候，可能会让大失所望。原因何在？真正能够影响美国妇女工资水平和职业选择的，与其说是政府政策，不如说是她们在生产率方面的变动。

过去30年来的实际情形可以证明这点。职业女性的人数在近几十年来增长得很迅速。1950年的时候，妇女在劳动力总人数中占1/4，而现在则增至一半左右。不过，直到20世纪70年代末，妇女主要还是从事一些传统上被认为属于女性的职业，例如文书工作或小学老师等。鲜有妇女能够升到管理职位，也没有几个人成为工程师等被认为专属于男性的职业。而且，当时女性员工的工资水平也一直维持在男性员工的60%左右。

在收入水平和职业等级方面，已婚女性的也比男性的低得多，其主要原因是，直到20世纪60年代末，多数妇女在生下第一个小孩后，就会辞去工作，并且不再就业。她们不去学校接受培训，也不会寻找能够自己有所发展的工作。相反，单身女性大多会继续工作下去，进而得到工作经验。她们的工资水平是同等年龄和同等学历男性员工的80%。

不平等现象在减少

当然，女性员工的收入水准较低，部分原因是受到歧视的结果。1964年通过的《民权法案》第7条规定，如果在就业及工资水平上因为性别或种族因素而歧视他人，是非法的。政府后来也陆续通过行政、立法及司法等方式，来减少就业市场上的不公平现象。

不过，大多数研究结果发现，该条款和政府的相关措施并没有对妇女的经济地位产生太大的影响。这不令人感到意外，因为在该法案通过以后的10年当中，女性劳工的工资水平和职业选择，并没有多大的改善。在这样的状况下，又怎能预期最高法院最近所做的判决，真的能大幅度提高职业女性的地位呢？

根据澳大利亚国立大学（Australian National University）的罗伯特 G. 格里高利（Robert G. Gregory）教授等人所做的研究，政府为了提升妇女地位而积极采取的政策，做得最成功的国家，是政府在员工工资和就业条件的决定上具有重大影响力的国家。例如，瑞典的妇女地位就上升得很快，而该国有一半以上的职业女性是在为政府做事。相对地，美国职业女性在政府机关工作的比例只有20%。另外，在澳大利亚，职业女性的表现也很好，而该国几乎每个职业的工资水平都是由政府来决定的。美国的情况则不然，薪水的高低往往是劳方和资方通过市场竞争来决定。除非美国政府大幅度提高对劳动力市场的干预程度，否则平权行动可能在提高妇女地位方面不会有太大的效果。

获取经验很重要

近几年来的发展状况再次证实了这个结论。里根总统在位时，在理念上是反对某些和民权有关的立法的,而里根政府也一直反对实施平权行动计划。在最高法院最近做出该项判决之前,政府甚至还曾经发出一份善意的答辩书,来支持那位男性原告的立场。不过,女性的收入水准和职务选择在过去7年来却出现了前所未见的增长——今年,职业女性平均每小时工资将首度超过相同年龄和学历的男性员工的75%;同时,女性在晋升至高级职务方面的进步也很快,而过去只有男性才能晋升到这些位置;另外,现在有15%以上的律师和医生是女性,在1970年的时候则还不到3%。

我并不是说,职业女性的地位快速上升是里根政府实施不干预政策所导致的结果。事实上,多数女性现在都打算要工作好几年,也都是在家庭外创造属于自己的事业,并且累积重要的工作经验。现在大学商学院的学生,有1/3以上是女生。由于女性的工作经验增加了,也接受了更多和就业相关的课程和培训,因此职业女性的生产率也相对提高。这是她们过去几年在工作上能够大步向前的主要原因。

我相信,美国职业女性的经济地位在未来几年里有望进一步提升,因为她们的工作经验和培训仍然不断在改善。最高法院做出的判决也许能够提升在政府部门或在重视企业形象的大公司里工作的女性的地位;但对其他多数女性来说,想在事业上继续发展的话,还是得靠自己才行。

■ 南非在黑人经济斗争中的重要角色(1986)

美国的开国元勋们曾经担心,强大的政府可能会对不受欢迎的少数族裔造成伤害。为了在一定程度上限制这种潜在的危害,他们设计出了一个在立法、行政和司法三个部门互相制衡的制度。开国元勋们认为,政府的政策在很大程度上是特殊利益集团为争夺政治权力而激烈竞争的结果。正如詹姆斯·麦迪逊在《联邦党人文集》中所写:"(各种各样的利益集团)必然在文明国家发展壮大,并分化成不同的阶级。对这些各种各样且又互不相容的利益集团实行监管……需要在必要的、普通的政府活动中发挥政党和派别的精神。"在过去200年里,开国元勋们的智慧得到了无数次证实。

我们来考察一下美国黑人自从获得解放后在经济方面的发展经历。在19世纪的大部分时间里，随着经济的增长，黑人的收入和技能得到了大幅度改善。虽然黑人的经济地位甚至相对于白人来说都大有提高，但是兰德集团的詹姆斯·史密斯所做的研究表明，如果不是因为南方有关黑人的立法以及州政府和地方政府其他形式地放缓了在黑人的教育和培训方面的进步的话，黑人的进步会更为迅速。

暴露内情的涨幅

学界对始于20世纪60年代的平权行动立法是否对少数族裔的经济状况有很大改善的问题争论不休。但没有人能怀疑：与平权行动相比，大多数政府性歧视的取消与黑人近几十年来所取得的快速进步的关系更大。尤其重要的是，接受学校教育的黑人数量及教育质量都得到了改善，这提高了黑人的劳动技能，使其能在更加平等的条件下与白人竞争工作岗位。

与美国黑人相比，南非黑人的经济困境有相似之处，但更具戏剧性。在20世纪内，由于南非经济蓬勃发展，黑人与白人在收入和技能方面一起快速增长。事实上，南非黑人是非洲黑人中是最富有的。有大量移民从非洲大陆其他地区涌入南非，便是明证。但是现在，相对于白人，南非黑人的收入上涨缓慢，涨幅不到30%，而美国黑人的收入涨幅超过了70%。

许多因素导致南非黑人的收入相对较低，但公然、普遍的政府歧视无疑是主要的。黑人被剥夺了受良好教育的权利。法律为白人保留了大多数的技术性工作，却限制黑人进入许多城镇。如果政府的政策能够平等对待黑人和白人，白人雇主之间争夺廉价劳动力的竞争将显著地提高黑人的经济地位。

不断增长的实力

特殊利益集团的政治势力是造成美国、南非两国歧视黑人的幕后推手。在美国，歧视性立法在政治上得到了贫穷白人和白人纳税人的支持，因为前者希望削弱自己与黑人之间在经济上的竞争，而后者可以从减少黑人的教育支出中获益。

在过去的40年，歧视性立法得到取消，很大程度上要归功于不断增长的黑人经济实力，它们为组织其成功的抵制、提出法律上的挑战以及推动其他有利黑人的政治变革提供了手段。

在南非的立法历史中，特殊利益集团的影响甚至更为明显。在矿区为白人保留技术性工作、加强白人工会的力量以及削弱黑人工会的力量，这一系列法律都是早在20世纪初期就开始实施，并且在最近几十年里不断扩展。种族隔离立法则通过限制可以在市区居住的黑人的数量来减少雇主用黑人劳动力来替代白人劳动力的可能性。

现在许多国家都在试图向南非施压，以使其减少对黑人的歧视。这种压力是否会奏效，还有待观察。一股更有希望的力量也许是南非黑人不断增强的经济实力和白人之间的经济利益出现了分歧。现在，南非的黑人开始组织起来抵制白人的企业，呼吁罢工，并把其他包括恐怖主义在内的各种压力推给政府，促使政府改变其政策。有时候，黑人的利益与白人雇主和技术性强的白人员工的利益是相一致的。这两个白人群体都会因为种族隔离和其他对黑人工人的限制而受到伤害，因为雇主不得不支付更多工资给那些低技术工人——他们其中一些人是与高技术白人一起工作的。

我希望，在不久的将来，那些阻碍南非黑人经济进步的最为臭名昭著的政府法案会在由黑人、一部分白人甚至还包括世界舆论等联合起来的反对力量面前屈服。南非黑人并不需要平权行动计划，相反，他们需要的是把那些恶意针对他们的法律废除掉。

■ 美国黑人终究会有更多的机会实现"美国梦"（1986）

一个多世纪以来，一波接一波的穷苦移民来到美国，他们很快在经济上开创了奇迹。来自德国和爱尔兰的移民，在19世纪中期来到美国，意大利人和犹太人则在19世纪末和20世纪初进来。这些人都能在不到三代的时间里，让自己的经济地位大幅度提升，和其他美国人平起平坐。连来自中国和日本的移民也都能在各方面遭到严重歧视的情况下，走出贫穷，在美国土地上开创自己的天地。

黑人最初到美国的时候，不是以移民的身份来的，而是农奴。瑞典经济学家贡纳尔·默达尔（Gunnar Myrdal）在1944年出版的《美国的困境》一书中，就针对美国黑人的特殊处境，解释了为什么黑人无法像其他人一样，凭着自己的努力实现美国梦。的确，在1880年～1940年期间，黑人的收入水平随着美国经济增长有大幅度提高。不过，我在1957年出版的《歧视经济学》中指出，在那段漫长的岁月里，黑人的收入相对于白人来说并没有增长多少。

《吉姆·克劳法》

在1940年以前，在各级政府实施的歧视政策下，黑人小孩只能接受水平相当低的教育。而美国南方各州在20世纪初就开始制定一系列法律，如《吉姆·克劳法》（Jim Crow laws），让黑人在其他方面备受压迫。除了政府在各方面实行歧视政策外，社会也普遍对黑人存有偏见，这些因素都压制了黑人在经济上获得成就的能力。经济学家可以证明，当商品及劳动力市场处于竞争状态时，如果有人因为种族、性别或宗教等因素而歧视别人的话，就必须担付较高的成本。然而，黑人长期受到歧视的问题表明，社会对他们的偏见并不会因为市场自由竞争而自动消失。特别是社会对他们的成见既深且广，不仅政府政策对他们不公平，民间也把他们踩在脚底，两者交互影响之下，黑人所受到的歧视益发深重。

不过，麦达尔发表研究的时间，却是值得注意的，因为20世纪40年代初期刚好是美国黑人的经济状况开始出现转变的分水岭时期。兰德公司（Rand Corp.）经济学家詹姆斯·史密斯和菲尼斯·韦尔奇在最近的研究里指出，男性黑人的收入水准，在1940年时还不到白人的45%，但在1960年已经上升到60%，而1980年则达到70%。其他资料显示，女性黑人现在的收入水准已经接近白人女性的水准了。

男性黑人的经济地位在1940年以后开始快速上升，史密斯和韦尔奇将其原因归结为他们所处的环境发生了变化。其中最关键的是黑人能够在学校念书的年头大幅度增加，而他们所接受的教育质量也明显提高。在1940年的时候，男性黑人在学校念书的时间平均只有4.7年，而当时白人为8.4年。然而今天，黑人和白人平均在学校接受教育的时间相差不到1.5年。另外，过去40年来，由于一般人的经济情况都获得了改善，因而已经有大量黑人不再继续留在南方从事农业生产。美国南部各州的经济也在这个时候快速增长，特别是在1970年以后。在1940年时，有70%以上的黑人住在南方，其中大约1/3务农。而现在，几乎所有的黑人都住在城里或郊区，并且有一半以上不住在美国南方了。

不过，并非所有有关黑人的消息都是好消息。男性黑人的失业率一直维持在白人的两倍左右，而且在1985年时，20岁以下男性黑人的失业率超过了40%。黑人家庭的收入，刚开始的时候是跟着黑人男女的收入一起快速增长的，但20世纪60年代中期以后，个人收入的增长速度和家庭的情况有了明显的差异。到1984年的时候，在所有有孩子的黑人家庭中，有一半是由未婚女性当家的。相对地，这种情况在白人家庭的比例还不到20%。由于夫妻没有离异的黑人家庭数目锐减，因而相对于白人家庭而言，黑人家庭的平均收入水平降低了。

悲观的看法

显然，黑人在失业率和家庭收入方面所呈现的这些趋势，让人不得不对黑人的处境持比较悲观的看法，不像个人收入那样让人感到乐观。当然，黑人在过去40年里，经济上的收获还是很大的。而且，虽然夫妇离异的黑人家庭数量在过去20年里增加了，但其主要原因，并不是受到白人歧视所造成的。

没有理由怀疑黑人能继续在经济方面取得进步。实施由政府代缴学费的教育券制度（《商业周刊》，3月24日），能让那些住在贫民区的黑人及其他少数族裔接受更好的学校教育。黑人家庭之所以不稳定，部分原因是与社会福利金的支付方式有关，也与年轻黑人的高失业率有关系。目前，夫妻没有离异的家庭可领取的福利金反倒更少，这一现象可以通过社会福利制度改革来消除。市场对黑人男女所提供的服务的需求会继续增加，如果经济增长率能维持在1940年以后的水准，那么黑人的失业率就会降低。

假如一切都进展顺利的话，那么在21世纪初，美国人在这方面所面临的困境，应该就能结束了。同时，黑人也能在公平的起点上，一起来追求这个属于美国人的梦想。

女性问题
The Economics of Life

■ 家务劳动：应该计入国内生产总值（1995）

家庭生产在所有国家中都是经济产出的重要组成部分，但是在计算国内生产总值时，并没有考虑家务劳动。这种做法贬低了女人的贡献，因为家庭生产主要是由她们承担的。

家庭实质上是小工厂，即使在最发达的国家，家庭也能生产出很多有价值的产品和服务。家庭养育孩子，提供膳食和住所，还照顾生病的家庭成员，护理和赡养老人，完成诸多其他重要的事情。

女性70％的时间都贡献给了家务劳动，即使在瑞典这些主张人人平等的国家里也是如此。在印度等欠发达国家里，女性几乎包办了所有家务。一些女权主义者主张把家务纳入GDP的衡量体系会提高女性的"意识"，在女性地位较低的欠发达国家里更是如此。这种主张是很有道理的。如果对女性的家务劳动赋予货币价值，很多妇女的"收入"将超过丈夫，这样有助于提高女性在婚姻生活中的话语权。但其他的女权主义者却不想把家庭主妇的劳动明确视为生产项目，因为这样一来，就会与他们提出的让女性走出家庭参与到劳动力大军中的计划发生冲突。

家务劳动占用了很长时间

现在，是时候把家务劳动计入GDP了。家务劳动占用了大量时间，这表明家庭中的生产在所有国家的总产出中占了相当大的比例。毕竟，如果家庭雇用别人来照看孩子、打扫房子、做饭，这些劳动是计入GDP的。而家里人自己做这些事情的时候，却没有计入。

有多种方法来量化和衡量家庭生产。尽管GDP仅包含用以买卖的商品和服务，但私人所拥有的住房的价值也应包括在内，这种价值是参照在空间大小和配套设施方面差不多的租房成本计算出来的。家务劳动的价值也可以这样计算，如果去市场上购买家长提供的这些服务（比如照顾婴儿）需要花费多少，那么家务劳动的价值就是多少。

西北大学教授罗伯特·艾依斯纳（Robert Eisner）在其著作《全部收入记账体系》(The Total Incomes System of Accounts)中，利用这些方法进行了严谨的研究。罗伯特发现，从20世纪40年代中期到80年代初期他进行估算的最后一年这一期间，美国家庭生产的估计产值在国民生产总值中的比重超过20%。联合国最近发表的《人类发展报告》进行了更加粗略的估计，结果表明，家庭生产在全球总产值中的比重超过40%。

瑞典的补贴

在计算GDP的时候忽略家庭生产，对经济增长的衡量造成了扭曲。在过去几十年里，已婚女性的劳动参与率出现大幅度上升，这主要是以女性削减在不计报酬的家庭生产上投入的时间为代价换来的。同期GDP的快速增长没有考虑投入到家务劳动上的时间大为缩短这个因素。

自20世纪70年代末期以来，儿童保育产业得到了迅猛发展，显然，这主要是由于市场生产来替代了家庭生产所造成的。职业女性缩减了照看孩子的时间，而雇用其他女性来为自己照看孩子。她们照料的是别人的孩子。

我在芝加哥大学的同事舍温·罗森（Sherwin Rosen）研究了瑞典的情况。在瑞典，儿童保育产业极为普遍，部分原因在于政府提供了补贴。他没有针对母亲参加工作是否会让自己的孩子受到伤害这个问题发表意见，但他证明了一点：政府提供补贴，会诱惑很多女性出去工作，从而造成了效率极为低下的局面。比如，补贴把妇女照看孩子的价格降到了真实成本以下。他的结论很有说服力，但在瑞典却引起了很大的争议，因为瑞典的很多群体想要通过让政府负责儿童保育来实现家庭的"国有化"。他们鼓励母亲们出门工作，这样就不得不雇用别人来照看自己的孩子。

如果把家务劳动纳入GDP核算，会增强留在家里照看孩子、做家务的男人和女人的自尊，有助于更准确地衡量GDP和经济增长，而且还会让人们对那些影响家务劳动和市场劳动之间的时间分配的公共政策做出另一番解释。

■ 市场供求法则能真正保障职业女性的权益（1991）

我们在对克拉伦斯·托马斯（Clarence Thomas）参议员案举行的听证会⊖上已经见识到，职业女性在工作上遭遇到很多问题。但是，与这些问题形成鲜明对比的是：自20世纪70年代末期以来，妇女不论在事业发展和所得水准方面，与男人的情况比起来，都取得了长足的进展。美国的工资水平，已经可以在不考虑性别和家庭状况的情况下，越来越接近同工同酬的标准了。

已婚女性的就业比例一直持续上升。目前，超过60%的已婚且有孩子的女性在外工作。女性在20世纪七八十年代以极快的速度跨入了很多行业。在大学主修法律、医学、企业管理、建筑以及新闻等科目的学生，大约40%是女生，念工程科目的女生比例较小，但人数也在快速增加。相反，从1970年开始，男学生在大学毕业以后继续念法学院的比例，事实上是降低了；而从事法律相关行业的女性，在20世纪70年代初的时候还是寥寥无几，现在则占了总数的25%。

在1960～1979年间，全职工作的女性员工的平均收入水平一直维持在男性员工的59%左右。也就是说，男女性别所造成的工资差异，大约是41%。但根据人口统计局发布的报告《家庭、家族及个人的货币收入》来看，性别所造成的工资差距开始稳步缩小，1990年已经降至30%以下。预期在20世纪的最后10年里，差距还会继续缩小。

不过，由于全职女性每周平均工作时数比全职男性要少10%，而且她们过去

⊖ 1991年秋，美国黑人女法学教授希尔斯（Anita Hills）指控美国黑人大法官提名人克拉伦斯·托马斯曾对其进行性骚扰。两人在国会听证会上对簿公堂。——译者注

的工作经验也较少，因此，双方在工资上的真正差距应该不到30％。如果男女每周的工作时数相同，且过去的工作经验也一样的话，那么男女的平均工资差距应该远低于20％。

蹩脚的借口

在家庭结构转变后，就业机会增加了，这是职业女性的地位能够快速提升的最重要的原因。自20世纪50年代末期以来，生育率降低了35％以上，妇女不用再花那么多时间去带孩子。另外，服务业的就业机会增加，也让妇女能够在带孩子之余，找个兼职性质且有弹性的工作。除此之外，离婚率从20世纪60年代中期以来剧增，有孩子的妇女不得不在外工作、自己养家。这也给已婚女性提出了警告：要有就业的准备，免得一旦婚姻触礁了，连生活都成问题。在20世纪七八十年代进入职场，或从事技术性工作的年轻女性，也在公司里渐渐升到了更高的职位。不过，在某些无形的限制之下，她们还是不容易真正爬到顶峰。

不久以前，女性一旦结婚，就会失去工作机会。而女性职员的工资水平，也远低于男性员工。有时候造成这个现象的原因，简单地说，就是歧视。不过，有人会编造出一些似是而非的借口，说她们并不是家里主要维持生计的人，因此薪水就给得比较低。但由于民权立法和女权运动所造成的气氛，使得这些做法引起很大的反对声浪。然而，这并不是她们的经济地位提高的原因，因为民权法案是在1964年通过的，而在该法案通过约15年以后，性别所造成的收入差距才开始下降。女性地位在里根和布什担任总统期间进展最快。而在这段期间里，民权法案执行得并不比前几任总统来得积极。而且，并非所有少数团体的地位都在80年代得到了提升：男性黑人的情况，反而恶化了一些。

女性在20世纪80年代取得了长足进展，这让那些希望通过立法来帮助她们的呼声缓和下来。现在认为政府应该根据"相对比较价值"来制定工资水平的人，比10年前要少得多。这种愚蠢的制度到头来一定会变成统计学者和政府官僚武断做出各行业的工资水平应该是多少的判断的依据。同时，越来越多的女性进入到具有社会声望的职业，这也平息了要求实行工作配额制的呼声。即便是支持者也承认，配额制不是他们真正想要的。

母亲们的援手

事实上,政府帮助女性的主要意图是要以其他方式来干预劳动力市场。当前她们最想要的是在孩子出生后或孩子生病时,能够依法享受停薪留职,而且公司能按照规定在工作场所设置育儿设施。目前国会正在审议的法案如获通过,则父母当中的一个人将可以为了照顾孩子而请假不上班。不过,从瑞典的例子来看,虽然瑞典实行的是自由休假制,但后来几乎都是妈妈待在家里照顾小孩。

强迫公司必须给假的做法,既没有效率,也没有道理。事实上,这样的做法等于是歧视单身员工,也歧视已婚但没有小孩,或孩子已经长大的员工。有些人要求公司在决定加薪和晋级时,不应该考虑性别因素,而应该以生产率的测验成绩为依据。不过,这和要求公司让孩子还小的员工享有特权,是两码事。而且就算现在的这些要求还算温和,但每个人都知道这些只是第一步而已。接下来一定会要求对照瑞典的做法,让员工在为照顾小孩而请假在家时,还能领取全额薪水。

市场供求法则,连同民权立法,正在稳步改善美国女性的经济地位。为了帮助她们而广泛干预劳动力市场,效果是无法保证的。而且,根据同工同酬和就业机会均等的原则来制定政策的话,坏处会比好处多。

■ 市场如何对女性实行平权行动(1985)

在1979~1984年间,女性相对于男性的收入增长速度很可能是美国历史上最快的。然而在这个阶段的很长一段时间里,里根政府坚决反对平等权利修正案、雇用配额、比较价值以及大多数平权行动计划。政府的反对未能阻碍妇女在经济方面取得进步,这个事实表明,主要是沉默的市场力量,而不是引起公众极大关注的政治活动决定着妇女在社会上的经济地位。从经济的角度来观察,就会搞清楚所发生的情况。

美国劳动力市场在20世纪所发生的最显著的变化就是,已婚女性就业率出现了巨大增长。在20世纪初,已婚女性在外工作的比例很小。之后,这一比例稳步增长，到了50年代，增长突然加快。现在，一半以上的已婚女性在外工作。换句话说，已婚女性就业率在1890年大约是15％，在1950年略高于25％，在1980年超过40％，在80年代末将接近50％。

与男性相比，妇女不仅工作时间短，而且收入也较低。在1950年，美国男性的时薪比女性的高出50％左右。在20世纪的头几十年里，女性的收入相对于男性有明显增长，但是在20世纪30年代到80年代这段时间里，基本没有发生变化。

偏见导致收入差距

不难理解为什么女性的收入要比男性的低。在校女生不指望长期参加工作，因而不愿意去学那些赚钱多的理科及其他学科，一窝蜂地选择主修家政学、英语等外语学科。女性通常只在结婚前工作，结婚后往往就成为全职主妇，在家相夫教子。其结果是，大多数女性并没有积累起赚取高收入所需的工作经验。同时，女性要承担起家庭责任，无法争取到那些要求经常出差、值夜班或者工作时间长且没有灵活性的高收入工作。当然，对职业女性的歧视以及认为妇女就应该待在家里的观点也是造成妇女收入低和就业率低的原因。

已婚女性20世纪之所以走出家门参加工作，首要原因就是美国经济的发展。实际上，在所有经济增长强劲的国家里，参加工作的妇女越来越多。其中一个原因是，随着这些国家变得更加富有，她们在外工作可以赚取更多的收入。此外，要照顾家庭的妇女可以得到更多文书、教学、医疗保健和其他服务性的工作岗位，这些工作对她们很有吸引力，因为这些工作对体力的要求不高，而且工作时间比在工厂里工作要更灵活。花费在育儿和做家务上的时间缩短了，也是因为有着高知识水平的家庭相对来说子女更少，而把更多的时间花在自身的教育上。

市场缩小收入差距

大体说来，西方国家的一些证据表明，由于越来越多的女性涌入劳动力市场，尤其是在过去几十年里的大量涌入，缩短了男女收入间的差距。例如，在1960~1980年间，在瑞典、意大利、英国等诸多西方国家，女性相对于男性的收入都有显著增长。在美国20世纪六七十年代，女性的收入处于停滞的状态，其部分原因在于大量没有工作经验的妇女参加工作。但由斯坦福大学教授维克托·福克斯（Victor Fuchs）所做的研究显示，妇女的工资在20世纪80年代迅猛上升。过去10年里，有更多的女性进入医疗、法律、会计和其他高薪酬、高技术含量的职业。

这些事实如何解释了妇女在经济上的进步？在某种程度上，推动妇女就业率和工资收入的逐年增长的最主要因素是市场力量，而不是公民权利立法、平权行动计划，也不是妇女运动。这些计划很难解释妇女就业在1950年之前的稳步增长，也不能解释在20世纪五六十年代妇女就业的加速增长，因为在当时，公民权利计划和妇女运动都还没有普及开来。单单同工同酬立法也不能解释男女之间收入差距在过去15年里的缩小。因为，像日本和意大利这样的国家并没有这种立法，男女收入差距依然缩小了。

美国有越来越多的妇女坚定地投身于事业，因此我们可以预期，男女之间的收入差距会进一步缩小，主要原因就是上面所讨论的经济力量使然。现代女性比30年前的女性要花上更多时间在工作上，然而也正是她们的这个选择使得她们大大改变了她们在现代经济生活中的角色。

犯罪和上瘾问题
The Economics of Life

犯罪问题，已经成为全世界几乎所有大城市里最令人担忧的问题，就连民众的日常生活也受到影响。本部分的观点认为，在过去几十年里，抢劫等犯罪案件迅速增多，但这并不是现代生活中不可避免的趋势，只要政府能够制定适当的政策，是能够遏制这些犯罪行为的。这些政策包括对严重犯罪者，特别是持枪犯罪者加重惩罚，还包括运用更多的资源来提高破案率，对犯罪嫌疑人尽早定罪等。最近的研究结果支持我们的看法：自20世纪80年代初以来，美国的入狱比例比以前提高了很多，这是犯罪案件，特别是与抢夺财物有关的案件在过去15年里大幅度减少的原因之一。不过，本部分从经济学角度研究犯罪行为，不仅只关乎法律和秩序，因为经济学认为，为劳动技能不强的个人提供更好的就业机会，也可以减少犯罪行为的发生。如果在合法的经济体系中，劳动收入能更高的话，这些人不太可能再去犯罪。因此，我们针对改善教育和培训问题的讨论也与此相关。

其中有几篇文章谈到了毒品合法化的问题，这也和犯罪问题有关。这些文章赞成让多数毒品合法化，但我们知道这不是万灵药，而且本身也会引发一些问题。前几任的共和党和民主党总统，每隔一段时间就会向毒品宣战，但每次都无功而返，因此，采取完全不一样的做法来解决这个问题，是值得考虑的。

如果毒品能够合法化，那么毒品的交易价格会降低90%以上。这样一来，瘾君子就没有必要依靠犯罪来维持昂贵的吸毒习惯。而且，毒品价格大幅度降低后，基本上会消除大型毒枭的暴利空间；同时，还会降低贫民区的年轻人想靠贩毒为业的欲望，因为和其他没有什么技术含量的工作比起来，贩卖毒品的收入不见得更高，而且也不见得更有吸引力。

犯罪问题
The Economics of Life

■ 加重惩罚，是震慑持枪犯罪者的最佳方法（1994）

民众对于枪支管制问题的看法，有相当的分歧。有人认为，合法持有枪支是宪法保障的权利；但也有人希望能大幅度减少枪支流通的数量。双方立场不同，互不相让。不过，在不影响合法持有枪支的权利之下，减少歹徒及罪犯所持有的枪械数量，既是可取的又是可行的。

行之有效的枪支管制政策必须具有震慑力，使人不再想拿枪去干坏事，或到处持枪恐吓别人。最好的方法，就是各州对于持枪犯罪的恶棍，施以更严厉的惩罚。如果有人在犯罪时使用枪支，那么除了原来的惩罚之外，还应该判他们入狱，并加长刑期。

比如，假设原来抢劫的刑期为一年，那么有人在抢别人东西的时候使用了枪支，刑期就应该加倍到两年。同时，对于这些持枪作案的人，也可以根据罪行的严重程度，比如到底有没有真的开枪，或有没有可能开枪等，来决定惩罚的力度。

很多赞成实施枪支管制的人，并不认为把持枪犯罪者关进监狱是最好的办法，因为这种做法似乎过于间接，而且未必能有效遏止类似的行为。但詹姆斯 Q. 威尔逊（James Q. Wilson）和理查德 J. 赫恩斯坦（Richard J. Herrnstein）在其合著的《犯罪及人性》一书中引用了很多例证显示，如果能够提高破案率和定罪率，是可以有效威慑抢劫等重大犯罪行为的。因此，我赞成大幅度增加警方和法院的预算，一方面提高破案绩效，另一方面也加快对犯罪嫌疑人的判决过程

（《商业周刊》，11月29日）。

明显的信号

为了提高对持枪犯罪者进行惩罚的确定性，各州或许可以规定延长这些人的刑期。这么做的话，留给法官、陪审团和检察官的自由裁决空间就几乎不存在了。目前，要求对这些罪犯延长刑期的州越来越多。的确，有些联邦法官对此提出了批评。他们认为，诸如贩毒或白领犯罪之类的犯罪行为属于联邦管辖的范围，不该由各州做出强制入狱的规定。不过，州法令做出的入狱规定发出了一个明显的信号：拿枪实施犯罪的后果很严重。

店主和其他人很容易受到坏人的攻击，但对持枪犯罪者施以更严厉的处罚并没有影响到这些人合法持有枪支的权利。相反，这种做法反而让他们在双方对峙时，能够占到上风。

民主党籍众议员丹尼尔 P. 莫伊尼汉（Daniel P. Moynihan）最近提议，对贩售枪支等武器征收重税。但这种做法并不能遏制枪支的使用，只不过提高了枪支的购买成本和使用成本而已。征收重税的做法不仅会降低店主等可以合法购买枪支者的购枪需求，而且也会鼓励非法买进枪支，因为这样会便宜得多。这种做法不会对罪犯产生直接效果，因为他们的武器都是非法买来的；相反，会产生不良的间接效果：有人为了避开合法销售所必须缴付的重税，而暗地里把枪支武器偷偷拿去卖，这样反倒让犯罪集团更容易通过非法途径买到更多的武器，而不能减少他们的货源。

抵抗会减少

就算政府课税不会增加犯罪分子所持枪支的数量，但这么做往往会使犯罪发生率上升。总的说来，罪犯会认为，店主和房主等人原来会买枪来保护自己，但现在政府征税降低了他们的购买需求，那么他们在犯罪现场所遇到的持枪抵抗的状况就会减少。

有几个州要求所有的武器都必须登记，国会最近也通过了《布雷迪法案》

（Brady Bill），规定买枪的人必须先提出申请，一星期以后才会获得批准。政府可以利用这段时间调查申请人的犯罪记录，看看有没有其他问题。这个做法是正确的，因为这么做可以减少有人因为一时冲动买了枪而造成暴力事件的情况。

不过，要避免枪支流到青少年或罪犯手上，这样做的用处不太大，因为他们通常都是以非法方式买到枪械，只要有钱就能买得到。非法武器正是通过这种渠道流入美国贫民区等地的。这些非法枪支通过国外走私、军队库存以及不正当的军火商等渠道不断进入美国。

换言之，正是因为有两个几乎完全没有关联的市场同时存在，依赖武器登记和审批的方法来管制枪械非常困难。在合法的市场里，主要的买主是为了打猎或防范窃盗或抢劫等目的而买枪的人；而到非法市场买枪的人，则是想持枪偷盗、恐吓、强暴妇女、参加帮派活动或贩毒的人。实行"冷静期"（提出申请后等待一周方可得到审批）或其他一些管制方法或许对合法交易有用，但对非法市场则不起作用，因为后者根本不予理会。

以正确的做法来管制枪械，应该会普遍获得民众的支持，而且不会出现其他的争议。我们支持武器登记和"冷静期"的做法，不过，主要还是对持枪犯罪或恐吓他人者加以严厉处罚才行。

■ 政府必须采取强制措施，才能打击犯罪（1993）

对于在街头、家中或学校里的犯罪行为的担心，严重影响到市民的日常生活，而且对郊区民众的影响越来越大。然而，政治家们直到最近才开始把犯罪问题当成必须优先解决的问题。

众议院最近快速通过了打击犯罪法案，授权政府拿出220亿美元的预算支出——其中90亿美元将拨给各个城市，以增聘10万名警察协助维持秩序；另有60亿美元将会用在联邦的高警戒监狱以及惩戒感化所。除此以外，还包括其他条款：禁止民众使用攻击性的武器、对于某些累犯强制实施终身监禁以及扩大死刑的范围等。

威尔逊和赫恩斯坦在《犯罪及人性》这本书里，把很多人所做的研究结果归纳起来发现，适当的惩罚，的确可以减少抢劫、偷窃及强暴等犯罪行为。如果因为加强警力、加快审判、提高定罪率等途径提高了惩罚的确定性，遏制犯罪的效果会更加明显。不过，也有人怀疑真有那么大的效果。这些批评人士指出，在20世纪80年代，被关进联邦及各州监狱里的罪犯人数几乎增加了两倍，但在这10年间，暴力犯罪事件还是出现了明显增加。

联邦调查局（FBI）根据各地警察局所提供的资料做了统计，在20世纪六七十年代，暴力和抢劫财物等犯罪行为快速增加，而惩罚的确定性则明显下滑，其部分原因可能在于，在这段期间里，嫌疑犯的权利扩大了。不过，在20世纪80年代，最高法院在嫌犯享有的权利方面采取了强硬的立场，但犯罪案件似乎仍然不断地增多。

理想的陪审员

不过，在犯罪案件的计算方面，有些数据比警方的报告还要准确。人口统计局的全国犯罪调查中心，针对家庭调查统计有多少人曾经成为犯罪事件的受害者。数据显示，实际犯罪率比FBI公布的数字要高出许多。数据还显示，虽然暴力犯罪行为在过去几年又略有增加，但从1979年以来，这类犯罪的发生率已经下降了10%，而财物抢夺案件则减少了25%。由此可见，最高法院在20世纪80年代削减了嫌疑犯的权利，加上入狱人数增加，或许的确有助于减少犯罪行为。

在美国，很多政治人物现在不大敢要求政府对犯罪问题采取强硬措施，是担心别人会说他们是种族歧视者。在重大案件里，黑人和拉丁美洲裔犯罪的比例的确相当高；但事实上，犯罪案件不断增多，反而使得少数族裔成了最大的受害者。民意调查结果一再显示，这些人希望获得更多的警察保护，也希望政府能对罪犯采取更严厉的处罚。有位联邦检察官曾对我说，他在处理刑事案件的时候，更希望由年纪较大、有工作且住在市区的黑人来组成陪审团，因为这些人在亲身经历了那么多的犯罪事件后，相对不会对被告持同情的态度。

这些民意趋向已经在最近的地方选举和州选举中体现出来了：候选人对犯罪问题的立场更强硬。竞选市长或各州州长的人，不管是黑人还是白人，都承诺会增加警力以维护治安。华盛顿特区的选民还同意了一项提议，要求政府规定罪犯在第三次犯下重大罪行的时候，必须判处终身监禁。政治人物对犯罪问题采取强硬立场并不让人感到意外，但令人不解的是，为什么要等这么久。

流氓有自己的圈子

目前，维持警力、法院及监狱等方面的支出仅占州政府和地方政府预算的6%，在联邦政府预算中所占的比例还不到1%。特殊利益集团要求政府拿出很大一部分预算来补助农业等计划，结果用于控制犯罪等重要服务的预算却少得可怜，而这才是影响到所有人的事。

有人认为，增加警力及加重处罚未必能有效地遏制犯罪，因为罪犯在干坏事的时候，是不会顾及被抓获受罚的概率问题的。但这种说法把守法公民对这些问题的想法和流氓的心理混为一谈了。当警方开展打击行动的时候，消息会在他们圈里迅速传开。他们都清楚，除非犯下大案子，否则年纪小的就算被抓，也不会被处罚。同时还会有消息来源告诉他们，哪个法官对犯罪案件的处理态度比较强硬，哪个法官则比较宽松。

有些学者和政治人物还是认为没有必要把那么多精力放在警力和处罚上，因为他们觉得最重要的应该是如何让罪犯改过自新并改善他们的环境，以压制犯罪的根源：种族歧视、失业问题、家庭不稳定以及学校教育质量低等。但大量事实证明，对于习惯性的累犯来说，要改邪归正是很难的。

虽然消除犯罪的根源很重要，但社会政策实在很难在短期内就能减少离异家庭、种族主义者、差学校或低技能人员的数量。加强警力及加重处罚应起到立竿见影的效果，应该立即执行。这些措施不需要等上一代人的时间才能奏效，它们直接就能减少犯罪行为的发生。

■ 根据对他人造成的伤害来惩罚企业犯罪（1989）

对于商业犯罪行为，应该怎样处罚才算合理？最近的一个例子是德崇证券公司（Drexel Burnham Lambert，Inc.），该公司受到邮件及证券欺诈的指控，在辩诉交易协议中，以接受6亿美元的付款而结案。这些案子应该如何处罚，实在不容易判定。如果牵涉罚款的话，就更难了。这类案子罚款金额的高低，往往会特别引人注意，因为一方面必须赔偿受害者的损失，另一方面也必须对罪犯加以惩罚。

对企业犯罪（其实，包括所有犯罪）的处罚应该包括罚款，而罚款金额由犯罪行为对个人、其他组织及整个社会所造成的伤害程度来决定。但是，由于有很多违法者并没有受到惩罚，因而罚款额度应该比他人所受到的损失多出好几倍才合理，不能简单地把造成多大伤害与罚多少款等同起来。如果被判有罪的公司所缴纳的罚金只相当于它所造成的损失，那么罚款的威慑效果就太弱了——因为如果逃脱惩罚的话，连一分钱都不用付。

当场被逮

被定了罪的公司不仅要为自己所犯的罪行负责，还要替没被抓到的公司接受处罚，只有这样才能真正起到威慑作用。举例来说，假定犯某种证券欺诈罪的人中，受到惩罚的比例只占1/3，那么被判定有罪的公司就应该缴付3倍于其所造成损害的罚款。

要这些公司为其他公司代缴罚款的做法看似不公平，但是，这些公司在从事犯罪行为的时候，显然是认为自己不会被逮到的。因此，根据这个公式所计算出来的罚款金额并不过分。在刚才那个证券欺诈的例子中，公司违法而被发现的几率是1/3，必须缴付的罚金是他人损害的3倍，而逃脱处罚不用缴付任何罚款的几率是2/3。

显然，要估计企业犯罪所造成的损失很难，而确定被逮捕的几率更难。不过，任何一个根据罪行来决定惩罚额度的制度，都会遇到同样的问题。长期来看，由于法院在这方面不断积累经验，对损失程度及逮捕几率的估计也会变得容易起来。

罚款额度不是根据犯罪所得的收益来确定的，这或许会让人觉得奇怪，但这并非疏忽所致，因为处罚的目的是希望对犯罪构成威慑，而不在于进行报复。目标是希望能消除犯罪行为，因为这些行为对他人所造成的伤害超过了犯罪者本身所得到的好处。如果罚款是根据他人所遭受的损失来确定的，就能实现这一点。

举例来说,假设有家钢铁厂对附近居民的饮用水及整体环境都造成了污染。如果这家工厂每生产一吨的钢,就会对周边环境造成100美元的损害,而该厂因为污染环境被判有罪的几率是1/4,那么适当的罚款额度就是每生产一吨钢就罚款400美元。

只要有罚款,就总会出现违法所得高出罚款的情形,这未必是件坏事。以上面的例子来看,如果工厂每生产一吨钢可以获利500美元的话,那在缴清罚款后,每吨还可以赚100美元。但这些利润是来自市场上对钢有需求的人,而不是因为对环境造成损害而得到的。

我在20年前发表的文章里就提出了这种方法。美国法律判决委员会的部分委员在1988年7月提交了一篇有关商业犯罪的讨论草案,其中也对这种方法表示了赞同。该委员会由国会创设于1984年,旨在为联邦案件的判决制定准则。最高法院最近承认了这个委员会的合法性。

在讨论材料中,该委员会针对各类犯罪行为对社会造成的损害和适当的罚款金额做了初步的估计。这些罚款额度比目前联邦法院的判决要高出好几倍,而委员会为了不过度惩罚违法者,建议在民事案件判决过程中,能有个弹性调整空间。即使如此,还是有人批评该委员会把某些犯罪行为所可能造成的损害估计得过高了。

不用入狱服刑

如果针对企业犯罪处以适当的罚金,就没有理由让犯有证券欺诈、反托拉斯、偷税漏税等企业罪行的主谋入狱服刑了。相关公司的董事会因为公司主管犯下的罪行而付出了大笔罚金,因而公司自然会把这些人开除,或者要求这些人自己把残局收拾干净。入狱不如罚款,是因为管理监狱的成本很高。事实上,把这些人送到牢里,除了处罚他们之外,也等于处罚了纳税人。当然,如果这些犯罪涉及谋杀等重罪的话,还是必须依法判其入狱服刑的。

很多公司反对以这种理性的方式来处罚企业犯罪,因为他们担心这种处罚会过于严厉。不过,与某些不会对他人造成太大损害的罪行比起来,这样的处罚还算是温和的。眼光长远的企业主管和民众都应该支持美国判决委员会的建议,因为其目的是想让违法的企业能够受到合理的惩罚。

▪ 根据实际情况惩罚白领犯罪（1985）

虽然企业白领犯罪听起来不像暴力侵犯或抢劫那样，会让人觉得毛骨悚然，但也不应该因为处罚力度不够而间接鼓励此类罪行的发生。我建议以罚款的方式来补偿对社会所造成的伤害。就白领犯罪来说，最好的方法就是仿效民事诉讼的做法，根据相关罪行对他人所造成的损害，来要求公司缴付罚金。

公司主管在思考到底要不要实施犯罪行为的时候，除了要考虑被逮住后可能面临的处罚外，还要想一想违法行为被发现的几率有多大。也就是说，适当的罚款额度应该等于这项犯罪行为对他人造成的伤害与起诉成本之和，然后除以被逮捕后遭到处罚的几率。举例来说，假设某个犯罪行为会造成100万美元的损害，而不被逮捕受罚的几率是50%，那么这个案子的适当罚金就是200万美元。以这么大的罚款额度来说，公司在打算作案之前，应该会三思而行。

一般来说，在决定案子的处罚力度时，会把犯案不被发现的可能性反映出来。例如，在判决反托拉斯法的案子时，如果罚金是对他人造成损害的3倍，就表示大部分的违法事件都没有被发现。另外，根据1984年通过的联邦刑事诉讼法，如果企业的犯罪行为被查到了，那么这些公司受惩处的罚金可能为犯罪所得的2倍。这也等于承认有很多犯法的人并没有被抓到。

数十亿美元的罚款

针对白领犯罪，适当的罚金应该有上百万美元，甚至几十亿美元。幸好，法院及相关监督机构已经对处以如此高额的罚金做了心理准备。去年夏天，联邦上诉法院维持了对埃克森石油公司（Exxon Corp）处以20多亿美元罚款的判决，因为该公司在1975～1981年间，违反了石油定价方面的规定。另外，几年前，惠好纸业公司（Weyerhaeuser）也因为一项民间反托拉斯法的案件，而被判处了10亿多美元的罚金。这个案子后来以5 000多万美元的金额和解了。

如果白领犯罪给公司带来的好处比预期的罚金还低的话，那就无利可图了。这意味着，公司的高层主管会努力避免这些违法行为，因为公司利润降低也会降低其收入水平和财富数量（《商业周刊》，7月8日）。同时，公司股东也能以玩忽职守为由起诉这些高管。案子如果成立，这些高管就必须拿出个人财产来赔偿公司损失，也可能因而丢掉饭碗。因此，公司高管在面临适当的罚金和股东的起诉时，自然会想办法详尽掌握那些可能导致白领犯罪的各项决策，同时也会以各种做法来减少这些行为发生的可能性。

虽然适当的罚款能够减少白领犯罪，但如果这些案件能提高国家的财富水平，也就是说，如果违法行为给公司带来的收入大于对社会造成的损害，可能就无法发挥这个作用了。有些违反环境保护法的事件，就是很好的例子，但即便如此，适当的罚金还是会强迫这些公司顾及会对他人构成的损害的价值。此外，被定罪的公司还是必须对社会做出补偿。如果这样的话，我们又何必制止那些能够提高国家整体利益的白领犯罪案件呢？

违法公司也得偿债

只对违法的公司处以罚金，而不对相关员工予以监禁或监视，这似乎不公平。我之所以觉得处以罚金的方式更好，是基于这样一个假设：司法制度的宗旨在于，当他人的故意行为导致无辜者受到损害时，要让受害人获得补偿。曾经有很多法律允许个人及公司缴付小额罚金就可以取代长期入狱的处罚，这的确是不公平的。但是，要求违法的公司足额补偿对社会造成的损害，这不能算是不公平的处罚。

对于一些白领犯罪而言，适当的罚金有可能是一笔巨额的钱款，甚至可能对某些大公司的财力都构成严重的影响，甚至不得不破产。法院在这个时候，应该像在处理公司破产案时协助其还清债权人的债务那样，帮助这些公司偿清对社会的欠债。但如果违法的公司主管和员工无法付清应缴的罚款的话，那么他们也应该接受其他方式的处罚，包括处以监视（缓刑）或限制未来的就业等，罪行重大的话，甚至可能要依法判其入狱。

这是企业白领犯罪有别于一般民事案件的地方。这些额外的惩罚可以迫使公司主管在无力缴付高额罚金之时，更全面地考虑违法行为会对社会造成的损害有多大，因而是必要的。

在不造成公司破产的状况下，对相关案件处以适当的罚款，可以达到两个目的：第一，可以阻止公司去做损人不利己的事；第二，在犯罪事件发生后，可以让社会获得补偿。公司最在乎的是自己的钱包。因此，当企业做了违法的事，而必须加以处罚的时候，也应该从他们的钱包下手。

▪ 打击犯罪的经济分析（1985）

近几十年来，许多知识分子认为，如果社会组织和经济组织没有发生根本性的变化，我们对犯罪行为将束手无策。据称犯罪行为的发生是源自于疏离感和不平等，这当然也包括监狱中恶劣的环境，因此犯罪行为并不会因定罪和惩罚的存在而减少。精神病学家卡尔 A. 门宁格尔（Karl A. Menninger）在《惩罚之罪》一书中坦承："我怀疑，所有服刑罪犯所犯下的全部罪行在社会总危害方面与惩罚这些罪犯所犯下的罪行并不相等"。

这些观点让人们形成了这样一种感觉，企图遏制犯罪行为的增长是无济于事的，这种感觉似乎已经对政府政策产生了影响。被告的权利得到大幅度的扩展，法官和陪审团甚至不愿意惩罚那些明显有罪的人，而警察则逐渐被认为是压迫者而非保护者。

不管原因如何，确凿证据表明，在过去的几十年中，犯罪行为迅速增加，而对罪犯的惩罚力度却大幅度下降。在1930～1980年间，美国人均暴力犯罪的数量就增长了两倍多。而财产型犯罪的增长幅度也不相上下。其他重罪也显示了相同的上升趋势。此外，在1950～1980年间，对于抢劫及其他犯罪罪犯的缉捕率下降了50%左右。对于被捕者的定罪率也出现了明显下降。

诱人的"职业"

这是一个有关犯罪动机的较早的观点，它源于19世纪初期英国伟大的哲学家杰里米·边沁。在20世纪六七十年代，我和其他经济学家对这一观点进行了修正和扩展。经济学观点认为，罪犯像其他所有人一样，也对激励做出相应的反应。当商科或工科领域的收入和其他利益增多时，会有更多的学生选择这些学科。同样，近几十年来，由于惩罚变得越来越不确定，越来越宽松，犯罪已经成为一种诱人的"职业"，因此诱使更多的人去犯罪，或犯下更多的罪行。

大量统计研究探讨了美国和其他国家中犯罪与惩罚、失业及其他变量之间的关系，以确定犯罪分子是否的确会对激励做出反应。这些研究发现，通过实行更具确定性、更有力度的惩罚措施，激情犯罪和财产型犯罪的数量有所下降。这表明，自1950年以来犯罪率的增长多与惩罚力度的下降有很大关系。

从20世纪50年代中期到1980年，年龄在15～24岁之间的人口比例有所增加。这在一定程度上促进了犯罪率的增长，因为年轻人更容易触犯法律。在这里，激励的效果也是显而易见的。年轻人遭到逮捕后不太可能受到惩罚。实际上，法院给每个青少年至少一次"免费"犯罪的机会。此外，不具备熟练技能的年轻人之所以去犯罪，是因为他们找不到劳资对等的工作，或者，只能找到低薪的工作。

制止犯罪

但是，现在的情形似乎正在好转。因20世纪六七十年代犯罪率增长所引发的挫折感和恐惧感，以及开始兴起犯罪行为的经济分析，或许已经在最近几年中成功地改变了政府政策。逮捕罪犯和惩罚有罪者的概率都开始攀升。自1980年以来，州监狱和联邦监狱里的囚犯数量上升了40%，这是一个惊人的数字。

暴力犯罪和财产型犯罪的数量也都停止了上升势头，且开始下降。尽管最近几年25岁以下的人口比例有所下降，但不法分子是因为惩罚措施的改变而打消了犯罪的念头。这一观点和上述理论是一致的。

犯罪行为还可以进一步得到遏制。许多改变都会收到成效，但所有的改变都必须依赖于法官和立法者的心甘情愿，并得到公众的支持。这里给出了改变犯罪动机的几点建议。自1960年以来，相对于犯罪数量而言，警员的数量已经下降了50%以上。通过适度增加国家和地方扩建警察机关的支出，可以得到提高惩罚的确定性。

另外，我们可以顺应趋势，继续对严重的犯罪行为加重惩罚的力度，并且敦促法院对刑事诉讼程序中20世纪六七十年代引入的那些不合时宜的改变做出进一步的修订。

　　换一个角度讲，我们可以把年轻人排除在最低工资法的约束范围之外。这些法律规定使得技术不熟练的年轻人找不到工作，因此提高了他们的失业率。反过来讲，这种失业促使年轻人加入到犯罪活动中，尤其是财产型犯罪中。

　　上述经济分析表明，我们大可不必对当前的犯罪率水平感到无能为力。从减轻公众恐惧的角度来讲，通过落实这些建议来减少犯罪行为的做法是完全值得付出一定的经济成本和社会成本的。

上瘾问题

The Economics of Life

■ 赌场经营应该合法化，但目的不在于增加政府收入（1993）

与联邦政府相比，很多州政府及地方政府所面临的财政压力更大，必须考虑加税。为了增加政府收入，密西西比州、印第安纳州，还包括波士顿、芝加哥、新奥尔良和哥伦比亚特区等地，已经同意或者正在考虑让赌场合法经营或同意发展彩票等博彩业。我支持赌博合法化的趋势⊖，但我支持的理由和政府收入关系不大。

这些地方的市长或州长对赌场税收垂涎不已，认为政府预算就此有了着落。以内华达州为例，赌博业是该州最大的产业，每年贡献的税收超过2亿美元。而在新泽西州也超过3.14亿美元。还有好几个印第安人保留区，特别是在康乃迪克和南达柯他州的保留区，也因为老虎机、扑克机以及二十一点赌桌等赌博设施而富了起来。美国最高法院在1987年判定，在其他各州允许设立的赌博设施，也能在这些保留区里设置。

但是，随着赌场在全国遍地开花，各地为了争取有限的赌博税收，竞争压力会越来越大。对新设赌场的地方来说，内华达州、大西洋城或印第安人保留区的成功是无法复制的。

各州和地方政府必须认清一个事实：设置赌场不再是稳赚不赔的把戏。发展赌博业是不可能解决这些地方的财政困境的，只不过能增加一些额外税收而已。但有一点必须提出来：赌博合法化可以让很多想进场赌玩上一把的人，不用再去

⊖ 赌博在我国是禁止的，它触犯了我国的法律，因此，我们不能苟同作者的观点。——出版者注

光顾黑道人物所把持的非法赌场了。

可原谅的小罪行

我是这么看待这个争议的：那些反对赌博合法化的争辩是可贵的，为什么不容许争辩呢？有些宗教等民间团体声称，赌博是不道德的行为，不应该得到鼓励。但这种说法有没有道理，值得怀疑。赌博的罪孽程度肯定赶不上抽烟喝酒，因为吸烟有害健康，而醉酒则可能滋生出车祸、工伤或家庭暴力等事件。如果所谓的道德税是根据罪孽程度来决定税率的话，那么赌博的税率应该低于抽烟喝酒才对。联邦及州政府对香烟及啤酒销售所征的税率加起来是20％左右，而内华达州对赌场所抽的税差不多是其净利的5％。

目前已经有30多个州开始打出诱人的广告来，以此为各州的彩票发行造势。穷人会购买彩券赌赌运气，也会到非法赌场试试手气；而有钱人玩的，则是拿出大把的钞票来炒作股票、期权、房地产等高风险资产。当前对设立赌场及发展赌博业实行限制，主要影响的是中产阶级。不过，在中产阶级的家庭里，也没有几个真的会拿收入及资产去赌运气，看看能不能以小博大。

在有些反对者眼里，喜欢博赌的人就是一些为了满足内心的欲望而逐步散尽家产的滥赌之徒。不过，有人对彩券购买者及赌场进入者的行为模式进行了分析，结果发现染上赌瘾的人并不普遍，肯定比抽烟上瘾和酗酒成瘾的人要少得多。很少有人会因购买太多彩券而弄到没钱买菜的地步。进赌场的大多是想和朋友一起找点乐子的中年人。如果他们只是想小赌一把，以体验其中的乐趣或者说兴奋，为什么要阻止他们呢？

赌博合法化势在必行

很多反对赌博合法化的人根本不担心赌博到底是否道德，也不担心人们是否会因此而上瘾，他们真正担心的是有组织的犯罪集团。拉斯维加斯当初的确是由黑道组织创建出来的，但那已经是很久以前的事了；如今，拉斯维加斯和大西洋城的各大赌场及旅馆，都是由希尔顿、凯悦、百利等著名的集团来经营的。而最近在密西西比河沿岸合法新建的赌场，也都是由这些世界级的饭店集团来负责管理。

黑道组织是靠操纵贩毒和六合彩等非法活动来维持的。与正经生意人比起来，这些犯罪分子的优势在于，他们可以贿赂执法官员，也可以用暴力方式来讨债。因此，要是企业能在游轮及其他特别规划出来的区域经营赌场的话，黑道分子的影响力不会增加，反而会减少。很多合法的企业都想在赌博合法化以后，尽快投入这个行业。

出于对黑道组织的担心，不少州政府和地方政府都由政府来经营博彩业。不过，政府在提供其他服务方面做得就不成功，经营博彩业也同样不会成功。以纽约市政府所经营的外围赌马公司（OTB offices）来说，其获利率在全世界赌场中算得上是最差的。州政府发行彩票，往往缺乏创新，只拿出彩票收入的50％来派发奖金，而多数买赌博彩券的，是教育程度较低的民众。相反，由民营企业在拉斯维加斯等地经营的赌场，由于竞争激烈，因此差不多会把客人下注的95％拿来作为奖金。

■ 提高"道德"税，是对穷人的无耻盘剥（1989）

联邦政府面临着庞大的预算赤字，州政府面临着巨大的财政困难，在这种情况下，有些经济学家呼吁政府对抽烟、喝酒以及赌博等行为征收更高的"道德"税。但我认为，目前对彩票和香烟征收的税已经过高，只有对啤酒征收的税是明显过低的。

对穷人来讲，彩票已经取代"六合彩"之类的猜数字游戏，成了最受欢迎的赌博方式。现在已经有33个州在发行彩票，其他州也在讨论是否发行彩票。不过，各州只拿出五成左右的彩票投注额来派发奖金。而各州的彩票收入中，有30％～45％是来自税收，各种比例有所不同。其他的收入则用在管理费用及征税成本上了。穷人买赌博彩券，只不过是想满足一下未来能过好日子的梦想，增加一点生活乐趣。政府对这些人又何必征收那么重的税呢？

政府对彩票征收那么重的税，没有公平而言。由国家经济研究局的两位教授查尔斯·克洛特费尔特（Charles Clotfelter）和菲利普·库克（Philip Cook）所做的彩票研究显示，穷人拿来赌博的钱占其收入的比例，比其他人高出许多。不过，他们也指出，低收入的赌客，平常的花费也不多。对家境不佳的白人来说，每周在赌博的支出很少超过10美元。但黑人的比例则要高得多。小赌不会对任何人构成伤害，而豪赌最多也只会伤害到自己和家人。

社会代价？

喜欢吞云吐雾的人，不会因此而引发车祸，不会影响到上班，也不会对社会构成其他很大的损害；但会不会对吸二手烟的人造成影响，有很多争议。目前政府对香烟所抽的税，大约是售价的30%。这不是进步的做法，因为教育程度低且收入水准不高的人，吸烟的比例比较高。也许，十几岁的年轻人如果不知道抽烟会对健康造成伤害的话，是应该限制其吸烟的。但如果大人抽烟伤害的主要是自己的话，为什么要对他们征收那么重的税呢？

但饮酒过度的确是造成很多车祸的原因，也让不少人无法到公司上班。最近埃克森运油船的漏油事件，对环境造成极大的破坏。据说事件之所以发生，部分原因就是船长喝酒所造成的。目前政府对烈酒所征收的税率，大约是售价的45%，但对于葡萄酒和啤酒，则差不多只有价格的10%。对啤酒所征的税似乎过低了，因为很多死亡车祸事件是年轻人造成的，而他们最喜欢喝的就是啤酒。

不过，对酒量很小的人以及虽然很会喝酒但能够自我控制、不会对他人造成伤害的人来说，对酒类征重税就不太恰当了。因此，政府如果想要遏制不当饮酒，应该要对喝酒肇事者施以重罚，而不应该对酒类销售征收很高的税率。

虽然联邦政府及不少州政府指望通过这些额外税收来减轻预算压力，但政府也对征税有所忌惮，因为那些团体在政治上具有强大的反对力量。因此，大公司通常都会运用政治影响力来压低其产品的税率。

没有压力

从政治影响力的角度考虑，就不难理解为什么要对彩票征收那么重的税了。

民营公司不经营彩票，因此它们没有必要以游说的方式，来反对州政府拿走那么大比例的彩票收入。同时，彩票购买者没什么组织，而且花的钱也不多，还不至于在税率上对政府施压。

中产阶级及有钱人通常不买彩票，他们玩的是股票、债券、期货、期权等金融投资工具。金融市场的交易税率之所以低，部分原因在于股票债券市场除了满足交易者的赌博欲望之外，还有其他目的，比如筹集资金等，但纽约证券交易所等组织强大的游说力量，绝对是交易税率被压低的重要原因。

相对于彩票而言，政府对香烟、啤酒和葡萄酒等征收的税率比较低，不是因为公众更能接受抽烟和喝酒，而对赌博持有更多的敌意；相反，有不少人通过相当有组织的方式来反对吸烟，因为吸烟有害健康。而且，每个人都知道醉酒可能会对他人构成的威胁。

事实上，倘若不是因为酒类生产商、香烟公司和烟草种植商等拥有很强的政治影响力，只怕反对吸烟和过度饮酒的力量联手的话，联邦政府早就提高税率，以弥补预算赤字了。烟酒制造商以大量广告来促销，也把选民注意力转到主要的政治议题上，而他们的政治活动委员会也在各级选举中提供大量政治献金给候选人。在国会对是否该调高香烟税率进行激辩时，烟草种植商反而能得到政府的大笔补贴。另外，在过去30年里，虽然消费品价格大幅上涨，但联邦政府对酒类产品所征收的税率几乎没有增加。

在政府面临预算赤字的情况下，提高销量和税率是完全有道理的，不过，和其他消费项目的税率比起来，目前政府对彩票和香烟所定的税率已经过高了，而这是穷人花费较多的地方。

■ 越来越多的人同意毒品合法化（1988）

虽然监狱里毒贩子人满为患，军方也多次对外国的毒品供货来源实施扫荡，但可卡因等毒品却仍然大行其道。里根政府以高姿态对毒品宣战，学校及媒体也一再宣传吸毒的坏处，毒品价格更比生产成本高出好几倍，这些都无法让美国的吸毒者戒掉这个成本高昂的习惯。

越来越多人承认这场仗是打败了。现在就连相当保守的人都开始思考毒品合法化的问题。这个问题不久前是想都不敢想的。在我撰文赞成毒品合法化（《商业周刊》，8月17日）之后的10个月里，许多城市的市长对我的想法表示支持，连《外交政策》、《经济学人》以及英国医学专刊《柳叶刀》（The Lancet）等，也刊文表示支持。《纽约时报》最近也针对毒品合法化的问题，在头版做了相关的报道。

惩罚与罪行

在当前的反毒斗争中，存在这样一个问题：每次为扩大打击范围而采取新措施时，就会让其他问题更为恶化。例如，警方为了追踪毒贩的下落，大约要花掉他们1/4的时间，这样就没有时间来对付抢劫等犯罪事件。就在大家对军方能否适当保卫美国的战略利益而普遍感到怀疑时，国会最近又通过一项法案，扩大了军方的责任范围，把打击毒品走私以及外国毒品供应来源等也囊括其中了。

对毒贩处以重罚的呼声受到政治家们的欢迎，他们不断施压，要求尽快立法，以便采取行动。最近纽约有个有待通过的法案，就规定即使只拥有少量"可卡因"的人，也得入狱服刑很长一段时间。不过，严厉的惩罚会使毒贩们对扫毒警员或其他人的暴力攻击升级，因为后者挡了他们的财富。司法圈里有句老话，"小罪受重罚，重罪又何妨"。

有些人反对成人吸毒合法化，是担心小孩会因此而容易接触到毒品。不过，目前的做法反而鼓励毒贩派小孩去贩售毒品，因为如果小孩被抓到的话，处罚不会那么严厉。因此，如果大人能合法买到毒品，警方和法院就能专心应付那些把毒品卖给小孩的人了，从而有助于减少把毒品卖给小孩的事情发生。

艾滋病是目前世界上最严重的病症之一。在美国所有的艾滋病病例里，有1/4以上并不是通过性行为受到传染，而是因为使用受到感染的针头来注射海洛因等毒品而染上的。在纽约市的因艾滋病致死的病例中，这一比例大约占一半。为了控制艾滋病的扩散，有人提出计划让吸毒者能使用消过毒的针头。不过，某些政治人物急于彰显自己的反毒立场，以致连这些计划都不予以支持。如果毒品能合法而公开地销售，有毒瘾的人很容易就能够拿到干净的针头了。

如果毒品合法化且市面上的价格也相应下降的话，吸毒的人数无疑会增加。美国1933年宣布解除禁酒令之后，喝酒的人数大幅度增多，主要原因就是酒类售价比以前便宜了很多。不过，在目前毒品价格那么高的情况下，不少毒瘾很重的人，不得不去偷、去抢或者自己贩毒，以此来购买价格不菲的毒品。但如果毒品合法化且价格下降，那么犯罪事件和吸毒之间的关系，应该就不会像目前那么明显。

其实，大部分的毒品并不像一般人所想象的那么容易让人上瘾。这应该能够减轻吸毒人数增加所可能带来的负面影响。例如，全国吸毒研究中心指出，在美国曾经尝试过可卡因的人大约有3 000万，但其中95%的人，不是在上瘾前就停止吸食，就是后来成功地戒掉了毒瘾。同时，通常吸毒的习惯是因为受到别人鼓吹，或心情不好、情绪沮丧的时候染上的，因此毒品合法化，倒未必就会增加吸毒的人数。现在很多人遇到这些状况的时候，会以大量饮酒等自暴自弃的方式来暂时求得解脱。

社会补偿税

在我们的社会里，酗酒问题更为严重，但我们却能以相当开明的方式来应付它。酗酒的社会危害性比吸食可卡因、大麻和海洛因等行为的总和还要大出很多。酒驾以及在家或办公室饮酒过量所牵连的受害者人数，远远大于因吸毒后驾车或工作所牵连的受害者人数。为了尽量减少酒后驾车的社会危害性，我们对酒精类饮料的贩卖制定高税率，也对酒醉肇事者和向未成年人售酒者施以严厉的处罚。

我认为，毒品管制也应该采取类似的政策。和酒类一样，对毒品买卖征税，在不对吸毒者造成太大的经济负担的情况下，多少会对毒品的销售起到抑制的效果。这就是所谓的"社会补偿税"，它与成功用于烟酒管制的方法差不多。如果有人在吸毒后开车或工作过程中对他人造成严重的伤害，或把毒品卖给小孩，就应该严惩不贷。这么做，毒品合法化的政策就显得既有道理，又通人性了，将大幅度减少吸毒问题所带来的社会成本。

■ 应该让毒品合法化吗（1987）

美国和很多国家一样，禁止很多毒品的销售和使用，如大麻、可卡因、海洛因等。政府一再对毒贩宣战，但还是无法禁止这些毒品的非法买卖。由此产生的问题非常严重，已经到了要认真考虑以其他方法来解决的地步了。在这样的情况下，我提倡采用美国在大萧条时期所采用的废止禁酒政策的大胆做法：取消所有向成年人销售大麻、可卡因等毒品的禁令。因为这些法令限制所带来的问题比所解决的问题还要多。当然，毒品还是不准卖给小孩。

当初以修改宪法的方式来取消禁酒令，等于承认美国禁止民众喝酒的做法是彻底失败的。但政府这样做，并不表示支持民众大量饮酒或酗酒。同样，我提议让某些毒品合法化，也不表示我赞同吸毒及上瘾行为。而是说，这是一种解决禁止吸毒所带来的很多严重问题的途径。

减轻负担

毒品买卖由犯罪分子把持着，包括非常有组织的黑道分子，这就好比禁酒政令实施期间，他们也把持着各种酒类的生产和分销一样。如果合法的公司可以掌控毒品的生产和分销，那么毒品业的暴利问题将会消失，就像禁酒政策取消后的状况一样。由于目前很多毒贩拥有垄断权，而吸毒者没有其他供货来源，势必会受到他们的支配。但如果合法的公司能进入这个市场来自由竞争，就会削弱这种垄断权。另外，有问题的毒品会令吸食者中毒，或导致超剂量使用；合法销售毒品的公司会担心这方面的起诉或损失商业信誉，因而问题毒品会大为减少。同时，由于目前吸毒都是偷偷摸摸地进行，会加剧艾滋病毒的传播。吸毒者会因为使用受到感染的针头而染上艾滋病，然后又以同样方式传染给别人。

毒品之所以贵，主要原因在于，其价格反映了遭到逮捕及受罚的高几率以及贿赂执法官员的成本。毒品合法化后，价格会大幅度下跌，会大大减轻吸毒者的财务负担。他们再也不用为了买毒品而沦为妓女、抢夺他人财物或盗用公款了。现在这些人几乎把身上所有的钱都用来买毒品了。

在现行制度下，吸毒者就算工作能力没受到影响，也可能会丢掉工作，也不容易找到其他的工作。有些球类的职业运动员就是很好的例子，有些人曾因为吸毒而被处以禁赛或取消比赛资格的惩罚。如果球员多次被发现吸毒，不管其在球场上的表现如何，都会遭到禁赛的命运。被禁赛的球员若是想继续吸毒，就得在收入锐减的同时，承担财务等方面的压力。在毒品合法化以后，吸毒者和喝酒的人一样，只有在做不好工作的时候，才会被球队或公司开除。

很多人认为，瘾君子或长期吸毒者并不会因为毒品价格的变动而改变吸毒习惯，但这种想法是错的。虽然没有完整且直接的证据，但从已知的其他具有高度上瘾性的东西来看，当毒品价格下跌的时候，需求是会扩大的，例如抽烟和喝酒上瘾的人，就很在意烟酒成本的高低。杜克大学的两位教授库克和陶亨（Tauchen）的研究显示，就算只对酒类征收少量的消费税，也会大大降低因肝脏硬化而死亡的比例，而这是一种和饮酒过量相关的病。

有些人反对毒品合法化，就是认为存在这种价格敏感性：价格明显降低的话，吸毒的人数一定会增加，届时因为吸毒而开车肇事或犯罪等伤及无辜的案子也会增加。不过，这种价格敏感性也正好表明，此类问题可以得到部分解决。

对合法销售毒品少量征税，可以把市场需求压低到可以控制的程度，而又不至于让毒瘾较大者承受财务负担，这些人恰恰是当前导致社会不安定的因素。同时，征税也有助于增加联邦和各州政府的收入。

严惩不贷

目前因吸毒后开车而被逮捕的人，通常只受到轻微的处罚就没事了。许多国家的实际状况显示，对酒后驾车者予以严惩，会大大减少酒后驾车事件的发生。因此，我相信，对吸毒肇事者处以包括入狱服刑在内的严厉处罚，将让很多人在开车或从事其他具有潜在危害性的行为之前避免大量吸毒。

毒品合法化并不能解决所有的问题，但在可行的解决方案里，它是最好的。我们应该效仿当初解除禁酒令的模式，让一直控制不住的大麻、可卡因等毒品的使用合法化。同时，利用征税和重罚双管齐下的办法，应该能将吸毒控制在可以接受的范围，也能让吸毒者在从事可能对他人造成伤害的活动前，不去碰这个东西。

资本主义及其他经济制度
The Economics of Life

阿根廷在过去100年里的发展变化证明，与政府集权相比，自由市场更有优势。这是一个值得深思的例子。在19世纪末20世纪初，凭着开放的贸易政策及其他自由市场政策，阿根廷蓬勃发展了几十年。但后来，阿根廷政府开始全面干预对外贸易和国内市场，导致阿根廷人均收入排名由前10名下降到50名开外。幸好，梅内姆政府于1989年开始恢复以前的自由市场政策。自那以后，除了墨西哥货币贬值的"龙舌兰酒效应"（Tequila effect）所引起的困难时期以外，阿根廷经济都得以良好发展。

在东欧剧变的初期，许多人将瑞典视为"中间路线"的典范。我们20世纪80年代初去当地旅行时，发现了这一点，于是决定写一篇专栏文章，以消除人们的这一错误认识。其实，瑞典并没有找到一条成功的中间路线，原因在于，瑞典经济自1970年以来，表现非常糟糕，这主要是由于税收和政府支出的迅速扩张所导致的。这篇文章在瑞典支持自由市场的群体中得到了广泛传播。

在那篇文章发表后的6年里，瑞典经济继续艰难前行。然而，许多中欧、东欧国家的选民显然还是渴望找到一条"中间道路"，因为重新上台的前共产党人并没有彻底醒悟。

资本主义
The Economics of Life

■ 民主是资本主义繁荣的最佳土壤（1991）

在苏联、波兰及其他东欧国家，一些自由市场的倡导者们呼吁戈尔巴乔夫、瓦文萨等领导下的中央政府推动国家向市场经济转型。这些人担心种族对抗、无休止的争论以及利益集团等因素会阻碍新上台的民主政府实行必要的改革。但是，市场体系在民主国家里更有可能发展壮大。

我认为，强制推行自由市场制度的专断措施会埋下转型失败的种子。上述国家转型的经验部分来自于智利、韩国。皮诺切特将军强力推行的自由市场改革，最终实现了智利的转型，智利一举成为南美最具经济活力的国家。

广泛接触

60多个国家自1960年以来经济增长的定量证据进一步证实：独裁政治通常要比民主政治表现得糟糕。我自己进行计算的结果表明，在过去30年里，民主国家的人均收入增加得更快，即使与其他人均收入水平和教育水平差不多的国家相比，结论也是如此。

显然，要拯救病入膏肓的管制经济，中央集权和独裁权力结合起来也不能做到手到病除。英国历史学家阿克顿勋爵（Lord Acton）的名言"权力导致腐败，绝对权力导致绝对腐败"可谓一语中的，揭露了独裁者讨厌市场经济的原因：市场经济竞争要求经济力量分散化，从而削弱了他们的权力。

现代经济以技术为基础，且具有相互依赖性，在这种情况下，如果独裁政权加强竞争，推动市场自由化，就等于在政治上树敌。如今，有活力的经济是建立在高水平的教育、先进的技术、出口、合资企业、跨国公司在本国设立子公司、与他国人们频繁接触等基础之上的。必须把学生派出国留学，学习工程、商业和经济学等。管理者必须走出国门，安排全球性的销售和融资，而外国的技术人员和管理者们必须来国内实地考察，安排商品的进出口买卖。这些以贸易和培训等形式的国家接触越来越广，有助于瓦解集权统治者的根基。

"第五纵队"

受过教育的阶层对于发达的经济体格外重要，他们想要表达出自己的愿望，想按照自己的意愿进行选举。很多工程师等专业技术人员出国留学后不愿归国，部分原因就在于他们对国内限制自由的诸多做法感到不满。

独裁者也许会通过闭关锁国的方式来极力维护自己的权力。

似乎是这样，在向现代经济转型，融入世界商业大家庭的演变过程中，必然会产生一种与独裁统治针锋相对的"第五纵队"。由此看来，匹诺切特和韩国全斗焕的下台绝非偶然，而智利、韩国等地政府的民主化进程取得重大进展，也绝非偶然。同样，反对伊朗国王的反对派力量是由在美国和西欧学习、工作或流放的伊朗人领导的，以及，为了终结南非的种族隔离政策，截断外资和出口市场的国际禁运已经开始实施，这些都不令人感到意外。

显然，当独裁政权推动经济进步的时候，他们有可能会失去权力，这是因为，学生、知识分子和管理者将要求得到更大的公民自由和政治自由。

■ 亚当·斯密眼中的世界奇迹（1992）

席卷全球的民营化革命无疑是过去几十年里的显著经济进步之一。英国右翼的撒切尔夫人和智利的"芝加哥男孩"⊖于20世纪70年代和80年代初提出的政

⊖ 芝加哥男孩（Chicago Boys）是指智利天主教大学（Chile's Catholic University）的一群经济学家们，他们曾经作为交换生被送到芝加哥大学，在那里，他们吸收了"芝加哥学派"（Chicago School）的经济学观点，吸收了其最具革命性的思想——自由市场。——译者注

策，已经在大多数国家得到采纳，不管执政党对经济的看法如何，这些做法都开始流行开来。各国的革命动机都差不多：消除巨额赤字，提高就业率并改善国营企业的投资行为。

民营化扭转了国有化的趋势，国有化在20世纪初肇始于英国、法国、德国和其他发达工业国家。起初，主要对铁路和地方运输业实现国有化，但最终，电力及其他行业的公司也接受了国有化。容易忘记的是，英国只是在25年前才将钢铁业重新收归国有，墨西哥也是在80年代初才由国家接管银行业。

在20世纪的大部分时间里，公共企业的正统理论认为，国家应该经营多种行业，因为它们假设规模经济会形成"自然垄断"。20世纪70年代中期以前，一直没有明确的证据表明公共管理存在缺点和不足。例如，在国有企业大行其道的共产主义国家，人均收入的增长速度和其他经济体的不相上下。

世界实验室

但是，过去几十年的发展却提供了的明确的结论。事实证明，表面良好的经济记录其实是用镜子造成的视觉上的错误，独裁政权的倒塌揭示了经济崩溃的主要原因。西德纳税人已经发现，东德的大多数工厂和集团认为的工业重地在现代经济世界都是毫无价值的，这让他们很失望。

民营化运动本身已成为一个丰富的资料来源，因为它为比较世界各地（拥有不同文化、处于不同经济发展阶段的国家）的公司在民营化前后的差别提供了可能性。世界银行旗下的经济学家最近发布了一份初步报告，报告对英国、智利、马来西亚和墨西哥实行的12项民营化运动的影响进行了分析。他们研究了三大电信公司、四家航空公司、一家赌博公司和四家其他行业的公司。

这12项民营化运动中，有11项提高了工人、消费者、投资者和政府部门的福利总和。生产率的提高和更好的投资给其中9项带来了巨大收益。在各项运动中，利润都增加了，虽然有时候消费者利益会因为价格上涨而受损，但是他们有时也会因为价格下降而获益。由于在这项研究中很少有公司遭遇激烈的竞争，甚至不存在竞争压力，因此私有制似乎比公共管理的效率更高。

一般而言，大幅度裁员会促进促进生产率的增长，这印证了国营企业通常存在冗员现象的普遍观点。然而，令人惊讶的是，工人群体通常在民营化中受益，这是因为留任者的工资得以上涨，离任者得到了大笔遣散费，而员工还可以参与公司股权计划等。

民营化障碍

尽管民营化项目在滚雪球式的增加，但来自工会和其他利益集团的政治压力阻止了许多仍然由政府运营的公司的出售。例如，所有国家都还保留着对普通邮件投递的国家垄断。这种做法从来就没有什么道理，世界银行的研究报告表明这是毫无道理的：报告显示，邮件服务民营化后，即使还存在相当大的垄断势力，但生产率有望得到提高。电子邮件和快递这两大竞争对手的发展意味着民营化后的邮件传递会面临激烈的竞争。第二个例子是：在全球各国，中小学校都是享受全面补贴的官办组织。美国的教育券运动旨在使学校民营化，但无论是布什总统还是克林顿州长，都不主张教育券或其他形式的学校民营化。

在意大利，效率低下的工业巨头"工业复兴公司"（IRI公司）仍然是一家公共企业，有许多国有控股。许多保险公司、银行以及能源公司也保持着公共企业的身份。法国政府掌管着主要的计算机公司和汽车公司，如布尔科技集团和雷诺公司，还包括法国的煤炭、银行和其他行业的公司，但法国政府的表现很糟糕。捷克斯洛伐克是前东欧集团中唯一迅速将国有部门私有化的国家。英国虽然售出了100多万套住房，但是政府仍然拥有住房存量的1/4。在墨西哥、挪威、委内瑞拉、所有的中东国家及其他地方，石油开采都属于国家垄断。

亚当·斯密在两个多世纪前就有力地论证了这样的观点：私有制是增进国家财富的重要条件。如今，证实这个观点的证据如此充分，只有个别人才会坚持认为，政府掌控各行各业，是各项事业的前提，不然就会引发经济灾难。

经济制度
The Economics of Life

■ 阿根廷转轨,受到世界欢迎(1993)

一个年轻人担心1777年萨拉托加战役的失败会把英国毁掉,亚当·斯密在试图安慰他时说道:"亡国之道何其多。"在过去的60年中,阿根廷彻底验证了这种说法——各个政治派别所推进的经济政策带来了灾难性的后果。受阿根廷一家民间基金会的邀请,我最近去了布宜诺斯艾利斯,以便更好地弄清阿根廷带给我们的教训。

20世纪初,阿根廷因其人均收入排名世界前10而吸引了大量来自意大利、西班牙和东欧的移民。但后来阿根廷的经济地位遭受空前下滑,现在已经排名70开外。

20世纪30年代,在民粹主义情绪和拉美籍杰出经济学家的建议的驱动下,阿根廷开始放弃开放的经济体系和自由市场政策,而正是这些因素造就了阿根廷的繁荣。高关税壁垒的实施让国内企业不再参与国际竞争。国家把大多数重工业收归国有,各种法令和价格管制开始渗透到各个行业,工会掌握着劳工政策的制定。连续好几任政府依靠印钞机而不是税收来支撑越来越多的公共支出,所以,恶性通货膨胀在20世纪80年代开始摧毁阿根廷的经济。

美元时代

庇隆党的卡洛斯·梅内姆1989年当选总统时,阿根廷人和国际商界都做了最坏的打算。然而，梅内姆总统却强烈支持卡瓦罗和其他经济部长为遏制阿根廷国内的通货膨胀及废除国有管理所做出的努力。为了开放经济，参与全球竞争，阿根廷大幅削减了关税。在3年多一点的时间内，包括电信、石油以及航空公司在内的大部分国有企业都实现了民营化。并且，政府最近提出，要卖掉50%的大型石油国企。大多数商品的价格管制已经消除，相关法令也已经大为减少。为了化解对通货膨胀的恐惧，阿根廷快意发行的比索数量已经与美元储备挂钩。交易货币不再仅限于阿根廷比索，美元也可以在企业和消费者之间自由流通了。

在一次私人会面中，梅内姆总统对我说，他会继续支持自由市场政策。尽管他有庇隆主义的贸易保护主义背景，但是他自豪地表示，阿根廷改革的速度是史无前例的。

在我看来，阿根廷的邻国智利实行的自由市场改革对所有拉丁美洲国家投下了阴影，这可以解释梅内姆总统对自由市场持支持态度的原因。智利在皮诺切特将军的独裁主义统治下，取消了过去和阿根廷相似的控制。国内企业不得不通过稳步削减关税的途径来参与国际竞争，关税目前已经达到11%的统一水平，这在任何地方都算是最低的了。智利卖掉了许多国有企业，包括航空、公交、电力以及电话公司等，还出售了大量的国有土地。在此我必须自吹自擂一下：这些改革中，有很多是由毕业于芝加哥大学的经济学学生实施的。

迅速增长

1989年民主选举产生的新一届政府继续维持了皮诺切特推行的自由市场改革。结果，智利过去10年的经济增长在拉美国家名列前茅。改革使经济多样化，所以现在铜在整个出口总额中所占的比重远低于20世纪70年代初的80%。

智力和阿根廷之间存在激烈的竞争，阿根廷往往自认为在文化上更具先进性。所以，许多阿根廷人总结说，如果智利能够实现市场经济，那么阿根廷也能做到，而且能够做得更好。矛盾的是，智利的商人和企业已经成为阿根廷新兴私有经济中的主要参与者。

尽管阿根廷的经济已经开始增长，但是仍然没有走出困境。为了增加有待出售的国有企业的价值，很多国有企业享受着垄断市场的保护。落实社会保障制度以及执行雇用税和相关法令的成本依然很高。对进口汽车及其他商品实行的严格的配额仍然让一些国内生产商免于竞争。比发达国家还要高的通货膨胀率使阿根廷比索相对于美元和世界货币被过高估计了。但实行货币贬值的话，又有可能破坏投资者原本就很脆弱的信心：他们认为阿根廷再也不会因为大量印钞而导致恶性通货膨胀了。

梅内姆政府需要做出关键决策，而10月份将要举行的国会选举使得问题变得复杂起来。但是，大多数人似乎愿意为了让未来更美好而忍受当前的艰难时刻。和其他拉美国家一样，阿根廷的改革在目前就是要实现民营化、自由市场和民主。如果阿根廷继续顺着智利的足迹走的话，他们有机会使经济恢复到阿根廷在20世纪初的水平。

■ 过多的政府干预会对第三世界国家造成伤害（1988）

为什么只有少数几个第三世界国家摆脱了贫困？第三世界国家的福利水平更多地取决于对这一问题的回答，而不是依赖于贸易及预算赤字或股市崩盘。对于大多数国家来说，促进增长的对策才是缓解经济困难的灵丹妙药。

20世纪50年代末期以来，世界人均收入的增长速度超过了近代史上任何一个同等长度的历史阶段。但是，在平均增速令人印象深刻的同时，不同国家和地区之间的收入增长速度存在着令人不安的巨大差异。像韩国、日本，每年的增幅都达到6%以上，而孟加拉、玻利维亚、加纳、牙买加、波兰等国却几乎没有增幅，甚至出现了负增长。

牙买加就是一个例子，我最近访问过这个国家。30年前，牙买加表现得比中国台湾或韩国更有发展潜力。相比之下，1962年实现独立的牙买加发展成了一个充满活力的民主国家，各个党派之间相互竞争，实现了和平选举，独立之初就成立了规模不大但效率颇高的政府部门。牙买加拥有漂亮的海滩，建立庞大的旅游市场指日可待。还有种植糖、咖啡、水果和蔬菜的天然优势，丰富的铝土矿储量，以及年轻并且受过良好教育的劳动力。在20世纪50年代和60年代初，牙买加的人均收入增长速度超过了韩国和中国台湾，但是自此以后，牙买加等许多有发展潜力的国家都发展惨淡。

职业道德

人们有时候把很多国家经济的衰落归结于加勒比人、非洲人和拉丁美洲人的性情：他们随遇而安，不关注生活中的物质层面。我认为，把任何一种民族的或伦理上的"性情"（如果有的话）视为一种推动经济发展的因素，未免有些夸大其辞。经济激励应是更高的工资和更大的晋升空间。好工作的神奇之处就在于能使萎靡不振的人变得勤劳肯干、雄心勃勃。牙买加人和波兰人在各自国家的时候，看不出有什么雄心壮志，但同样是这批人，移民到美国之后，他们工作努力并且表现得很好。

人们有时候把一些亚洲国家和地区所取得的巨大成就归功于鼓励节俭和为未来储蓄的文化。但是，中国台湾1960年实行金融改革后，才放开利率并采取了额外的激励措施来鼓励储蓄，此前台湾人一直不怎么储蓄。其他国家和地区也是如此：只有当经济环境稳定且资本市场支付和收取的利率富有竞争力时，大家才会愿意储蓄。

与性情和文化相比，政府的普遍干预和私人发展的机会对于经济发展的作用要重要得多。有些国家的政府部门很庞大，但也获得了发展；不过，在经济中广泛存在的国家所有制以及对工资、价格及其他经济活动的过度控制的确会像制动器一样阻碍经济的发展。

遗憾的是，在20世纪五六十年代，第三世界的很多国家接受了在很多知识分子中颇为流行的思想：国家所有制、政府控制和鼓励进口替代的政策最能促进经济增长。很多新独立的国家接管了经营失败的民营企业，对银行实现了国有化，保护国内的企业免遭进口产品的竞争，累积了大量外债，并对民营企业实行严格的管制。在牙买加，政府支出占国内生产总值的比重从1970年的25％激增到1980的将近50％，而在这一时期，政府的管制几乎无孔不入。

彻底转变

一开始，韩国接受了上述思想，但它们迅速做出了彻底转变，开始鼓励出口和民营企业的发展。到最后，其他第三世界国家也都摒弃了先前的政策，试着去激励民营企业的发展，挖掘、发挥个人的积极性。

正在实行经济转型的国家，既包括像印度和苏联等这样的大国，也包括牙买加这样的小国，经济进展比较缓慢，这证明了一点：实行管制和扩大国有范围要比实现自由化和削弱国有化容易得多。如果国家过度干预经济事务，由官员、企业、劳动力和消费者群体等组成的各个利益集团会逐渐依赖于国家利益。当然，他们会积极反对削减其福利的改革。

在完成向自由市场的转变后，经济通常先变坏再变好，其部分原因在于，需要绕开反对力量。尽管牙买加的改革始于1980年，但是牙买加人的收入是直到最近才开始得到迅速提高的。面对改革初期的种种困难和既得利益者的强烈反对，第三世界民主国家的选民和极权国家的政府是否有耐心坚持实现经济自由化，还有待于观察。

转轨乃大势所趋
The Economics of Life

■ 实现转轨的头号法则：行动要快（1995）

从中央计划经济迈向市场经济，前社会主义国家所选择的道路大相径庭，这是对如何实现中央计划经济转轨的大胆实验。从这些实验中获得的证据明确地显示：最好是迅速推进大规模变革，而不要等到弄清了"正确"的改革步骤才行动。迅速发起行动，转轨将主要由自发的、创新性的市场力量来主导，而不是受政府的政策制定者或技术统治论者的指导。

不过，有很多经济学家鼓吹缓慢的、系统化的转轨步调。他们认为，有秩序地向市场经济迈进，会对转轨的长期结果产生巨大的影响。然而，苏联解体后，要求进行空前规模的大面积改革，对于哪些步骤是适当的，历史经验提供不了什么指导。经济理论也没有提供足够的改革蓝图。市场自有其动态性，而这往往是无法预料的。

捷克的转型非常成功，是在首相瓦克拉夫·克劳斯（Vaclav Klaus）的领导下完成的。在最近的一本论文集中，他强调转轨进程必须非常迅速地全面推开，而且要"结合意图和自发性"。亚当·斯密200多年前在《道德情操论》中也指出，重要公共政策的改变，不能像国际象棋大师落子时那样进行精确算计。

拖延迟缓

来自东欧国家的证据很有说服力：在通向自由市场的道路上来不得拖延和迟

缓。可以看看这些国家在国有企业民营化方面的经验。匈牙利、波兰、罗马尼亚等国家都把大中型企业的民营化拖延到其政府管理层"重建"了就业、会计条例之后，然而这样做的结果却是利弊参半。由于让各家公司做好准备需要时间，而且遭到工人和管理层的抵制，政府主导的民营化进程就比较缓慢和低效。虽然波兰迅速实现了宏观稳定，并放开价格，但其绝大多数大型企业仍然留在政府手中，失业率仍然达到10%，只有少数企业在股票市场上市。

绝妙主意

捷克则在政治反对派组织起来之前迅速推进，依托市场主体的创造性力量，而不是依靠政府官员来重组国有企业。克劳斯和他的一个助手小团队提出了一个绝妙的主意：以一种虚拟价格向公众出售民营化凭证，可以用它们来竞买各家公司的股票。只用了3年时间，捷克就利用民营化凭证实现了2 000多家企业的民营化，他们大体上已经完成了转轨过程的这一阶段。

虽然出了一些丑闻和其他问题，捷克的成功超出了人们最乐观的预期。很多共同基金及其他金融中介组织形成了，来收购凭证，竞买股份，并由此对实现了民营化的企业在重组和指导方面有了发言权。一个全新的、有活力的、成熟的股票市场发展起来，有上百家公司的股票上市交易，而中欧其他国家的股市上却只有几十家上市公司。捷克的失业率是欧洲最低的，尽管绝大多数实现了民营化的企业都经由其新的私有者进行了"重组"。

在捷克道路获得成功的鼓励下，俄罗斯1992年引入了捷克的凭证计划，当然略做了修改。结果，俄罗斯仅用了两年时间，就完成1.4万家大中型企业的民营化，从而到1994年6月份，俄罗斯85%以上的产业劳动者都就职于私营部门。俄罗斯目前仍未实现宏观经济稳定或货币稳定，但它已经实现了快速的转轨，从总体上看也已经成功地从国有经济转变为私有制度。

来自前东欧国家的大量证据表明，在政府官僚机构精细地操控下向市场经济转轨，绝对是错误的道路，更好的途径是发挥商人、工人和市场自发的创造性。

■ 苏联最不需要的东西就是外国援助（1991）

西欧、美国、日本不应该迫于压力而给苏联和东欧国家提供经济援助。同时，它们也应该停止向其他国家提供贷款和赠款，除非是出于人道主义的目的。

经济援助会让政府获得喘息之机，危机得以推迟，在阿根廷、墨西哥等国发生的危机迫使政府不得不采取不受欢迎的补救措施。因此，外国赠款延迟了民营化、削减补贴、减少进口壁垒、削减其他一些过度的误导性管制的进程，这些问题正是经济表现糟糕的主要原因。

对苏联实行援助，受益的是中央政府，或俄罗斯及其他共和国的政府，而不是刚刚起步的私营部门和未来的企业家。经济援助通常是拨付给别国政府的，因为与政府协商要比直接帮助企业和家庭来得容易。

短期措施

政府插手过多往往是问题之所在，而不是问题的解决之道，因此，经济援助的效果是适得其反的。援助国政府把经济援助用作一个短期措施，以保持长期的经济压力。这让问题迟迟得不到解决，也不利于化解长期困难。任何国家，只要发起重大改革并营造出健康的经济环境，在吸引西方企业和银行的贷款与投资方面就不会遇到什么困难。

有经济学家建议，对苏联的赠款和贷款应该与苏联削减核武器和常规武器这个条件捆绑起来。但苏联已经因为经济低迷而大规模裁军了。尽管以削减武器为援助条件，但是，如果外国援助减少了改革的经济压力，在武器方面的支出可能会更高。

经济援助的有害影响不仅仅局限于苏联和东欧各国，这一点可以从埃及和以色列的例子中看出来。在20世纪80年代，埃及和以色列曾是美国的最大援助国。极度贫困的埃及在20世纪五六十年代没费多大力气就摆脱了加麦尔·阿卜杜勒·纳赛尔（Gamal Abdel Nasser）的统治枷锁。但是现在，埃及的政府部门依然庞大、腐败，对食品及其他商品提供巨额补贴，私营部门实力孱弱，受到保护的国有企业高枕无忧，无须应对外国生产商的竞争。

20世纪70年代以前，以色列的发展一直都很顺利，但此后，以色列就进入了失业、增长放缓和恶性通货膨胀的时期。相对于经济规模，以色列很可能是资本主义国家中政府部门最为庞大的，国营企业在多个行业占据主导地位，工资管制极为普遍，外国竞争受到限制。倘若没有西方（特别是美国）源源不断的、慷慨的经济援助，以色列在削减政府管制方面可能会走得更远。一些以色列人已经被激怒了，他们要求大大降低对外国援助的依赖。

道路和桥梁

很容易就得到西方援助——如果是这样的话——印度、巴基斯坦及非洲国家的情况也差不多。这些国家糟糕的经济表现也可归咎于利益集团提供的高额补贴和政府对私营部门的诸多管制。

仅仅美国一个国家，每年通过非洲发展基金、国际发展协会、世界银行等国际组织提供的援助就超过了150亿美元。这些机构通常把钱借给或送给政府部门而非私营部门。显然，这些国家和国际组织的赠款和贷款一部分用在对社会有用的基础设施上了，比如，道路、桥梁、机场及污水处理系统，但只是一小部分。而且，由于在基础设施方面的支出在受援国预算中仅占很小的一部分，因此如果这些国家愿意，在没有外国援助的情况下，他们会支出更多。

对东欧和苏联的经济援助，应该起到与第二次世界大战后马歇尔计划对西欧相同的作用。不过，当时的问题与现在有所不同。欧洲在战争中元气大伤，需要时间来恢复战前的基本私有的企业体系。

东欧目前所需要的则正好相反：需要持久的压力来实现根本性的转变，摆脱政府管制，走向更自由的市场。正如马歇尔计划推动了西欧原来的经济制度的恢复，向东方国家提供类似的援助，将会纵容政府过度干预经济。

太容易得到父母帮助，会挫伤孩子的积极性，这个道路同样适用于经济。当国家不得不把国内事务处理好，不得不承受体制转型所带来的经济负担的时候，国家更有可能蓬勃发展。

■ 苏联的最佳选择是彻底转轨（1990）

我最近应邀去莫斯科给政府官员、年轻经济学家、国有企业和私有企业的高管人员讲解市场经济的原理。我强调，市场体系依赖的并不是法规法令，而是人们对自身利益的追逐。市场经济的基本原理是：除非双方都期待获利，否则，市场中的店主与消费者、劳方与资方以及供应商与消费者之间是不会自愿进行交易的。这与苏联的情况有所不同。在苏联，大多数反对"投机买卖"的法令也适用于普通的商业交易。

迄今为止，尽管有关改革的言论铺天盖地，但苏联的政府官员并没有采取什么行动。要想迅速扭转局势，苏联政府必须取消对工资水平、工作环境、消费者和生产者价格以及汇率等方面的控制，让劳动力市场、产品市场和外汇市场出现大量的自愿交易。

苏联领导人可以学习波兰。波兰的改革始于1990年1月，波兰政府大胆废除了对包括汇率在内的几乎所有价格的管制。遗憾的是，波兰政府犯了一个重大错误：冻结了工资。这种工资政策与随后出现的波兰工业总产出下降以及近期出现的政府垮台有着密切的关系。波兰的改革者显然忘记了一点：就像价格一样，工资是需要由市场来自由定价的，如此才能让一个国家最宝贵的资源——人力资本得到有效的配置。

国家所有制无孔不入是苏联政府所面临的问题之所在。如果人们不能按照自己的意愿行使购买权、拥有权和销售权，任何制度都无法提供合适的经济激励。当大多数资产由国家所有时，自我利益和自愿交易就不可能成为有效的激励因素。但是，私有财产一直就是社会主义理论家的心头大患，因此，许多苏联领导人是无法轻易抛弃他们心底里的"私有制是罪恶的"这个念头的。

简单的礼物

如果苏联庞大的资产不迅速实现民营化，实现快速增长就是一句空话。可以对土地、房产、零售店以及许多的服务立即实现民营化。可以把它们交给当前的所有者：农民、租户或者是雇员。对很多大型工厂迅速实现民营化也是可能的。可以向工人或者普通民众发放可自由买卖的所有权凭证，即股份。股份的原始分配不是太重要，因为过不了多久，有能力高效经营工厂的群体就会以购买股份的方式实现控股。

民营化计划往往不能一蹴而就，这主要是出于政治上的考虑。对于民营化的抵制主要来源于那些担忧自己丢掉工作的管理者和员工、担心失去权力的官僚以及那些认为财产将被廉价出售给政治亲信或外国公司的消费者。

社会保障制度

在苏联及欧洲其他地方，有很多人担心，如果放开价格和工资的话，垄断价格欺诈会大行其道。鼓励产品及劳动力市场的竞争，可以消除垄断问题。只要愿意，任何人在任何时候都应该有权开办企业，从事生产，而无须办理繁琐的官方手续。工人们必须拥有搬迁、择业的自由，而无须得到官方的批准。如果政府实行开放的贸易政策，并且允许卢布收入可以按照市场利率转换成硬通货，那么外国的公司也可以通过向苏联出口产品或建立合资企业等形式来与国内企业展开竞争。

为了化解因大量印制卢布而带来的通货膨胀压力，政府必须停止给国企赤字融资的做法，应该让这些国有企业自力更生，直到实现民营化为止。应该把这些资金中的一部分用在社会保障方面，帮助那些生活水平大幅下降的职工和离退休人员安全度过这段转型期。

不费吹灰之力或者一夜之间就完成苏联的转轨是不现实的。但是，如果市场体系的要素得到合理配置，是可以减少痛苦并增加转轨收益的。接下来的12个月很是关键，我们将弄清楚苏联的政府及人民是否愿意去做一些必要的事情。

■ 作为榜样，瑞典还不够格（1990）

中欧的新兴民主国家做好准备要抛弃国有制和中央计划体制，一些具有改革头脑的领袖正在四处寻找"第三条道路"。他们认为市场经济过于强调物质主义，遂打算寻找一条替代道路。经常被引用的榜样是瑞典。

以瑞典为榜样，我觉得这是个严重的错误。的确，瑞典一直被视为富裕的市场经济国家，不平等现象极少，而且对弱势群体和贫困群体设立了政府保障计划。美国记者马奎斯（Marquis）1936年出版了一本畅销书《瑞典——中间道路》，书中把瑞典描绘得像天堂一样。我现在依然记得自己十来岁的时候对这本书留下了极为深刻的印象。遗憾的是，如果说瑞典曾经是天堂的话，那么现在，瑞典似乎已经堕入凡间了。

瑞典人有着良好的习惯，且恪守职业道德，这些都是在19个世纪逐渐培养出来的；但在过去的25年里，不断增加的税收和监管对瑞典人形成了负面激励，逐渐消磨了这些优秀的品质。遗憾的是，东欧新上台的政府并没有这种缓冲效果，这是因为，过去45年来的糟糕管理已经让东欧国家里的人们丧失了良好的工作习惯。

在1960年之前的一个世纪里，对于一个人口不足900万的国家来说，瑞典取得了了不起的经济成就。瑞典的经济增速居世界前列，而且几乎不存在不平等现象。瑞典通用点击公司（Asea）、沃尔沃公司以及爱立信公司等成长为国际知名的大公司。

动作迅速的芬兰人

但是，在过去15年里，瑞典的人均收入增长速度远远低于经合组织的平均增速。20年前，受高工资的吸引，很多芬兰工人来到瑞典。如今，芬兰的人均收入增长很快，在20世纪结束之前，很有可能超过瑞典，因此，这批人已经打道回府。

在我看来，瑞典经济表现恶化的主要原因有两条：监管法令的快速扩增以及中央政府和地方政府支出在国民收入中的比重迅速加大。这个比重在20世纪60年代初期为45％左右，仅仅略高于其他市场经济国家，而1986年就上升到了67％，在西方国家中是最高的。对比之下，芬兰政府的支出占其国民收入的比重一直维持在40％的水平。

瑞典庞大的政府部门对纳税人施加了沉重的负担。若干年前，大多数中产阶级家庭的边际所得税率超过了60%，很多家庭甚至超过了80%。瑞典选民已经开始认识到税率过高的问题：政治方面的压力迫使瑞典政府支持通过立法，规定到1991年的时候，要把最高的边际所得税率降低到50%的水平，该法律已经把政府支出占国民收入的比重下降到的60%左右。

在20世纪七八十年代，瑞典采取了非常慷慨的退休福利和健康福利政策、员工生孩子之后的长期带薪假期，以及诸多其他类型的转移支付项目。另外，工会和政府政策大幅降低了员工因受教育程度、工作经验和其他因素所造成的工资差异。

带薪假期过多

这些情况必然会伤害到员工的努力程度和人力资本投资。1988年，瑞典员工的平均病假时间接近一个月，而且所有病假都领取足额薪水。在平常的日子里，每天有将近1/4的员工不上班，请假的理由五花八门：生病、照看孩子、学习及其他待在家里不用上班的借口等。瑞典妇女比美国妇女全职工作的可能性小得多，瑞典男人比美国男人的工作时间也要短得多。既然可以享受带薪休假，既然好工作也不一定意味着高工资，既然加薪几乎都缴了税，瑞典人为什么还要努力工作？

在最近一次造访瑞典时，我遇到了一个对激励构成影响的好例子。在瑞典，拿到经济学博士学位平均需要用上8～10年的时间，而美国只需要4～5年的时间。原因在于：在瑞典，相当于助理教授职位的税后收入只比靠政府奖学金过日子的研究生的收入强一点；而在美国，经济学专业的学生一旦获得博士学位并找到全职工作，收入会上涨两倍多。

瑞典政府对新企业征收很重的税，却给大企业留下很多可钻的空子。这就是一些大企业在国际市场上依然表现得可圈可点的原因。但是，如果瑞典的税收在国民收入中占到一半以上，且那些打消人们学习和工作积极性的法令和政府计划继续得到保留的话，那么瑞典的经济就不可能重新走上快速增长之路。

对于那些想要大幅度提高老百姓生活水平的国家来说，当前的瑞典的确算不上一个好榜样。

■ 为什么团结工会必须在经济改革上发挥重要作用（1989）

如今，几乎没有东欧人对要求大部分财产实现国有化的经济体制还抱有信任。6月份访问波兰期间，我与许多工会领袖见了面，他们想要构建一个主要以私人的主动性为基础的经济制度。甚至很多波兰共产党的意识形态部门的高级官员也向我明确表示，"财产公有并不是社会主义的本质"。因此，只要有足够的决心，团结工会能够在新议会的蜜月期大幅推进波兰经济的自由化进程。匈牙利已经采取了若干措施，以扩大其私有部门的范围。

如果不进一步解放外贸部门，国内改革很难在波兰、匈牙利这样的小国取得成功，因为这些国家对进出口贸易的依赖度很高。波兰兹罗提对美元的官方汇率为800∶1，显然被高估了。我奉劝新政府放弃兹罗提的官方汇率，让兹罗提的汇率自由浮动。在一定程度上，非官方汇率已经算得上自由浮动汇率了，已经超过了4 500∶1，这说明官方汇率是多么的不靠谱。

辅以适当的关税及配额，浮动汇率迫使国内商品价格与世界价格接轨。特别地，进口商品的竞争会缓和波兰经济学家的担忧：他们认为，放开国内价格的话，会给如钢铁企业之类的重工业国有企业太多的垄断权力。

美国等国应该帮助波兰和匈牙利减少他们的硬通货债务，但是，布什总统和联盟领导人要求波兰人自行解决大部分债务问题的做法是正确的。兹罗提的非官方汇率在过去几年里的下降极大地刺激了波兰的出口。实行浮动汇率，再加上对民营企业的依赖不断加强，将会大大促进这两个国家的出口。由此产生的经常项目盈余将有助于他们获得更多的商业贷款，从而削减其外债。

艰难的选择

必须迅速削减波兰和匈牙利的国企赤字，以帮助控制公共支出及通货膨胀，特别是波兰，其年通货膨胀率最近超过了100％。即使最终许多国有企业将实现民营化或者被迫关闭，但通过减少补贴和赋予更多自主定价权和人事权，这些企业是会表现得更好的。

在波兰，仅有一些部门存在私营企业，主要包括农业和维修业，并且是小规模的私企。但是，应该允许私营企业进入大多数产业、公开上市并按照自己的意愿控制员工规模。竞争将决定不同经济活动的适当形式和规模。

只有在国家放松对价格和生存方式的监管的情况下，私营企业的优势才能体现出来。大部分商品和材料的价格、工资和就业的决定因素应该是市场的供求关系，而不是国家调控。当政治上需要时，应该以明确的补贴来代替现有的排队制、配给制以及以免费租金或低利率等形式发给国企的隐性补贴。

对暴乱的担忧

在波兰和匈牙利，几乎所有经济学家都认识到，激进的改革从长远看是可取的，但是许多人认为近期在政治上和经济上都是不可行的。他们担心的是，如果许多人失去工作，食品价格、租金飞涨，现有体制下的特权被迅速取消，将会导致暴乱和示威。他们可能是正确的，但我认同团结工会领袖的看法：只有大刀阔斧地实现经济自由化，才能有成功的机会，渐进的改革会给反对派足够的时间来破坏改革。

缓慢的改革会给那些将要失去特权的利益集团更多的时间来发动对改革的抵制。匈牙利和波兰这两个在东欧国家中处境最有利的国家，快速实现了经济转型和体制转轨。

团结工会的一些领袖认为，如果让员工和消费者相信新建立的制度将鼓励人们诚实劳动并充分发挥个人的主动性，他们是会接受短期的高失业率和其他困难的。因为努力工作得不到应有的回报，许多有抱负的波兰人会离开波兰，去西柏林或美国等地工作，这是对原来的经济制度做出的令人悲哀的评注。

理性的人可以对波兰和匈牙利经济实现自由化的确切顺序和时间步骤持不同意见，但没有人怀疑，他们的经济自由化将会对包括苏联在内的其他东欧国家产生重要的影响。

经济学家
The Economics of Life

在本部分收录的文章中,头一篇对我们夫妇俩来说具有特别的意义。在1992年10月13日那天,我们得知加里获得了当年的诺贝尔经济学奖,那天是星期二。因为事前并没有预期会得奖,所以这个消息让我们感到特别欣喜。这篇文章讲的就是我们当时的反应。

其实我们知道,虽然加里所写的每一篇论文或每一本书都存在争议,而且他还在《商业周刊》上写过批评瑞典经济制度的专栏文章,但是在过去至少10年当中,加里一直都是得奖呼声很高的人选。很多经济学家曾公开表示,加里应该很快就会得到诺贝尔奖。几位美国经济学家每年都会来个赌局,猜测当年会由谁荣膺诺奖。加里连续好几年都是押注者最多的人选。

所以有段时间,每到10月的时候,我们总会有点战战兢兢地等待着秋天的来临:今年加里会不会得奖?但在1992年,我们并没有这种心理压力。主要原因是,前两年获得诺贝尔经济学奖的都是加里的芝加哥大学同事,1990年是默顿·米勒教授(Merton Miller)(和其他经济学家共同获得),1991年是罗纳德·科斯(Ronald Coase)教授,他们不可能连续三年都把奖颁给芝加哥大学的经济学家。另外还有个更重要的原因让我们没把诺贝尔奖这件事放在脑子里:从10月初开始,加里就得了重感冒,发高烧。医生劝他住院接受治疗,但我们两个人都不想这么做。

那是个星期二的清晨,吉蒂5点就起床了,她想把一大摞期中考卷批完,而加里则睡得很熟,几星期以来,他头一次能睡得那么好。吉蒂下楼到厨房里吃过早餐以后,便开始工作。5点半的时候,电话响了。吉蒂一听到电话铃响,就赶紧冲过去把电话接起来,以免第二声铃响把加里吵醒。她以为是哪个粗心的人拨错了号码。她把听筒拿起来,发现声音听起来像是长途电话——可能是她妈妈从伊朗打来的?不过,对方的声音打破了沉默,说的是英语:"请问贝克尔教授在家吗?这是从瑞典打来的电话。"吉蒂告诉对方他还没起床,对方接着说:"这是件重要的事。"

吉蒂开始觉得这一定和公布诺贝尔奖评审有关,但我们并不知道经济学奖是在那天公布,或许打电话来的人,只是想多了解一些别人的资料吧。"加里,起床!瑞典长途。"一开始没把加里叫醒,吉蒂叫了他好几次,才把他从熟睡中叫起来。后来他终于起床了,拿起话筒,开始听对方讲话。他脸上的表情仍然很平静,看不出对方究竟在说什么。到最后,他的脸上才露出一丝笑意,并且回答说:"阿塞·林贝克(Asser Lindbeck),请代为向委员会致谢,感谢他们给我这份荣誉。"到这个时候,吉蒂才终于确定加里获得了诺贝尔奖,她高兴地叫了起来。

■ 来自诺贝尔奖委员会的叫醒电话（1992）

1992年10月13日清晨5点30分，星期二，太太把我从睡梦中叫醒。她说："赶快起床，瑞典长途。"我咕哝着希望能多睡一会儿，但她仍不断叫我起床。后来我终于爬了起来，接了那个改变我人生的电话。瑞典皇家科学院通知我，刚刚宣布我获得了1992年的诺贝尔经济学奖。

从那时候开始，就不断接到恭喜我得奖的电话、电报以及传真。有些是亲戚打来的，有些则是朋友、未来的朋友、以前和现在的学生打来的。我不是个会轻易表达感情的人，但我试着让他们知道我有多么兴奋。后来在接受报纸、杂志以及广播电视节目采访时，他们总是要我把自己的想法概括出来。通常，他们的反应不是觉得与我心有戚戚焉，就是对我的观点大加赞赏。

他们还要求我对各类问题发表自己的看法。突然间，大家把我当成了无所不能的专家。能成为一个万事通，当然很令人向往；但我努力坚守在自己所专长的领域里，虽然偶有逾矩。

过去有些诺贝尔经济学奖得主会利用这项桂冠的光环对他们所反对的政治人物讲一些大道理。对此，我感到不以为然。假如经济学可以被视为一种科学，而且值得被包括在诺贝尔奖的奖项里——我坚信这两点，那么就不应该利用这种机会来宣扬自己的政治理念，而应该让公众感受到经济学所拥有的科学特质。

芝加哥大学响起了惊雷

我最常被问到的问题之一，就是自己是不是对得奖感到意外？我知道，我过去曾经被提名为诺贝尔奖候选人，而且很多美国经济学家在被问到谁最有可能得奖时，我一直是过去几年里得奖呼声最高的人。

不过，今年的情况不同。在获奖人名单宣布前一周里，我认为自己得奖的希望很小。原因是去年诺贝尔经济学奖由芝加哥大学教授科斯获得，而前年的诺贝尔奖同样是由芝加哥大学的米勒教授和另外两位经济学家共同获得。连续三年都由芝加哥大学的人得奖，简直是不可思议的事，因此，今年就算外面打雷，我也可以睡得很熟。

有人一再问我打算怎么处理这笔奖金——在美国政府狠狠地吃掉一部分（税）之前，奖金总额是120万美元。这个问题可以很容易在经济学里找到答案。新的机会出现的时候，人的欲望总是会趁机扩大，这也是富国的消费者不会比穷国的消费者感到满足的原因。我和我太太要把这笔钱花掉，可以不费吹灰之力。同时，就算我们在花钱上还有些举棋不定的话，还有一大堆股票经纪人、汽车推销员等已经给了我们相当多的建议，多到让人喘不过气来，他们非常乐于帮助我们解决奖金去向的问题。

我是因为将经济分析应用于社会问题而得奖的，特别是有关种族和性别歧视、教育及其他人力资本投资、犯罪与惩罚以及家庭的组成、结构及解体等问题。大家都知道，大多数人在决定要花多少钱买水果、衣服或汽车等商品的时候，都会考虑到成本及效益。我认为人在做任何决定的时候都会用到这种基本的想法。

犯罪与婚姻

不过，有时候把这种理念运用在社会问题上会遭到强烈的排斥。举个例子来说，如果这种看法是对的，就表示罪犯的行为也会因为诱因而受到影响。因此，假定想干坏事的人认为自己不会因为抢劫等犯罪行为而受到惩罚，那么犯罪率就会上升，这不仅只是法律及秩序的问题而已。当合法的就业机会很少的时候，犯罪率也会上升，原因可能是失业率扩大，也可能是青少年在离开学校的时候根本没学到什么技术。

按照我的思路，当人们预期婚姻生活会比单身生活能带给他们更多的乐趣时，他们就会选择结婚。另外，一对夫妇生几个孩子也是根据养育孩子的成本和效益来决定的。如果妻子是职业妇女而且收入可观，那么夫妻可能就会少生几个孩子。同样，如果政府的子女养育补助比较少，子女抚养费的免税额度较小，或者孩子的教育和培训费用上升的时候，夫妻也往往会选择少生孩子。

同样的道理，当夫妻不再觉得维持婚姻关系可以让日子过得更好的时候，就会离婚。特别是当女人的收入高于男人的话，离婚率就会上升，因为对这些妇女来讲，维持婚姻的好处减少了。除此之外，夫妻双方可以在谁都没有犯错的情况下离婚，这种情况已经相当普遍。这种做法对于已经离婚且有孩子的女性来说，生活可能会雪上加霜。

在过去6年半的时间里，我努力在这些专栏文章中做到，用同一种分析方法来研究民众都很关心的政策问题和社会问题。我希望在得了诺贝尔奖之后，不会自以为有能力解答所有的问题，也希望我的专栏能够继续分析这些问题，因为从经济学的角度来看人生，的确可以提供很有价值的观点。

■ 反垄断的先驱者（1991）

乔治·斯蒂格勒教授在几个星期前去世了，享年80岁。这位诺贝尔经济学奖得主的去世，让世界少了一位活力充沛、愈老弥坚且创造力强的经济学家。作为强调自由市场的芝加哥学派领军人物之一，他和他的同事们在反托拉斯方面的研究已经打上芝加哥学派的烙印，而且对20世纪80年代初以来的政府决策和法院判案有着极大的影响。

在其职业生涯的早期，斯蒂格勒教授积极鼓吹反托拉斯政策。他呼吁政府把某些市场垄断者拆散，对可能削弱竞争的并购计划设定严格的限制。不过，到了20世纪60年代他的立场有了明显转变，因为他发现，反托拉斯政策的执行者经常好心做错事。于是，他不再一门心思致力于加强市场竞争的研究。他说，政府监管机构做出攻击或保护"大"企业，以及保护小企业等决策时，会受到外界压力的影响，同时，还要顾及到选民的利益诉求。

于是，他开始推动政府在最低限度内实施反托拉斯政策：除了合谋以外，允许企业采取所有其他行为来提高价格、瓜分市场。他认为，要防止市场垄断的话，就应该提高国内外市场的竞争，而不应该由司法部制定严格的法令来规范企业行为。

他在经济理论上的贡献不只限于反托拉斯的研究。他是第一个系统地分析消费者和员工在工资和物价方面缺乏意识的经济学家。他得出的结论是：有关各种就业机会和不同买主的商品价格等方面的信息不是免费的，需要花时间和精力去发现。他还研究了欧佩克（OPEC）等卡特尔组织的定价理论；分析了企业如何针对需求的不确定性来调整生产策略；他还研究过员工随着生产规模的扩大而专业化程度不断提升的问题，以及为什么只需花少量的钱就能满足营养的需求。他在该篇研究报告里指出，民众花在食物上的钱大多和营养需求无关，主要都是为了满足食物的多样化和口味上的变化。

探求真理

虽然拒绝过联邦政府的多项官职，但斯蒂格勒并没有把自己关在象牙塔里只做学术研究，他并不排斥政策和现实议题的分析。从其反托拉斯政策理念的演变过程看，他具有开放的思想和探求真理的意识，他对大多数规范经济行为实行管制的法规的价值失去了信心，哪怕这些法规能够改善经济。

斯蒂格勒在反托拉斯政策上的观点发生转变，这使得他对其他政府管理机构的态度也显得格外不同。1962年，他和芝加哥大学同事克莱尔·弗雷德兰（Claire Friedland）针对州政府对电力公司的管制合写了一篇经典文章。他们在文章中提出了一个简单得不可思议的问题：州政府成立各种管理机构的目的是为了降低发电的成本，那么这个目的达到了没有？研究相关证据后，他们指出："无法看到政府对电力设施的监管起到任何显著的效果。"他们后来也研究了证券交易委员会对新股上市的规定，也得到了类似的结论。

虽然后续研究反驳了他们的部分结论，但大部分是经得起严格检验的。他们的研究刺激很多人进一步去探究这些问题，看看民权立法、社会福利计划以及其他大量的政府法规到底有没有达到原始目的，并且在这方面出版了大量的研究报告和书籍。

斯蒂格勒也问了一个更深入的问题：各种监管法规的真正目的是什么？他的结论是：大多数的政府机构反倒会被受管辖的企业给"俘获"，而这些机构往往会在牺牲公众利益的情况下让这些企业得到帮助。

永恒的遗产

他和学生们在研究中发现：前民用航空局曾禁止成立新的跨州航空公司成立；货运方面的法规提高了货物运输成本；环境保护政策通常歧视小公司和美国西南部各州的企业。总而言之，斯蒂格勒认为，政府法规通常会因削弱竞争而使问题变得更糟。

人们对政府集权和经济管制普遍抱有幻觉，打破这种幻觉，主要得益于斯蒂格勒的研究。在20世纪四五十年代提出的社会主义、中央计划体质及其他目标在理论上头头是道，但在实践中却行不通。其原因不在于"真正的"社会主义和几乎经济没有得到尝试，这是一知半解的辩解；真正的原因在于，允许政治考虑主导经济生活的体质本身具有致命的缺陷。市场体质最具决定性的优势就在于它对全球各国中央政府的权力实行了分散化，从而让企业家、员工和消费者成为了经济活动中的单个主体。

斯蒂格勒对政府管制的研究和经济理论的贡献会一直流传下去，他的写作风格优雅、幽默，而且活泼生动，具有学者的严谨诚实的风范和难得的雅量。在任何时代，这样的知识精英都是少见的。我有幸和他合写过好几篇论文，也有幸彼此成为最知心的朋友。不论是经济学界、芝加哥大学或是他的朋友们，都会特别怀念这位"不受拘束的经济学家"——他的回忆录以此命名，实在恰如其分。

■ 经济学家为什么不可或缺（1987）

有关经济学家的笑话多得不计其数。理由很简单，商界和政界都需要一些决策参考，而这方面只有经济学家能帮得上忙。尤其是在对某些影响未来经济走势的经济活动进行预测时，更需要经济学家出面，比如，通货膨胀、总就业和总产出以及税制改革与联邦预算赤字等。然而，经济学家在这些方面所做的预测通常都是不可靠的，这也正是有那么多笑话嘲弄和批评经济学家的原因。事实上，经济学家预测短期经济变动的能力的确很不高明。

最近，美国经济学会在新奥尔良举行的年会就让大家看到了当前人们对经济学家的局限和成就所持有的态度。与会的6 000位代表可以从100多个小组讨论里面选择自己喜欢的议题来参加。有关宏观经济的议题，包括通货膨胀和总产出及就业的变动等，最受与会者欢迎，不管演讲者是凯恩斯学派、货币学派、理性预期学派还是供给学派。

在这些讨论会里，各方面意见的分歧程度验证了宏观经济学本身的观点往往是互相冲突的。在某个小组中，有4位杰出经济学家就联邦预算赤字对经济的影响进行了分析。他们的结论可谓南辕北辙，有人认为不会有什么影响，有人认为稍微有些负面影响，也有人认为会对经济造成严重伤害。可惜的是，由于可获证据的佐证力度不够，无法从这些观点里做出选择。宏观经济学并不是我的主要研究领域，但我个人认为，如果预算赤字只持续几年，那么就算赤字规模很大也不会对经济构成伤害。

微观经济领域

我擅长的领域是微观经济学。这门学科研究的是消费者、劳动者和其他经济活动的参与者在购买什么、储蓄多少以及在既定工资水平下会到哪里工作、工作几小时等方面如何做出决策。虽然微观经济也会引发争议，但经济学家们总体上是认可其基本假设的，而且有大量证据可以支持他们的看法，那就是经济活动的参与者会做理性的选择。微观经济学不像宏观经济学那样吸引媒体的注意，但在过去10年里，微观经济学实际上已经获得了惊人的成就。

这些成就包括产业自由化政策的推动等，但我想把重点放在这次年会上受到热议的两个主题，即金融和法律问题。

20世纪50年代，金融分析的思路出现了变革，理性选择模型取代了原来特有的一些规则。例如，有个模型就是对投资回报和风险之间的关系进行分析，以此来解释投资者如何决定其投资组合中的证券类型。同样的模型也被用来分析企业债务对公司股价的影响，以及如何运用选择权和套利工具等。

有了这些理性选择的运用，财务金融的理论基础就被重新纳入微观经济学的研究框架。目前财务金融的教学都是以这种研究方法为主。同时，这种方法也被用来分析共同基金的管理、商业银行和投资银行等金融机构的行为等。

对法律的影响

法律和经济学的联合始于一些认为经济分析可以大幅度改善反托拉斯政策的经济学家和法学专家。现在几乎所有的法律领域都用到了经济分析的方法，而法律实务也不例外。在法院判案过程中应用微观经济分析的情况迅速增加，要部分归功于部分法律和经济方面的学者，例如罗伯特·博克、弗兰克·伊斯特布鲁克以及理查德·波斯纳等，他们原来是在学术界，后来改行当了法官。

微观经济学还成功地改变了人们对刑法的看法。过去有人认为，罪犯是因为心理有毛病或与社会脱节等原因而从事犯罪行为的，因此不能凭借惩罚来阻止犯罪。这样的想法主导了20世纪五六十年代的刑事判决。相反，微观经济学认为，大多数罪犯会根据自己的情况来做理性选择。在过去10年里，这种分析方法对于公共政策的制定和司法审判都产生了极大的影响。现在，如果法官和立法者对罪犯采取宽松的态度，就会引起民众强烈的不满，而且也有越来越多的人赞成恢复死刑。由此可见，很多人也开始从微观经济的角度来诠释犯罪行为了。

因此，不论是在公共政策的讨论还是在企业决策的分析方面，经济学家都必须扮演重要的角色。不过，我强调微观经济学在理论和实务上的成就，并不是说宏观经济学没有任何进步。当前，宏观经济学家虽然对问题的看法有很大的分歧，但和四五十年代的状况比起来，要正常多了。当时，对于不切实际的经济模型，经济学家一致赞同，可谓毫无分歧。

虽然经济学在各方面都有成就，大众对它的需求也越来越多，特别是微观经济学，但是以目前的情况来看，经济学是没办法满足这些需求的。民众所要的超过了经济学家所能给的，这正是经济学家一方面受到政界、商界及媒体的宠爱，但另一方面却仍然不断沦为笑柄的原因。

马特·里德利系列丛书

创新的起源：一部科学技术进步史
ISBN：978-7-111-68436-7
揭开科技创新的重重面纱，开拓自主创新时代的科技史读本

基因组：生命之书 23 章
ISBN：978-7-111-67420-7
基因组解锁生命科学的全新世界，一篇关于人类与生命的故事，华大 CEO 尹烨翻译，钟南山院士等 8 名院士推荐

先天后天：基因、经验及什么使我们成为人（珍藏版）
ISBN：978-7-111-68370-9
人类天赋因何而生，后天教育能改变人生与人性，解读基因、环境与人类行为的故事

美德的起源：人类本能与协作的进化（珍藏版）
ISBN：978-7-111-67996-0
自私的基因如何演化出利他的社会性，一部从动物性到社会性的复杂演化史，道金斯认可的《自私的基因》续作

理性乐观派：一部人类经济进步史（典藏版）
ISBN：978-7-111--69446-5
全球思想家正在阅读，为什么一切都会变好？

自下而上（珍藏版）
ISBN：978-7-111-69595-0
自然界没有顶层设计，一切源于野蛮生长，道德、政府、科技、经济也在遵循同样的演讲逻辑